KNAUR
BALANCE

ANDREA SOKOL

ALLES SAUBER … ODER WAS?

Mein Reinigungsguide für Körper, Haushalt & Umwelt

KNAUR BALANCE

Die in diesem Buch vorgestellten Ratschläge wurden von der Autorin und dem Verlag sorgfältig geprüft und haben sich in der Praxis bewährt. Dennoch kann keine Garantie für das Ergebnis übernommen werden. Der Verlag und die Autorin schließen jegliche Haftung für Gesundheits- und Personenschäden aus.

Besuchen Sie uns im Internet:
www.knaur-balance.de

Aus Verantwortung für die Umwelt hat sich die Verlagsgruppe Droemer Knaur zu einer nachhaltigen Buchproduktion verpflichtet. Der bewusste Umgang mit unseren Ressourcen, der Schutz unseres Klimas und der Natur gehören zu unseren obersten Unternehmenszielen. Gemeinsam mit unseren Partnern und Lieferanten setzen wir uns für eine klimaneutrale Buchproduktion ein, die den Erwerb von Klimazertifikaten zur Kompensation des CO_2-Ausstoßes einschließt.
Weitere Informationen finden Sie unter: www.klimaneutralerverlag.de

FSC® www.fsc.org
MIX
Papier aus verantwortungsvollen Quellen
FSC® C004592

Originalausgabe Oktober 2021

Ein Imprint der Verlagsgruppe Droemer Knaur GmbH & Co. KG, München.

Redaktion: Felicitas Holdau
Covergestaltung: Isabella Materne
Coverabbildungen: Martin Nink (Foto); Manuela Kordel, ROCKETPICS, München (Illustrationen)
Entwurf des Innenlayouts: Veronika Preisler, München
Fotoproduktion: Martin Nink
Weitere Fotos: Shutterstock.com: S. 26/27 Akura Yochi; S. 58/59 Charcompix; S. 128/129 Ny Studio
Illustrationen: Manuela Kordel, ROCKETPICS
Illustrative Elemente wie Linien, Rahmen etc.: Veronika Preisler
Satz: Felicitas Holdau, Gräfelfing
Druck und Bindung: Firmengruppe APPL, aprinta druck GmbH, Wemding
ISBN 978-3-426-67602-8

5 4 3 2

Inhalt

KÖRPERPUTZ

LEBENSPUTZ

Alles sauber ... oder was?

Diese Frage, liebe Leserin und lieber Leser, die der Buchtitel so salopp stellt, ist keine rhetorische, sondern ganz konkret gemeint. Und es gibt in diesem Buch unzählige Antworten.

Ich möchte wirklich mit Ihnen zusammen sauber machen, und das von innen und außen: Körper, Wohnräume, Garten, Haustiere, Gewissen … mit allem, was noch so dazugehört. Zugegebenermaßen hört sich das vielleicht etwas ungewöhnlich an und ist auf den ersten Blick auch nicht wirklich cool. Denn mal ganz ehrlich: Wer will schon gern vom Putzen sprechen, seine Freizeit damit verbringen und auch noch ein Buch darüber lesen? Vielleicht kann ich Sie ja motivieren, wenn ich Ihnen erzähle, was mich dazu bewegt hat, dieses Buch zu schreiben: ganz klar die Reinheit – und zwar echte Reinheit und nachhaltige Sauberkeit!

DER PREIS DER SAUBERKEIT

Als ich angefangen habe, für das Buch zu recherchieren, ahnte ich nicht, wie groß und wie schmutzig der Preis tatsächlich ist, den wir für vermeintliche Sauberkeit jetzt und in Zukunft zahlen. Wir schäumen, schrubben und scheuern mit immer innovativeren, bunteren Neuheiten und Marketinghits – ob mit Pods, Tabs oder Disks, Gels oder Sprays.

Die leuchtenden Farben der Reinigungsmittel für Haushalt und Kosmetik, die vollmundigen Versprechen und die verführerischen Düfte leiten uns komplett fehl. Mit Verlaub: Wir machen damit nicht wirklich sauber, sondern hinterlassen sehr viel Dreck: lauter Stoffe, die ökologisch nicht abbaubar ist. Unsere Klärwerke sind am Limit und können die Haushaltsabwässer nicht mehr ausreichend gereinigt in die Natur zurückleiten. Durch unsere Art des Saubermachens verschmutzen wir das komplette Ökosystem. Es lohnt sich also wirklich, einen zweiten Blick auf dieses scheinbar schrullige Thema zu werfen.

Was ich Ihnen schon an dieser Stelle versprechen kann: Wir wischen hier nicht nur oberflächlich durch, sondern wir reinigen wirklich porentief und räumen nebenbei mit konventionellen Putzmethoden auf.

Es ist nicht alles Gold, was glänzt

Meine Schlüsselfrage lautet: »Ist wirklich alles sauber, was glänzt?« Meine Antwort lautet: »Nein« – und das mit drei Ausrufezeichen!!!

Fangen wir erst einmal damit an zu definieren, was genau mit »sauber« gemeint ist.

Zum einen beschreibt »sauber« bei Räumen, Gegenständen und Personen, dass sie frei von Unrat und Schmutz jeder Art sind.

Es bedeutet aber auch, dass etwas nett anzusehen, rein, strahlend und wohlduftend ist.

»Sauber« geht jedoch noch viel tiefer. So wird ein moralisch einwandfreies Verhalten auch als »sauber« bezeichnet.

Es hört sich also durchaus so an, als wäre Reinheit eine Frage der Ehre, denn wer will nicht gut riechen, eine weiße Weste haben und strahlen, was das Zeug hält?

Wir sind wahrscheinlich die sauberste, zugleich aber auch die schmutzigste Generation, die je auf diesem Planeten gelebt hat. So wie wir putzen – ob unseren Körper, unsere Wäsche, unseren Haushalt oder unser sonstiges Umfeld – schädigen wir unsere Umwelt und unseren eigenen Organismus massiv.

Eine schlechte und eine gute Nachricht

Der Blaue Planet, unsere Erde, verfügt über großartige Selbstreinigungsmechanismen für die Luft, das Wasser und den Boden. Die natürlichen ökologischen Kreisläufe sind unglaublich brillant ausgetüftelt und mit enormem Fassungsvermögen ausgestattet. Aber sie kommen bald nicht mehr hinterher.

Dies ist die wirklich schlechte Nachricht: Das ökologische Gleichgewicht gerät in Schieflage. Das Ökosystem zur Aufbereitung und Wiederverwertbarkeit der lebensnotwendigen Elemente wie Luft, Wasser und Erde ist erschöpft. Es braucht eine Auszeit und die Möglichkeit, sich zu regenerieren und wieder ins Gleichgewicht zu kommen.

Wir müssen deshalb jetzt handeln, denn die Verschmutzung schreitet allzu schnell voran, und die Selbstreinigungsmechanismen werden immer schwächer. Das bedeutet, dass sich die Probleme auf Dauer potenzieren. Die zunehmend schlechte Qualität unseres Wassers, unserer Luft und unserer Böden wird uns nachhaltig teuer zu stehen kommen.

Die gute Nachricht aber lautet: Wir alle könnten mit wenig Aufwand etwas dazu beitragen, unseren Planeten zu entlasten. Wir können unser Umfeld und uns selbst schonend pflegen und wieder ein wertvoller Teil dieses wunderbaren Ökosystems werden.

Angenommen, wir alle würden in unseren Haushalten weniger chemische Reinigungsmittel verwenden: Dann hätten wir einen großartigen, nachhaltigen Beitrag geleistet. Weniger synthetische Duftstoffe, Parfüme, Formaldehyde, Paraffine, Parabene, Alkohole, Sulfate, Mikroplastik, Kunststoffverbindungen, Erdöltenside, Polyethylenglycol, Ethylendiamintetraessigsäure, Triclosan, Ammoniumverbindungen, Konservierungsstoffe, Lösungsmittel und Chlor – das wäre ein großer Fortschritt!

Die Verschmutzung nimmt ihren Lauf

In Kläranlagen werden diese bedenklichen Substanzen nur teilweise aus dem Abwasser herausgefiltert. Der Rest verbleibt und kann nicht abgefiltert werden, zum Beispiel Polymere, flüssiges Plastik und Kunststoffe, die oft in Waschmitteln enthalten sind. Das bedeutet, dass mehr und mehr dieser Stoffe in den natürlichen Wasserkreislauf und somit in unserer Wasser, Trinkwasser, Regenwasser, in unsere Erde und unser Gemüse gelangen.

100 ANWENDUNGEN, 5 MULTITALENTE

In diesem Buch stelle ich Ihnen über 100 Anwendungsmöglichkeiten und Rezepte vor, mit deren Hilfe alles blitzeblank wird, von außen und innen, und das nachhaltig und mit System. Im Großen und Ganzen brauchen Sie dafür nur fünf Mittel natürlichen Ursprungs – wahre Multitalente, die ich Ihnen gleich ausführlich vorstelle. Ob zur Körperpflege, zum Entgiften, für gesunde Schleimhäute oder zur Darmsanierung, fürs Fensterputzen oder Wäschewaschen, zur Garten- oder Haustierpflege – diese fünf

sind universell einsatzbar: Zeolith, Natron, Effektive Mikroorganismen, Zitronensäure und H_2O_2. Mit ihnen können wir eine Symbiose von Sauberkeit und Leben eingehen und zudem aktiv an der *Zero-Waste*-Bewegung teilnehmen, also möglichst null Abfall produzieren.

In der Natur gibt es übrigens keinen Abfall. Alles hat seinen Sinn, alles folgt einem cleveren Kreislauf. Tote oder verbrauchte organische Stoffe werden umgewandelt und wieder zu fruchtbarer Erde.

Sauber, sauberer, am saubersten

Wie bei fast allem gibt es selbstverständlich auch Steigerungen von »Sauberkeit«: Reinigung, Desinfektion und Sterilisation.

Reinigung heißt Eindämmung der Vermehrung von eventuell krankheitserregenden Mikroorganismen. Desinfektion bezeichnet eine stärkere Reduzierung und Inaktivierung von Krankheitserregern. Sterilisation bedeutet Freiheit von vermehrungsfähigen, krankheitserregenden Keimen.

Gerade in unserer heutigen Zeit, insbesondere durch die Coronapandemie, ist der Wunsch nach Sauberkeit und Keimfreiheit größer geworden. Selbstverständlich ist Hygiene eine wichtige Maßnahme für den Erhalt unserer Gesundheit und bietet Schutz vor Infektionen. Aber beim Einsatz von Desinfektionsmitteln gilt: Gewusst wie und warum!

Vorsicht, Falle! Nepper, Schlepper, Bauernfänger …

In vielen Haushalten kommen immer öfter bedenkliche oder aggressive Reiniger zum Einsatz, die versprechen, 99,9 Prozent aller Bakterien und Viren zuverlässig zu beseitigen.

Aber was bedeuten in diesem Fall eigentlich 99,9 Prozent? Bei Bakterien sollte diese Prozentzahl auf jeden Fall in ein Verhältnis zu der Gesamtmenge an Mikroorganismen gesetzt werden. Nehmen wir zum Beispiel die Bakterien in einer Waschmaschine mit voller Trommel: Wir können davon ausgehen, dass hier circa eine Milliarde Bakterien versammelt sind. Bei einer Reduktion von 99,9 Prozent, die nun abgetötet werden sollen, bleiben immer noch circa eine Million Bakterien. Das heißt, Desinfektion ist das nicht.

Wer seine Wäsche möglichst keimfrei haben möchte, der sollte sie zum Trocknen in die Sonne hängen und danach bügeln.

Dabei ist es gar nicht zwingend nötig, dass unsere Wäsche frei von Keimen und Bakterien ist. Im Gegenteil, denn in einer völlig sterilen Umgebung könnten wir nicht leben, das wäre vielmehr letztlich tödlich für uns.

Die in unseren Haushalten verwendeten »Superreiniger« mit ihren unglaublichen Mengen an Desinfektionsmitteln, all die Hygiene- und Weichspüler und Putzmittel mit Chlor sind also oft nicht nur überflüssig, sondern können sehr schädlich für unsere Gesundheit sein.

Unser Immunsystem mag es nicht keimfrei

Keimfrei ist zwar fast zu einen Synonym für sauber geworden, hat aber auf Dauer fatale Auswirkungen auf unser Immunsystem. Anders als in Arztpraxen oder in Krankenhäusern muss unser häusliches Umfeld nicht keimfrei desinfiziert sein. Ein Zuviel an Desinfektion kann zu Krankheiten führen, Auslöser für Allergien oder Ekzeme sein und unser Immunsystem, speziell unser Mikrobiom im Darm, aus dem Gleichgewicht bringen. Zudem gibt es Hinweise darauf, dass die weitverbreitete Verwendung von antibakteriellen Mitteln zu Resistenzen bei Mikroorganismen führen können.

DIY: HANDDESINFEKTION

Für alle, die auf Handdesinfektion nicht verzichten möchten oder können, stelle ich hier zwei effektive, aber schonende Mittel vor, die schnell selbst gemacht sind. Wie bei allen *Do-it-yourself*-Rezepten behalten Sie so die Kontrolle über die Art und Qualität der Inhaltsstoffe.

Die konventionellen Desinfektionsmittel werden mit vergälltem Ethanol oder Isopropylalkohol hergestellt. Vergällt bedeutet, dass der Alkohol durch Zusatzstoffe ungenießbar gemacht wurde. Dadurch entfällt die Alkoholsteuer, was für die Verkäufer- und Herstellerseite natürlich ein Vorteil ist. Als Vergällungsmittel wird in Deutschland meist Butanon (Methylethylketon, abgekürzt MEK) eingesetzt, und zwar 1 Liter auf 100 Liter Ethanol. Aus meiner Sicht ist das eine Verunreinigung des ursprünglich guten Produkts – mit bedenk-

Handdesinfektionsmittel

SUPEREINFACH & EFFEKTIV

Rezeptvariante 1:

400 ml Weingeist 96,5 % (unvergällter Alkohol)
25 ml H_2O_2 (Wasserstoffperoxid) 3%

Rezeptvariante 2:

Effektiv mit Pflege:
400 ml Weingeist 96,5 % (unvergällter Alkohol)
25 ml H_2O_2 (Wasserstoffperoxid) 3%
8 ml pflanzliches Glycerin
50 ml destilliertes Wasser

außerdem: Ein 500-ml-Becherglas zum Mischen und eine Flasche zum Abfüllen

- Einfach die jeweiligen Zutaten mischen, abfüllen – und das Beschriften nicht vergessen!
- Wie Sie destilliertes Wasser selbst herstellen können, habe ich in meinem Buch »Kann ich selbst, mach ich selbst« beschrieben.

lichen Konsequenzen. Butanon ist neben Aceton eines der wichtigsten industriell genutzten Ketone. Die farblose Flüssigkeit mit einem acetonähnlichen Geruch wird vor allem als Lösungsmittel eingesetzt. Der Stoff reizt die Augen und die Atemwege. Bereits bei einer Temperatur von 20 °C kommt es schnell zu einer toxischen Kontamination der Luft. Eine Einwirkung auf die Augen oder die Haut ist an Rötungen und Schmerzen zu erkennen.

So ein Mittel ist für mich »sauber etikettierter Dreck«. Deshalb mische ich mir meine Reinigungs- und Pflegemittel lieber selbst und freue mich über jeden, der auch auf Inhaltsstoffe und ihre Wirkung achtet.

GREENWASHING

Bevor wir gleich die Ärmel hochkrempeln und uns ins Vergnügen stürzen, möchte ich noch kurz eine relativ neue »Reinigungstechnik« ansprechen: das *Greenwashing*. Leider ist das ein Faktor beim Thema Sauberkeit, mit dem wir uns beschäftigen müssen. Wörtlich übersetzt bedeutet es »Grünwaschen«, gemeint ist, »sich einen ›grünen‹ Deckmantel umhängen«. Auf kritisch-ironische Weise bezeichnet man so eine neue Art der Öffentlichkeitsarbeit und Werbung, die Unternehmen ein umweltfreundliches und verantwortungsvolles Image verleihen soll. Hier wird rhetorisch und optisch manipuliert, um den Produkten oder Methoden eine »weiße Weste« zu verschaffen.

Wortzauber im Sauberdschungel

Qualitätsbeglaubigungen werden selbst kreiert und mit Begriffen wie »nachhaltig« und »ökologisch« versehen. Solche Wörter sind aber weder eindeutig noch geschützt.

Der Begriff »nachhaltig« hat zum Beispiel konträre Bedeutungen: zum einen »ökologisch wertvoll«, zum anderen»ökologisch nicht wertvoll«. Nachhaltig zu sein bedeutet nur, etwas auf Dauer in irgendeiner Weise zu beeinflussen oder zu belasten – ob dies nun in einer positiven oder negativen Weise geschieht, beschreibt der Begriff allein leider nicht!

Zudem gibt es ständig neue, sehr kreativ erfundene und irreführende Symbole, Gütesiegel und Zertifizierungen von mehr oder weniger unseriösen Instituten. Solche Labels haben praktisch keinen Aussagewert. Das gilt für die Kosmetik- und die Waschmittelindustrie gleichermaßen. Ein grüner Kreis um einen Baum, ein grünes Dreieck mit Pfeil, ein Kolbenglas mit grünem Blatt – wer von uns weiß schon, wie die seriösen Originalzertifizierungen aussehen?

In diesem Informationsdschungel und Schönredesystem fühle ich mich als Verbraucherin komplett ungeschützt. Ich versuche also, meinen eigenen Weg zu gehen, und hoffe, damit meinen ökologischen Fußabdruck nachhaltig so klein wie möglich zu halten.

Weniger ist mehr

Mein Motto lautet: Weniger ist mehr! Alle Rezepte und Anwendungen sind eine entsprechend saubere Sache. Mit meinen fünf Multitalenten können wir rundum sauber machen – den Körper von innen und außen reinigen, den gesamten Haushalt putzen, den Garten und unsere Haustiere pflegen.

Ich wünsche Ihnen nun viel Freude beim Lesen dieses Buchs und vor allem auch bei der praktischen Anwendung der Rezepte und Tipps.

Natürliche Kreisläufe

Tag und Nacht, Ebbe und Flut, Leben und Tod, Fotosynthese und Regeneration – alles geschieht in Zyklen, eines hängt vom anderen ab. Würden wir diese faszinierenden Kreisläufe des Lebens bewusster wahrnehmen und mehr wertschätzen, dann könnten wir sie auch besser schützen und bewahren.

Unser Wasser

Unser größter täglicher Luxusartikel ist kristallklar: reines, ungetrübtes Wasser. Aber wissen Sie eigentlich, woher es kommt, wie viel es davon gibt und wie lange es schon unterwegs ist? Und ist Ihnen bewusst, wie kostbar und schützenswert es ist?

WASSER IST LEBEN

Unsere Erde wird auch der Blaue Planet genannt, weil sie aus dem All betrachtet blau leuchtet: Etwa 71 Prozent der Oberfläche sind mit Wasser bedeckt. Dieses Wasser geht nie verloren. Von Anfang an stand immer die gleiche Menge Wasser auf unserem Planeten zur Verfügung. In einem niemals pausierenden Kreislauf ist es nur von Zeit zu Zeit in anderen Aggregatzuständen unterwegs.
In der schlausten und faszinierendsten Wiederaufbereitungsanlage – der Natur – wird das Wasser ständig gefiltert, mineralisiert, kondensiert und neu verteilt, um dann zu unserem Trinkwasser zu werden. Wussten Sie, dass wir dasselbe Wasser trinken, das schon die Dinosaurier vor Millionen von Jahren getrunken haben? Und dass es auch dasselbe Wasser sein wird, das die Menschen und Tiere, die nach uns kommen, trinken werden? Genau deshalb ist es so wichtig, den Wert von Wasser zu schätzen und eine gute Wasserqualität aufrechtzuerhalten. Das Schöne daran ist: Jeder von uns kann etwas dazu beitragen!

So verschmutzen wir unser Trinkwasser

Wasser ist unser Lebenselixier. Doch wir benötigen es nicht nur zum Trinken, sondern auch für vieles andere – ob zum Kochen, Waschen und Putzen oder zur Produktion unzähliger Dinge, seien es Kleidung, Kosmetik, Medizin oder Lebensmittel.
Gerade bei der industriellen Massenproduktion verbrauchen wir heutzutage viel Wasser. Durch chemische Fertigungs- und Produktionsabläufe wird das Wasser dabei stark verschmutzt. So kommt es zu einer immer größeren Belastung des Wasserkreislaufs.

1 **Verdunstung:** Die Sonne ist die treibende Kraft für den Wasserkreislauf. Sie erwärmt das Wasser der Meere und Seen, sodass Wasserdampf entsteht, der aufsteigt.
2 **Kondensation:** In der kalten Höhenluft verwandelt sich der Wasserdampf in kleine Wassertropfen. Diese docken an Staubkörnern in der Luft an und werden so zu Wolken. Der Wind trägt die Wolken über das Land.
3 **Niederschlag:** Kleine Wassertröpfchen in den Wolken verbinden sich zu größeren Tropfen. Steigen die Wolken weiter in kältere Luftschichten auf, sind diese Tropfen irgendwann zu schwer, und die Wolken entleeren sich. Der Niederschlag kann als Regen, Schnee oder Hagel zur Erde fallen.
4 **Versickerung:** Ein Teil des Wassers fließt wieder in Seen und Flüsse, der andere Teil versickert und stößt irgendwann auf lehm- und tonhaltige Erdschichten. Dort staut es sich und wird zu Grundwasser.
5 **Trinkwasser:** Dieses Grundwasser wird in Brunnen gesammelt und dann in die Wasserwerke gepumpt, wo es zu Trinkwasser aufbereitet wird.
6 **Abwasser:** Nach dem Duschen, Waschen, Kochen und Putzen fließt es als schmutziges Abwasser in die Kläranlagen. Hier wird es mit Sand und anderen Filtern gereinigt und wieder in Bäche, Flüsse und Seen geleitet. Auf diesem Weg fließt es irgendwann ins Meer – und alles beginnt von vorn.

Unser Grundwasser wird durch Chemikalien und Giftstoffe belastet, auch zum Beispiel durch die landwirtschaftliche Intensivnutzung, vor allem die Massentierhaltung. Dünger, Gülle mit Antibiotikaresten, Pestizide, Herbizide, aber auch Straßenabwässer mit Reifenabrieb und Auftausalzen sowie Erdölprodukte, Schwermetalle, Mikroplastik und viele andere schädliche Stoffe gelangen in unser Grundwasser.

Diese massive Schadstoffbelastung können die natürlichen Filter irgendwann nicht mehr bewältigen. Deshalb wird unsere Wasserqualität immer schlechter – und das nachhaltig und mit verheerenden Auswirkungen. Eines Tages wird das Wasser für alle unbrauchbar sein. Denn verschmutztes Wasser verursacht Krankheiten. Schon jetzt werden Millionen Menschen jährlich dadurch krank oder sterben daran.

Reinigung von außen und innen

Um uns gründlich reinigen zu können, benötigen wir – das ist bestimmt unumstritten – Wasser. Das feuchte, klare Element brauchen wir aber nicht nur zur äußerlichen Reinigung, sondern auch zur innerlichen. Es ist nicht nur unser wichtigstes Lebensmittel, sondern auch unser wichtigstes innerliches Reinigungsmittel.

Jeder von uns hat schon x-mal gehört, dass wir mindestens zwei bis drei Liter Wasser am Tag trinken sollten, damit unser Organismus richtig funktioniert. Mit dieser Menge sorgen wir für Organgesundheit und einen intakten Stoffwechsel. »Gänsewein« ist also elementar!

Der menschliche Organismus besteht zu großen Teilen aus Wasser: zu etwa 85 Prozent bei Säuglingen und 70 Prozent bei Erwachsenen. Da wir regelmäßig Wasser ausscheiden, ist eine ausreichende Flüssigkeitszufuhr wichtig. Wasser ist zum Beispiel auch Bestandteil unseres Blutes und daher für den Nährstofftransport zu den Zellen sowie für den Abtransport von Stoffwechselendprodukten nötig. Funktioniert das reibungslos, fühlen wir uns fitter und gesünder, sind leistungsfähiger und konzentrierter.

WAS WIR TUN KÖNNEN

Wasser ist die kostbarste Flüssigkeit, die es gibt. Zwar ist es in unseren Breiten selbstverständlich, mit freiem und unbegrenztem Zugang zu Wasser zu leben, aber das wird wahrscheinlich nicht für immer so bleiben. Momentan öffnen wir den Hahn oder die Flasche, und das kostbare H_2O sprudelt. Genießen wir das! Aber handeln wir mit Respekt, auch wenn uns gutes Wasser (noch) unbegrenzt zur Verfügung steht. Es ist ein *Luxus,* und damit er uns erhalten bleibt, sollten wir dringend auf unseren eigenen Wasserverbrauch und -missbrauch achten.

Ich möchte den Verbrauch von Wasser nicht nur in Litern messen, sondern auch am Grad der Verschmutzung, den das Ökosystem bewältigen muss. Alles, was wir in die Waschmaschine, den Geschirrspüler, das Klo, die Badewanne und die Natur gießen, verschwindet ja nicht wirklich, sondern muss wieder gereinigt werden und fließt letztendlich in unsere Meere, also zurück in den Wasserkreislauf.

Wir unterscheiden zwar zwischen Trinkwasser, Meerwasser, Seewasser, Regenwasser, Kondenswasser, Abwasser, Quellwasser, Schmelzwasser, Gletscherwasser, Grundwasser, Brunnenwasser, Sickerwasser und so weiter. Aber global gibt es diese Trennung überhaupt nicht. Deshalb sollten wir Wasser ganzheitlich betrachten. Die Trennung halte ich für gefährlich, denn so verstehen wir nicht, dass alles aus einem Becken kommt und letztendlich dasselbe ist!

Auch wenn die Industrie weltweit einen großen Anteil an der Wasserverschmutzung hat, ist es trotzdem sinnvoll, wenn wir alle – also Milliarden von Menschen – Wasser schützen, indem wir es selbst nicht mit Giftstoffen verseuchen. Deshalb gibt es in diesem Buch ganz viele Rezepte, egal ob für den Hausputz oder zur Körperreinigung, mit natürlichen und biologisch abbaubaren Zutaten, die unser Wasser nicht nachhaltig negativ belasten und trotzdem alles schön reinigen.

Unser Boden

Der Erdboden ist sozusagen die Haut unseres Planeten, ohne ihn gäbe es all das, was wir kennen, nicht. Schauen wir uns einmal an, wie sich Erde zusammensetzt, was sie benötigt, um uns mit Nährstoffen zu versorgen – und was wir selbst täglich zu einem gesunden und sauberen Boden beitragen können.

MUTTER ERDE

Der Erdboden ist ein lebendiger Organismus. In und auf ihm gedeihen unsere Lebensmittel, er speichert und filtert Regenwasser, er bietet uns Halt und vieles mehr. Weil er die Grundlage unseres Lebens ist, sprechen viele Kulturen von »Mutter Erde«, denn Erde nährt uns und Erde heilt uns. Sie ist das Fundament unserer Existenz und der Lebensort von Pflanzen, Tieren und Mikroorganismen.

Wir sprechen zwar meist einfach von »Erde«, wenn wir die Bodensubstanz meinen, aber auf unserem Erdball gibt es ganz unterschiedliche Arten von Erden, Böden und Gesteinen. Diese sind sowohl auf den sieben Kontinenten als auch regional ganz verschieden in Farbe und Zusammensetzung. Auch in Deutschland gibt es diverse Erdarten. Hier ist der Boden eher hell und enthält in Norddeutschland besonders viel Sand, in Süddeutschland ist der Lehm- und Tonanteil höher.

Das Farbspektrum der Erden dieser Welt reicht von hellgelb, orange und dunkelrot über grün, grau und weiß bis zu schwarz – je nach Zusammensetzung. Es gibt zum Beispiel die *Terra rossa,* einen roten Boden in der Region rund ums Mittelmeer, und in Australien den blutroten Sand des Ayers Rock. *Terra preta,* die Schwarzerde, finden wir in Brasilien, Ecuador und Ghana, aber auch in Schweden.

SO REINIGT SICH DIE ERDE SELBST

In der Erde vollzieht sich ein wichtiger biologischer Kreislauf, der eigentlich ganz leicht zu verstehen ist. Ich möchte ihn hier kurz beschreiben, um deutlich zu machen, wie oft wir Menschen ihn unterbrechen. Meiner Meinung nach passiert das meist durch Unwissenheit und weil wir falsche Vorstellungen von »sauber« und »aufgeräumt« haben.

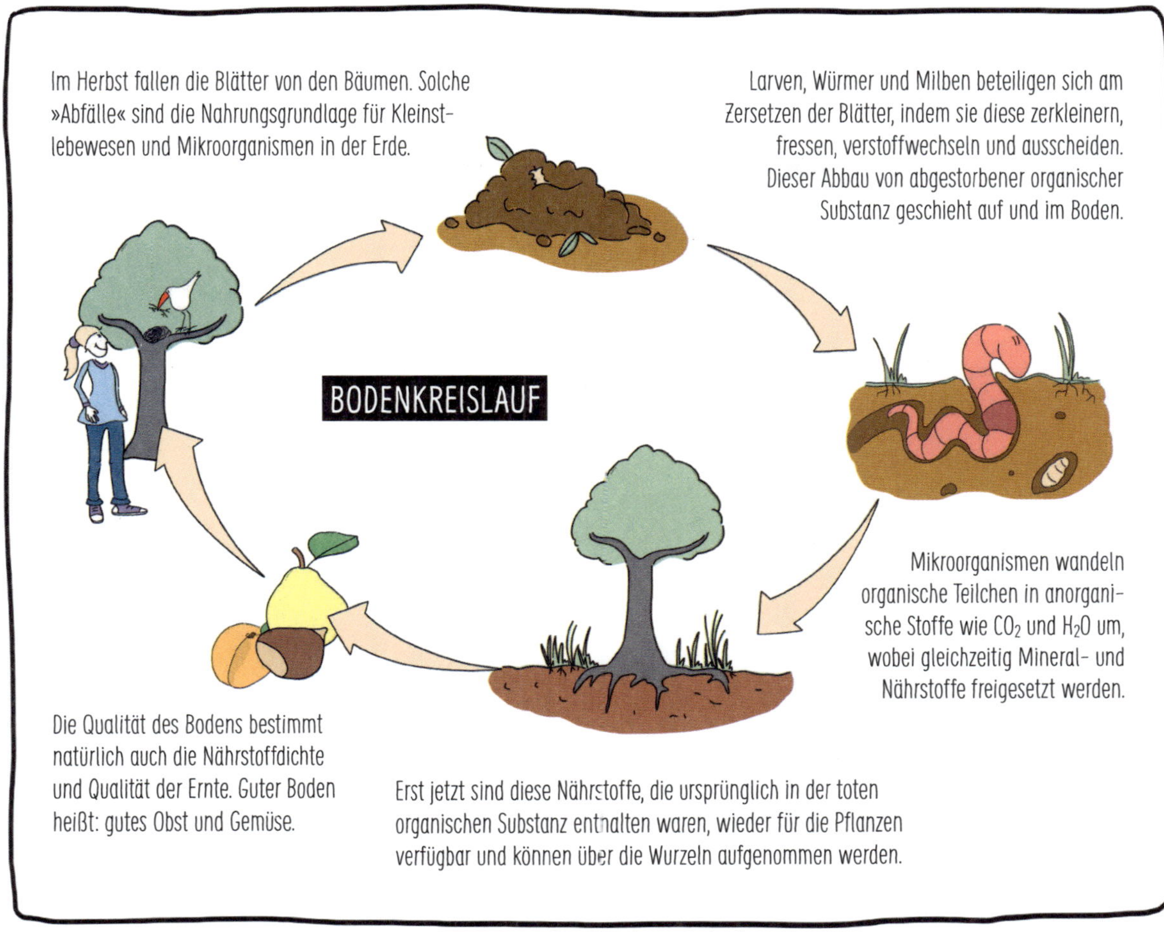

Alles kommt von Mutter Erde und kehrt zu ihr zurück

In der Natur gibt es wie gesagt keinen Abfall, alles hat seinen Sinn, alles geschieht in Kreisläufen. Pflanzen und Bäume wachsen und enthalten Nährstoffe, bis sie verblühen und sterben. Dann werden alle toten organischen Stoffe von Bodenlebewesen, zum Beispiel von Mikroorganismen oder unserem Freund, dem Wurm, in **Humus** umgewandelt, in eine schwarze, fruchtbare Urerde.

Die wissenschaftliche Definition von Humus ist »die Gesamtheit der abgestorbenen organischen Substanzen, die sich im Erdboden befinden«. Diese Substanzen sind nicht nur Überreste von Pflanzen und Pilzen, sondern auch von toten Tieren und Bakterien. Die in der oberen Bodenschicht aktive Bodenflora und -fauna wandelt sie zu Nährstoffen für die anderen Pflanzen um (siehe Grafik). Das ist dann Bodenfruchtbarkeit – dank der großartigen, unermüdlichen Arbeit der Bodenbewohner!

Für eine nährstoffreiche, gesunde Erde ist es sehr wichtig, dass wir unsere Gärten und Beete nicht zu »sauber« halten, also die Blätter im Herbst nicht wegkehren, denn all die Lebewesen im Boden brauchen ihr Futter. Im Gegenzug bekommen wir fruchtbaren Boden. Das ist ein wirklich sehr sauberer Kreislauf.

Ein Loblied auf den Regenwurm

Dieser Lieferant von feinstem Humus wurde im 16. Jahrhundert noch »reger Wurm« genannt, weil er so eifrig und fleißig arbeitet. Er kann bis zu 20 Blätter in einer Nacht in seine Wohnröhre ziehen, um sie als Nahrung zu verwerten. Außerdem arbeitet er Nährstoffe in die Erde ein.

So ein Boden mit vielen Regenwurmgängen bringt noch andere Vorteile mit sich. Es staut sich zum Beispiel keine Nässe auf ihm, sondern die Erde kann den Regen aufsaugen wie ein Schwamm. Auch Pflanzenwurzeln und wichtige Bodenorganismen haben es in lockerem Boden leichter.

Schutz für den Boden

Boden erfüllt also vielfältige Aufgaben für die Natur und den Menschen. Seit 1999 werden diese Aufgaben gesetzlich geschützt. Das Bundes-Bodenschutzgesetz (BBodSchG) wurde ins Leben gerufen, um die Funktionen des Bodens für zukünftige Generationen zu sichern oder wiederherzustellen.

By the way: Genau aus diesem Grund sollten Schottergärten generell verboten werden. Sie gelten zwar gerade als schick, sehen sauber und aufgeräumt aus, sind aber alles andere als das.

WICHTIG

Das Problem in unserer heutigen Zeit ist, dass wir Sauberkeit, Reinheit, Gepflegtheit einfach komplett falsch definieren. Damit schädigen wir unseren Lebensraum, unsere Umwelt und unsere Gesundheit. Wir schneiden uns ins eigene Fleisch! Wir beuten unsere Erde aus, verbrauchen die Rohstoffe und stehen dann mit ausgelaugten Böden, verunreinigtem Wasser und verschmutzter Luft da.

Denn sie unterbrechen den natürlichen Reinigungsmechanismus von Wasser, Erde und Luft. Und Bienen, Schmetterlinge und Co werden sich an diesen Orten nicht laben. Schottergärten sind nachweislich schlecht für den Erhalt der Artenvielfalt und selbstverständlich auch für unser Klima. Außerdem wurde bisher noch viel zu wenig thematisiert, welche Auswirkung solche Plätze auf die menschliche Psyche haben können. Diese Art der »Sauberkeit« lässt eher negative Gedanken aufkommen als die Entspannung und Freude, die wir so dringend brauchen und in der Natur und im Garten auch sonst empfinden. Aber das nur nebenbei.

VERSCHMUTZUNG DURCH INTENSIVE LANDWIRTSCHAFT

Durch die Art, wie wir mit unseren Böden umgehen, verschmutzen wir auch unser Grundwasser. Wir denken, dass alles, was wir nicht mehr sehen, nicht mehr da ist. Wenn wir aber etwas auf dem Beet oder auf dem Feld verteilen, in den Ausguss schütten, in der Toilette hinunterspülen oder unterirdisch als Sondermüll lagern, dann ist es nicht wie von Zauberhand verschwunden. Ende, aus, Mickymaus! Nein, es ist noch da und gelangt durch unser Grundwasser und den natürlichen Kreislauf irgendwann zu uns zurück.

Früher betrieb man Viehzucht und Pflanzenwirtschaft am selben Ort. Die Ausscheidung der Tiere, die Gülle, diente als Dünger auf dem Acker, und so konnte der Bodenkreislauf aufrechterhalten werden. Heute ist das aufgrund der intensiven Landwirtschaft nicht mehr so, weil die Futtermittel überregional produziert werden. Sie kommen aus verschiedenen Teilen der Welt und werden dann in riesigen Intensivställen verfüttert. Die Folge: Es sammeln sich hier Unmengen an Mist und Gülle an.

Für die Nährstoffe beginnt jetzt eine Sackgasse, denn dort, wo so viele Tiere gehalten werden, reichen die Äcker der Umgebung nicht aus, um die Nährstoffe der Unmengen an Gülle aufzunehmen. Spätestens jetzt fängt die Verschmutzung an, denn was die Pflanzen auf den Äckern (wie es der normale Kreislauf vorsieht) nicht mehr aufnehmen können, reichert sich im Boden an und landet zum Beispiel als Nitrat im

Grundwasser. Das läuft dann in unsere Flüsse, und wie es von dort in unseren Lebenskreislauf kommt, haben Sie im Wasserkapitel gesehen.

Dieser Prozess verursacht aber noch einen weiteren Verschmutzungskreislauf, denn dort, wo Futterpflanzen intensiv angebaut werden, aber nicht als Gülle zurück auf den Acker und in den Kreislauf kommen, entsteht ein Nährstoffmangel. Dieser wird dann mit Kunstdünger ausgeglichen – und zieht meist eine Behandlung mit Pestiziden nach sich. Zudem ist Phosphor, der zur Düngerherstellung gebraucht wird, ein mittlerweile knappes Element.

Weshalb ist das für unser Reinigungsbuch von Bedeutung? Weil eben alles zusammenhängt!

Unsere Luft

Was ist Luft eigentlich? Wo kommt sie her? Wenn sie rein und klar ist, können wir sie weder sehen noch riechen oder schmecken. Dennoch ist die Luft vorhanden – und wir atmen sie meistens völlig unbewusst ein. Ohne sie können wir nicht leben.

WIE WIR ATMEN

Unsere Atemmuskulatur sorgt dafür, dass die Luft eingesogen wird. Das Zwerchfell, ein starker Muskel unterhalb der Lunge, bewegt sich nach unten, wodurch ein Unterdruck in der Lunge entsteht und Luft automatisch einströmt; Brustkorb und Lungenflügel weiten sich. Beim Ausatmen zieht sich die Lunge wieder zusammen, und die Luft entweicht. Dieser Ablauf wird vom Gehirn gesteuert und passiert bei einer erwachsenen Person 10- bis 20-mal pro Minute. Wir können nur sehr begrenzt auf Vorrat (ein)atmen, denn Atmung ist ein regelmäßiger Vorgang; aber wir können die Atemfrequenz und -tiefe bewusst steuern.

Atmung dient dem Gasaustausch

Was passiert nun mit der von uns eingeatmeten Luft? Sie strömt über die Luftröhre zu den Bronchien und von dort in die Lungenbläschen. Diese sind mit einem Netz von hauchdünnen Blutgefäßen umgeben, durch die der Sauerstoff aus der Luft ins Blut gelangt und so in unserem Körper verteilt wird – pro Atemzug etwa 300 Milliliter Sauerstoff. Ihn braucht unser Organismus dringend für die Energiegewinnung.

Im Gegenzug wird CO_2 ausgeatmet, das beim Zellstoffwechsel entsteht und für unseren Organismus in größeren Mengen schädlich wäre. So dient das Ausatmen der inneren Reinigung.
Das ist die eine Art des Sauerstoff-Kohlen(stoff)-dioxid-Austauschs, der in einem ständigen Kreislauf passiert. Ein Mensch braucht 9 000 bis 12 000 Liter Luft am Tag. Die Pflanzen sorgen dafür, dass sie mit Sauerstoff angereichert wird – das ist die andere Art des Gasaustauschs.

OHNE SAUERSTOFF KEIN LEBEN

Luft wird oft als Element bezeichnet, ist aber eigentlich gar keins. Wir meinen damit das Gasgemisch der Erdatmosphäre. Es setzt sich aus rund 21 % Sauerstoff (O_2), 78 % Stickstoff (N_2), 1 % Edelgas Argon (Ar) und 0,04 % Kohlendioxid (CO_2) zusammen.
Wo kommen diese Luft und der darin enthaltene Sauerstoff eigentlich her? Luft, so wie wir sie heute kennen, hat die Erde nicht von Anfang an umhüllt. Die Atmosphäre wurde über mehrere Milliarden Jahre gebildet. Unser Planet war früher einmal sehr heiß, und aus dem Erdinneren stiegen verschiedene Gase auf. Dazu gehörten Kohlendioxid und vor allem Wasserdampf, aber kein Sauerstoff.
Nachdem sich in den Meeren kleine Lebewesen und auch grüne Pflanzen entwickelt hatten, entstand der Vorgang der Fotosynthese (siehe Grafik), bei der die Pflanzen sich ihre Nahrung in Form von Zucker (Glukose/Traubenzucker) selbst herstellen. Dabei wird Kohlendioxid aus der Luft verbraucht und nebenbei Sauerstoff produziert. Eine große Buche kann Sauerstoff für 20 Menschen pro Tag liefern.

FOTOSYNTHESE

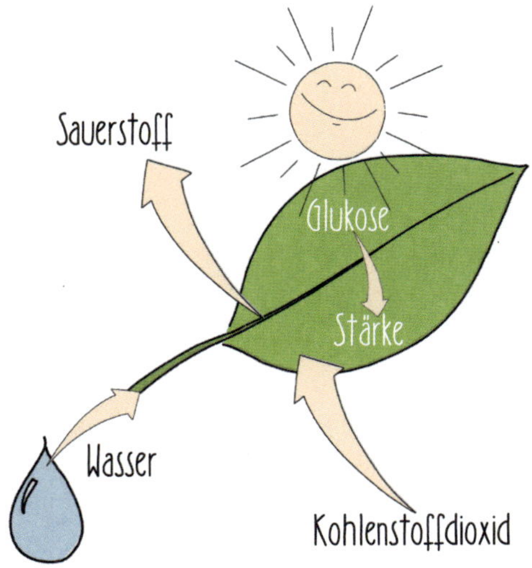

1 Die Fotosynthese findet in den grünen Blättern der Pflanzen und Bäume statt. Das gasförmige **Kohlen(stoff)dioxid** gelangt durch kleine Öffnungen auf der Blattunterseite ins Blattinnere.
2 Hier befinden sich die Chloroplasten, die den grünen Blattfarbstoff **Chlorophyll** enthalten. Mithilfe von Sonnenlicht (Photonen) und Chlorophyll wandelt die Pflanze nun Kohlendioxid (CO_2) aus der Luft und Wasser (H_2O) aus dem Boden in Kohlenhydrate **(Glukose/Traubenzucker)** um.
3 Bei diesem chemischen Vorgang entstehen als Nebenprodukte **Sauerstoff (O_2)** und **Wasser**moleküle. Beide können durch die Spaltöffnungen auf der Blattunterseite wieder entweichen.
4 Die **Glukose** dient der Pflanze als Nahrung und Baustoff und wird in alle Pflanzenteile transportiert.

So ernähren sich die Bäume und Pflanzen, produzieren Energie, reinigen unsere Luft und reichern sie mit dem für uns lebenswichtigen Sauerstoff an. Ist das nicht ein unglaublich faszinierender Recycling- und Reinigungsvorgang? So bekommen wir ganz lautlos frische Luft mit feinem Sauerstoff geliefert.

WIE WIR UNSERE ATEMLUFT VERSCHMUTZEN

Wie schön könnte also alles sein, denn das natürliche System ist perfekt ausgetüftelt! Doch es kommt an seine Grenzen – und zwar durch die von uns verursachte Luftverschmutzung.

Schadstoffe draußen

Laut der Weltgesundheitsorganisation (WHO) sterben drei Millionen Menschen im Jahr vorzeitig, weil die Atemluft durch Abgase und Feinstaub verschmutzt ist. Hier spielen viele Faktoren eine Rolle: die zunehmende Industrialisierung, die exzessive Landwirtschaft mit Massentierhaltung und die damit verbundenen Ammoniak- und Methanemissionen, der Verkehr (Autos und Lkws, Luft- und Schifffahrt), die Gewinnung elektrischer Energie, das Heizen mit fossilen Brennstoffen und vieles mehr. All das führt auch dazu, dass der CO_2-Anteil in den letzten 200 Jahren um 40 Prozent angestiegen ist. Dies gilt als Hauptgrund für die Klimaerwärmung.

Schadstoffe drinnen

Was wir nicht unterschätzen sollten, sind all die Produkte, mit denen wir unsere Luft auch in Innenräumen verschmutzen: Klebstoffe, Druckertinte, Putzmittel sowie Kosmetika wie Parfüms, Körper- und Haarsprays sind mittlerweile für die Hälfte der Emmissionen in Industriestädten verantwortlich – nachzulesen in der Zeitschrift *Science* in einer wissenschaftlichen Veröffentlichung der Klima- und Wetterbehörde NOAA und der University of Colorado Boulder (https://science.sciencemag.org/content/359/6377/760; https://cires.colorado.edu/news/consumer-industrial-products-now-dominant-urban-air-pollution-source).

Die Quellen für Luftverschmutzung in den eigenen vier Wänden sind vielfältig. Unter anderem finden sich in unseren Putzmitteln schädliche Stoffe, beispielsweise Tenside, Salmiak und Alkohol, die während der Anwendung als Dämpfe freigesetzt werden. Sie belasten unsere Atemwege, denn wir atmen sie ja mit der Raumluft ein. Für Menschen mit Allergien ist das besonders belastend.

Kurzfristig führt verschmutzte Luft in Innenräumen zu Kopfschmerzen, Schwindelgefühl und Müdigkeit, langfristig kann die Lungenfunktion von Personen, die regelmäßig putzen, beeinträchtigt werden (siehe Info).

Das heißt nicht, dass wir ab jetzt *nicht* mehr putzen sollten, sondern nur mit den richtigen Mitteln. Es gibt viele Möglichkeiten, auf eine für Mensch und Umwelt saubere Art zu putzen, zu reinigen und sich zu pflegen. Im Rezeptteil bekommen Sie dazu viele Anleitungen. Dann macht Putzen wieder Spaß, und wir bleiben gesund.

INFO

Es gibt mittlerweile Langzeitstudien über den Zusammenhang zwischen chronischen **Lungenerkrankungen** und eingeatmeten Chemikalien aus Reinigungsmitteln.
Eine Studie der norwegischen Universität Bergen mit 5000 Teilnehmerinnen, die über 20 Jahre lief, zeigt, dass die aggressiven Chemikalien in Haushaltsreinigern ein Risiko für Lungenschäden bergen.

Zitronen Säure
H_2O_2
Natron
EFFEKTIVE Mikro ORGANISMEN
Zeolith KLINOPTILOLITH

FÜRS PUTZEN & PFLEGEN

Multitalente

Jetzt möchte ich Ihnen fünf Mittel vorstellen, die unglaublich vielseitig einsetzbar sind – zum Reinigen und Desinfizieren im Haushalt genauso wie für die Körperpflege von außen und innen. Weil sie so viel mehr können als übliche Reinigungsmittel – und nicht zuletzt dem Geldbeutel und der Umwelt guttun –, sind sie meine absoluten Favoriten.

H_2O_2: Wasserstoffperoxid

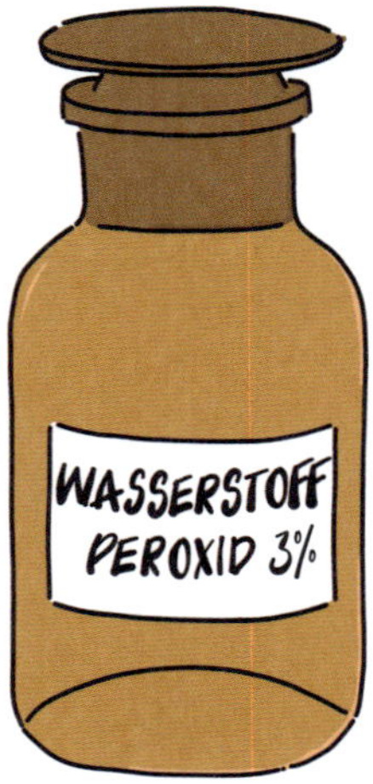

Wasserstoffperoxid ist seit einiger Zeit eines meiner Lieblingsmultitalente im Haushalt. Ich sehe jetzt förmlich Ihren fragenden Gesichtsausdruck vor mir: Wasserstoffperoxid – ist das nicht ... was zum Haarefärben? Ja, genau! Das ist übrigens die typische Reaktion, wenn ich von H_2O_2, wie die chemische Formel heißt, erzähle. Diese Assoziation ist natürlich Marilyn Monroe oder auch Pamela Anderson zu verdanken, den wohl bekanntesten »Wasserstoffblondinen«. Doch kann ein Multitalent eben immer mehr als nur eine Sache. Deshalb lassen wir die Blondinen erst einmal links liegen, atmen tief durch und entdecken H_2O_2 ganz neu. Es ist nämlich ein Multitalent wie kaum ein anderes!
Ich bin übrigens vor über dreißig Jahren das erste Mal mit Wasserstoffperoxid in Kontakt gekommen, doch davon später mehr.

DESINFEKTION MIT SAUERSTOFF

Wasserstoffperoxid – das früher auch Wasserstoffsuper- oder -hyperoxid genannt wurde – ist zwar durchaus ein Bleichmittel, aber eben nicht nur. Obwohl eigentlich schon lange für seine Wirkungen bekannt, ist es immer noch eine Art Geheimtipp. Für den Gebrauch im Haushalt wird nicht unbedingt die Werbetrommel gerührt, denn wenn man H_2O_2 zur Hand hat, erübrigen sich viele andere Produkte.

Sein ganzes Wirkspektrum zu kennen ist in unserer heutigen Zeit wichtiger denn je: H_2O_2 tötet nämlich Bakterien, Viren, (Schimmel-) Pilze und Sporen nachhaltig ab!
Keimfreiheit wird uns zwar von vielen Desinfektionsmitteln versprochen, und vielleicht können einige dieses Versprechen auch halten, aber die Frage ist immer, zu welchem Preis. Damit meine ich nicht nur die Kosten der Anschaffung eines Produkts, sondern den Preis, den unsere Gesundheit und Umwelt dafür zahlen. Der Clou: H_2O_2 ist wie kein zweites Mittel umfassend einsetzbar und trotz einer so hohen und zuverlässigen Leistung wenig schädlich für Mensch, Tier und Umwelt. (»Wenig schädlich«, weil letztlich alles seine Spuren bei Produktion und Anwendung hinterlässt, kaum etwas ist wirklich total »unschädlich«.)
Wasserstoffperoxid besteht nur aus Wasser und Sauerstoff und zerfällt auch nur in diese zwei natürlichen Substanzen. Deshalb – und das ist besonders interessant in einer Zeit, in der immer mehr Menschen an Unverträglichkeiten und Allergien leiden – wirkt H_2O_2 auch nicht allergieauslösend.
Sie werden sehen, wie einfach und preiswert H_2O_2 in Ihrem Alltag, Ihrem Haushalt und für Ihre Gesundheit und Schönheit einsetzbar ist und Ihre Lebensqualität verbessert. Sie werden begeistert sein und sich fragen, warum diese unglaubliche Flüssigkeit nicht schon längst in Ihrem Leben zum Einsatz gekommen ist.
Die Vorteile sind so vielfältig – wie könnte dieser Allrounder anders genannt werden als das Multitalent unter den Multitalenten?!

WAS IST H_2O_2?

Wasserstoffperoxid ist eine zartblaue, in verdünnter Form fast farblose, wasserähnliche Flüssigkeit, genauer: eine stabile flüssige Verbindung aus Wasserstoff und Sauerstoff. Im Unterschied zu Wasser (H_2O) enthält das Molekül zwei Sauerstoffatome. Das Besondere: Eines dieser Atome kann als reiner Sauerstoff wieder abgegeben werden. Genau diese Teilbarkeit macht H_2O_2 zu einem starken Oxidationsmittel und damit zu einem sehr effektiven Desinfektions- und Bleichmittel, das obendrein auch noch umweltverträglich ist.

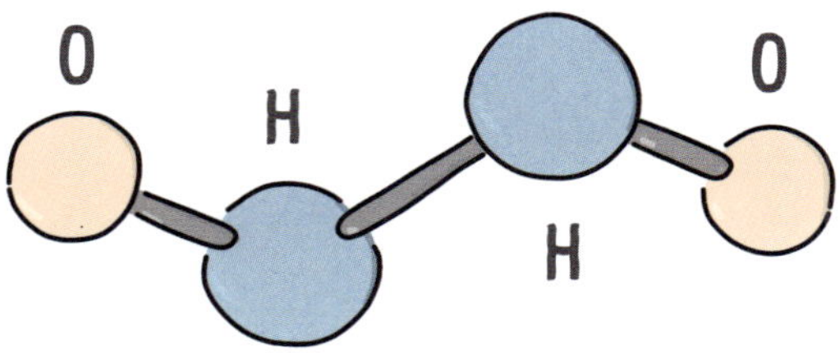

Wichtig: die richtige Dosis

Dass Wasserstoffperoxid so harmlos ist, möchte man auf den ersten Blick nicht annehmen, denn mit diesem Namen könnte man auch eine gewisse Giftigkeit assoziieren. Das ist unter bestimmten Bedingungen sogar richtig, allerdings kommt es hier auf die Konzentration des Wasserstoffperoxids und die Anwendung an. Wie sagte schon Paracelsus so schön: »Die Dosis macht das Gift.« Die verschiedenen Möglichkeiten und die Rezepte, die ich Ihnen für Haushalt und Garten sowie für Gesundheit und Schönheit vorstelle, drehen sich ausschließlich um **dreiprozentiges H_2O_2.**

Wichtig: Wasserstoffperoxid in konzentrierter Form wirkt ätzend und gesundheitsschädlich. Bei falscher Anwendung kann es zu schweren unerwünschten Wirkungen kommen.
Bei einer richtigen und sachgemäßen Anwendung ist H_2O_2 aber eine wahre Bereicherung für unser Leben und unsere Umwelt.

MULTITALENTIERT

Eine 3-prozentige Wasserstoffperoxidlösung darf auf Haut und Schleimhäuten sowie auf allen Oberflächen im Haushalt angewendet werden. Und das alles kann sie:

- reinigen und desinfizieren (wirkt gegen Bakterien, Viren und Pilze)
- als Erste Hilfe bei kleinen Verletzungen dienen, zum Beispiel Blutungen stillen
- Haare, Zähne und Wäsche bleichen
- Gerüche binden
- Gemüse frischhalten
- bei der Haustierpflege helfen

Peroxide oder »Aktivsauerstoff«

Peroxide sind chemische Verbindungen, die Sauerstoff in Form einer –O–O-Gruppe, also einer Sauerstoff-Sauerstoff-Bindung, enthalten und damit ein aktives Sauerstoffatom für Oxidationsprozesse bereitstellen. Deshalb verfügen Peroxide über die Fähigkeit, organische Substanzen zu bleichen, was in industriell hergestellten Produkten oft zum Einsatz kommt und von hoher Bedeutung für deren Effizienz ist. Waschmittel enthalten zum Beispiel oft Peroxide. In der Werbung für solche Produkte wird dann aber nicht von Peroxid gesprochen, sondern von »Aktivsauerstoff«, vermutlich weil das besser klingt.

Es gibt übrigens anorganische und organische Peroxide. In der Natur sind sie allerdings nur in geringen Mengen im Wasser, in der Erdatmosphäre, in pflanzlichen sowie tierischen und menschlichen Organismen zu finden. Auch die Verbindung von Wasser und Sauerstoff, also das Wasserstoffperoxid, ist in natürlicher Form in unserer Umwelt zu finden, wird aber für Industrie und Haushalt chemisch hergestellt.

MITTEL MIT LANGER TRADITION

Bei meinen Recherchen bin ich auf folgende Geschichte gestoßen. Der französische Chemiker Louis-Jacques Thénard entdeckte Wasserstoffperoxid 1818 bei Laborversuchen. Es entsteht durch eine Reaktion von Bariumperoxid mit Schwefelsäure. 1834 stellte dann William Prout, ein englischer Arzt und Chemiker, der unter anderem 1823 die Magensäure entdeckt hatte, die These auf, dass sich H_2O_2 auch in der Atmosphäre befinde. Der Nachweis dafür ließ etwas auf sich warten – erst 1863 wurde endgültig bestätigt, dass H_2O_2 aufgrund der elektrischen Entladung im Gewitterregen vorkommt. Dem deutschen Chemiker E. Schöne gelang dann 1872 nach eingehenden systematischen Untersuchungen der endgültige Nachweis von H_2O_2 in Regen, Schnee und Luft sowie der Nachweis seiner gasförmigen Existenz.

Dass H_2O_2 keimtötend und bleichend wirkt, wurde schon früh erkannt. Bereits in den 1870er-Jahren stellte man es industriell her.

Mitte des 20. Jahrhunderts wurde dann nachgewiesen, das Wasserstoffperoxid auch in Pflanzen steckt. Die Bildung von H_2O_2 ist ein Zwischenprodukt von biologischen Oxidationsvorgängen mit Sonne, Luft und Wasser. H_2O_2 ist also, wie wir sehen, gar nicht so fragwürdig und »chemisch«, wie vielleicht zu Anfang gedacht.

Die Wirkung von Schnee und Regenwasser

Warum erzähle ich Ihnen das nun alles so genau? Weil ich Ihnen gern vor Augen führen möchte, dass das Wissen um Wasserstoffperoxid und seine Wirkungen schon lange besteht und auch praktisch angewandt wurde. Vielleicht können Sie sich an Szenen wie diese von früher erinnern: wie zum Beispiel im Winter die Teppiche aus den Häusern in den Gärten ausgelegt wurden, um sie mit Schnee und einer Schrubberbürste zu reinigen. Ob man damals wusste, dass die erfolgreiche Wirkung auch auf den erhöhten Sauerstoffgehalt durch das H_2O_2 im Schnee zurückzuführen ist? Jedenfalls wurde diese schonende und trotzdem gründliche Reinigungstechnik von Generation zu Generation weitergegeben. Genauso fängt man auch heute noch auf Bauernhöfen und in Gärten Regenwasser in Tonnen auf, weil dieses Wasser mit mehr Sauerstoff angereichert und von besonders guter Qualität ist.

VIELFÄLTIGE EINSATZBEREICHE

Zur Desinfektion

Wasserstoffperoxid tötet Keime, denn Krankheitserreger können in sauerstoffreicher Umgebung nicht überleben. H_2O_2 bietet daher jede Menge Anwendungsmöglichkeiten in der Medizin und wird seit Langem eingesetzt: zum Beispiel zur Desinfektion von Räumen und Arbeitsflächen in Krankenhäusern, Arztpraxen oder Schwimmbädern. Aber auch zur Wunddesinfektion eignet es sich hervorragend und sollte deshalb in keiner Hausapotheke fehlen.

Zum Bleichen

Als starkes Oxidations- und Bleichmittel steckt Wasserstoffperoxid wahrscheinlich in weitaus mehr Alltagsprodukten, als Sie vielleicht denken: zum Beispiel in Kontaktlinsenflüssigkeit, Zahnpasten, Zahnaufhellungsmitteln (als Carbamidperoxid), in Fleckenlösern und Spezialwaschmitteln, aber auch in Fertigarzneimitteln.

ZUR INFO

Schauen Sie mal auf die Liste der **Inhaltsstoffe** (Ingredients) Ihrer Zahnpasta, Waschmittel & Co. Wahrscheinlich werden Sie überrascht sein, wie oft H_2O_2 auftaucht – oder seine **Synonyme:** Hydrogenii peroxidum, Hydrogenii peroxidum solutio, Wasserstoffsuperoxid und Wasserstoff.

In der Industrie

In der Industrie kommt H_2O_2 fast überall zum Einsatz, ob bei der Reinigung der Produktionsplätze oder in der Verarbeitung, Herstellung und Abfüllung. Wasserstoffperoxid bewährt sich als ein hochwirksames und zuverlässiges Mittel in den unterschiedlichsten Einsatzbereichen – von der Arzneimittel- und Kosmetikproduktion über die Papierherstellung und Holzverarbeitung bis zur Lebensmittelindustrie und Landwirtschaft.

- In Abfüllanlagen werden zum Beispiel PET- und Glasflaschen, aber auch Becher, Kartons und Folien mit 35-prozentiger Wasserstoffperoxidlösung keimfrei gemacht, bevor man Nahrungsmittel einfüllt. Dabei ist es einerlei, ob es sich um Saft, Milch, Suppen oder andere Lebensmittel handelt.
- In der Mikroelektronik ist Wasserstoffperoxid bei der Herstellung von Computerchips unerlässlich: Es wird dort in hochreiner Form auf Oberflächen angewendet.
- In Gärtnereien und Gewächshäusern setzt man es ein, um Hydrokulturen mit Sauerstoff anzureichern.
- Es dient auch zur Reinigung von industriellen Abwässern, um diese unschönen Nebenprodukte keimfrei zu machen, bevor sie wieder in den Wasserkreislauf gelangen.
- Selbst in der Raumfahrt bedient man sich der Kraft des Wasserstoffperoxids, und zwar, um Raketen anzutreiben. H_2O_2 wird in einem Katalysator mit einem Spurenelement für einen erhöhten Energieaustausch in Kontakt gebracht. Unter großer Hitzeentwicklung zersetzt sich das Oxidationsmittel, und in Kombination mit Kerosin sorgt es für den benötigten Schub. Das ist keine neue Entwicklung, sondern wird schon seit 1930 eingesetzt.

Und dies sind nur einige Beispiele, denn es gibt wie gesagt kaum einen Bereich, in dem dieses Multitalent nicht bereits zum Einsatz kommt. Nun aber genug darüber, wie andere diese sagenhafte Flüssigkeit verwenden. Ich zeige Ihnen in meinen Rezepten, wie vielseitig ich selbst H_2O_2 seit Jahren anwende.

Meine erste Begegnung mit H_2O_2

Ich bin vor mehr als drei Jahrzehnten zum ersten Mal bewusst mit Wasserstoffperoxid in Kontakt gekommen. Damals habe ich eine Ausbildung zur Zahnmedizinischen Fachangestellten

gemacht, und ein Professor in meiner Berufsschule gab uns einen wichtigen Tipp, den ich nie vergessen habe: »Wenn Sie mal einen Pickel haben, der Ihnen ungelegen kommt, dann behandeln Sie ihn mit H_2O_2, und er ist schnell wieder weg!« Was ich heute noch beherzige.
Ansonsten hatte Wasserstoffperoxid in unserer Zahnarztpraxis viele unterschiedliche Aufgaben, diente selbstverständlich zur Desinfektion von Flächen, Geräten und Besteck, aber auch zur Behandlung von Wunden. So füllte der Zahnarzt zum Beispiel den schwer zugänglichen Wurzelkanalbereich nach einer Wurzelbehandlung damit aus, um ihn weitgehend von Keimen zu befreien.
Wasserstoffperoxid kann auch an den kleinsten und unzugänglichsten Stellen zum Einsatz kommen. Wenn es mit offenem Gewebe, also oxidierbaren organischen Substanzen, in Kontakt kommt, schäumt es. Das liegt unter anderem an der Freisetzung von Sauerstoff, das mit dem im Gewebe enthaltenen Eiweiß reagiert. Durch diesen leicht sprudelnden Vorgang reinigt es Wunden auch mechanisch und kann kleine Fremdkörper ausspülen.

EINKAUF & LAGERUNG

- Kaufen Sie nur 3-prozentige Wasserstoffperoxidlösung.
- Bitte vor Licht und Wärme geschützt lagern. Behälter mit Wasserstoffperoxid sollten nie direktem Sonnenlicht ausgesetzt werden!
- Falls sie keinen Stabilisator enthalten, sollen sie bei unter 15 °C aufbewahrt werden.
- Mit Phosphorsäure stabilisiertes Wasserstoffperoxid 3 % ist 12 Monate haltbar.

EM: Effektive Mikroorganismen

Dieses Multitalent besteht aus vielen verschiedenen kleinen Organismen. Sie sind alle so klein, dass wir sie mit dem bloßem Auge nicht sehen können. Doch die Größe ist hier nicht ausschlaggebend, sondern ihre Mischung und Zusammenarbeit in diesem Probiotikum.

PROBIOTISCH PUTZEN

Ein Probiotikum ist eine Zubereitung aus lebenden Mikroorganismen. *Pro bios* bedeutet »für das Leben«.
Ich möchte Ihnen nun ungeahnte Perspektiven aufzeigen, wie wir probiotisch effektiv putzen und reinigen können, dabei unser Immunsystem stärken und zudem die Umwelt nicht belasten, sondern sie sogar regenerierend unterstützen. Es wird dabei kein Leben durch aggressive Chemie zerstört, sondern wir fördern den biologischen Kreislauf.
Effektive Mikroorganismen®, auch EM® genannt, sind eine optimal zusammengestellte Mikrobenmischkultur. Sie besteht aus 13 bis 18 verschiedenen Milchsäure- und Fotosynthesebakterien, Hefen und deren Pilzen. Diese Mikroorganismen werden anaerob, also ohne Sauerstoff, in einer Nährlösung mit saurem Milieu (pH-Wert etwa 3,5) stabilisiert.

Mikroben mit großem Effekt

Unsere Erde mitsamt Gewässern sowie alle Lebewesen sind mit Mikroorganismen (Mikroben) besiedelt. Dieses Mikrobiom ist für unser Leben, unsere Gesundheit und unsere Umwelt von höchster Bedeutung.

- In der Natur verstoffwechseln Mikroben abgestorbenes organisches Material.
- In unserem Darm verwerten sie die nicht verdaulichen, aber für unsere Gesundheit wichtigen Ballaststoffe und stärken und aktivieren unser Immunsystem.
- Auf unserer Haut unterstützt ein funktionierendes Mikrobiom den natürlichen Schutzschild und die Widerstandsfähigkeit dieses größten unserer Organe. Mikroben können aber auch die Regeneration und Elastizität der Haut verbessern sowie ihre Alterung verlangsamen.
- Bei den Stoffwechselprozessen, die durch die Verwertung von organischem Material entstehen, werden zudem wertvolle Enzyme und Vitamine gebildet. Diese Umwandlungsprozesse können wir in vielen Bereichen für uns nutzen.

Sauber Dreck weg mit Bakterien?

Diejenigen unter Ihnen, die vom Einsatz Effektiver Mikroorganismen noch nie gehört haben, finden jetzt wahrscheinlich erst mal, dass es etwas schmuddelig klingt, mit Bakterien & Co zu putzen und sich zu pflegen. Und Sie denken vielleicht: »Komisch, im Kapitel über H_2O_2 hat sie beschrieben, wie wir Bakterien, Viren und Pilze nachhaltig abtöten – und nun schlägt sie vor, damit zu putzen? Das passt ja wohl nicht zusammen, oder doch?«

Ja, es passt! Sie wissen ja: Die Guten ins Töpfchen, die Schlechten ins Kröpfchen … Und Putzen mit EM ist eine wirklich saubere Sache – für alle Beteiligten.

ÜBER GUTE UND SCHLECHTE MIKROORGANISMEN

Mikroben oder Mikroorganismen sind einzellige Kleinstlebewesen und Teil unseres Lebens. Es gibt sie vermutlich schon seit dreieinhalb Milliarden Jahren auf unserer Erde, und sie haben eine zentrale Bedeutung in allen ökologischen Stoffkreisläufen. Auch wenn wir sie (ohne Mikroskop) nicht sehen können, sind sie allgegenwärtig: in der Natur, in Tieren, in und auf unserem Körper – und letztendlich sind sie eine ganz große Sache.

Viele von Ihnen werden bei den Begriffen Bakterien und Pilze erst einmal nicht an Sauberkeit, Gesundheit und Wohlbefinden denken, sondern ganz im Gegenteil an Krankheit und Infektionen. Bedauerlicherweise sind wir so konditioniert. Wir versuchen, Bakterien und Pilze eher zu meiden, und empfinden sie als ekligen Schmutz. Aber wie in allen Lebensbereichen gibt es selbstverständlich auch hier die Guten und die Bösen und die Mitläufer.

Symbiose und Mehrheitsverhältnisse

In einem Milieu, das von Mikroorganismen besiedelt ist, leben – grob gesagt – drei Arten von Mikroorganismen:

- regenerative, also aufbauende Mikroben,
- degenerative, also krankheits- und fäulniserregende Mikroben und
- neutrale oder opportunistische, also sich anpassende Mikroorganismen.

Ob nun in einem Milieu – zum Beispiel im Darm oder auf der Haut, in einem Gewässer oder im Erdboden – positive oder negative Vorgänge stattfinden, hängt davon ab, welche dieser Mikroorganismen in der Mehrzahl sind.

- Positiv bedeutet hier: Aufbau, Regeneration oder Erholung.
- Negativ bedeutet hier: Abbau, Degeneration und Krankheit.

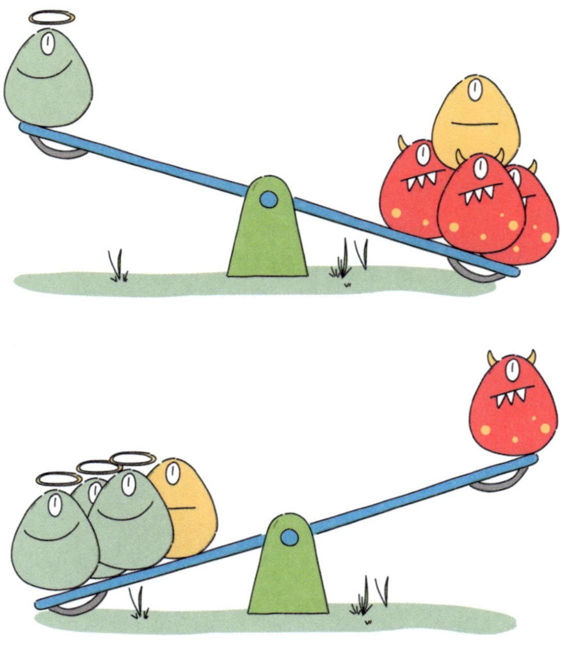

Wenn regenerative Mikroben (grün) überwiegen, wechseln die neutralen (gelb) zur Mehrheit, und die degenerativen (pink) schwinden.

Schon kleine Abweichungen vom normalen Zustand können eine Veränderung in die eine oder die andere Richtung bewirken. Denn die »neutralen«, also die opportunistischen Mikroben schließen sich der Mehrheit an. In einem kranken Milieu überwiegen die Fäulnisbakterien und Pilze; die neutralen Mitläufermikroben schließen sich ihnen an, und das Milieu ist somit degenerativ, also im negativen Bereich.

Fügt man nun nach einer Reinigung dieses Milieus positive, also aufbauende Mikroorganismen hinzu, dann können sich die neutralen Mikroben wiederum an die Mehrheit anschließen, und das Milieu wird in Richtung positiv und Regeneration gelenkt.

GENIALE SYMBIOSE

Alle mehrzelligen Organismen sind von einer Vielzahl an Mikroorganismen besiedelt. Im optimalen Zustand stehen sie in einer funktionalen Beziehung. Solch ein Zusammenleben von Lebewesen verschiedener Art nennt man Symbiose. Ich nenne es auch »gesundes Gleichgewicht«. Leider gerät dieses Gleichgewicht immer mehr und öfter aus der Balance.

Mikroorganismen gehören zu unserem Leben oder wir zu ihrem dazu. Doch wenn wir an Mikroben denken, dann wie gesagt meist als Krankheitserreger. Selbstverständlich gibt es Erreger, die unserer Gesundheit nicht förderlich sind, aber eben auch Massen an Mikroben, durch die unser Leben erst möglich wird. Die meisten Mikroben sind keine krank machenden Keime, sondern üben wichtige Funktionen in unserem Körper aus, speziell zur Stärkung unseres Immunsystems.

So sind sie unverzichtbar, um Lebensmittel zu verwerten, giftige Stoffe (Toxine) abzubauen oder unsere äußere Schutzschicht, die Haut, stabil und funktionsfähig zu erhalten und so zu verhindern, dass Krankheitserreger sie besiedeln oder in den Körper eindringen.

Keimfreiheit ist sicher in einigen Bereichen unseres Lebens unter gewissen Umständen sinnvoll – nehmen wir zum Beispiel den Operationssaal –, aber nicht in allen.

Gerät die Symbiose aus dem Gleichgewicht, hat das auf die Fruchtbarkeit unserer Böden, die Widerstandsfähigkeit unserer Haut und die Funktion unseres Immunsystems leider keine positive Auswirkung.

Das Mikrobiom im Körper

Der menschliche Körper besteht durchschnittlich aus 30 bis 39 Billionen Zellen und ungefähr genauso vielen Mikroorganismen. Etwa zwei Kilogramm bringt unser Mikrobiom auf die Waage. Das heißt, wir sind in unserem Körper nicht allein!

Diese Keime sind unsere Mitbewohner. Sie befinden sich auf Haut und Schleimhäuten, im Mund, in der Lunge und im Magen sowie im Urogenitalbereich. Die größte Ansammlung finden wir jedoch in unserem Darm. Allein hier leben etwa 1000 bis 1500 verschiedene Bakterienarten, Pilze und Hefen.

Jedes unserer Organe hat lebenswichtige Funktionen im Körper zu erfüllen. Würden wir das Mikrobiom als Ganzes sehen, dann wäre es sozusagen ein Superorgan, das viele wichtige Aufgaben in unserem Körper übernimmt, zum Beispiel bei der Abwehr von Krankheitserregern und schädigenden Umwelteinflüssen, bei der Verdauung und beim Stoffwechsel.

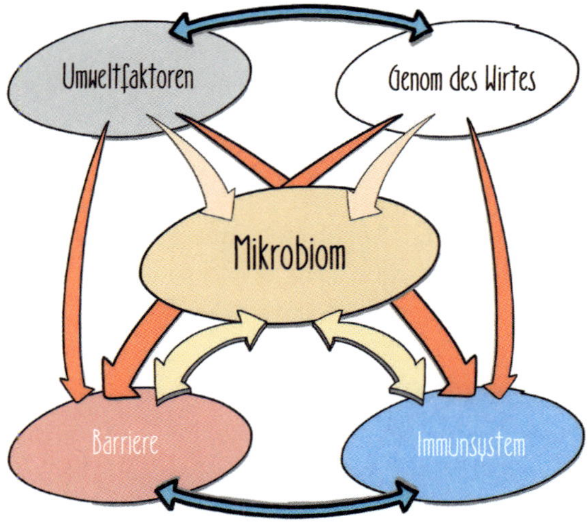

Unser Mikrobiom ist von vielem abhängig und für vieles verantwortlich – es ist ein Geben und Nehmen. Ist das Mikrobiom gesund, stark und stabil, hält es auch alles andere im Gleichgewicht. Wie sagte bereits der französische Chemiker und Pharmazeut Antoine Béchamp (1816–1908)? »Die Mikrobe ist nichts, das Milieu ist alles!« Will heißen: Ist das Immunsystem stark und nicht geschwächt, wird ein Krankheitserreger seine Wirkung kaum entfalten können, weil ihm die passenden Bedingungen fehlen.

Wichtig für eine ganzheitliche Gesundheit

Da sie dem gegenseitigen Nutzen dient, ist es wichtig, diese Symbiose im Gleichgewicht zu halten. Ein funktionierendes Mikrobiom ist für unsere Gesundheit ebenso wichtig wie Wasser, Sauerstoff, Sonnenlicht und Nährstoffe – auf körperlicher und psychischer Ebene.

Nehmen wir nur die Darmflora: Wie wir heute wissen, stehen die im Darm existierenden Mikroorganismen (auch: intestinale Mikrobiota) über die Darm-Hirn-Achse im Austausch mit unserem Gefühlszentrum. Die richtige Besiedelung ist also auch an unseren Stimmungen und dem emotionalen Befinden maßgeblich beteiligt. Wohlbefinden und Gesundheit funktionieren eben auf vielen Ebenen.

Was das Gleichgewicht stört

Durch Medikamente, konventionelle Reiniger und Kosmetikartikel, durch übertriebene Desinfektion sowie Umweltgifte wird die mikrobiotische Balance immer mehr beeinträchtigt und geschädigt. Auch unter Antibiotikatherapien (*Anti bios* = »gegen das Leben«) leidet unser Mikrobiom, denn sie zerstören »schlechte« ebenso wie »gute« Mikroorganismen. Spätestens hier sollte dann aktiv an einer positiven Besiedlung des Mikrobioms gearbeitet werden – etwa mithilfe der Effektiven Mikroorganismen.

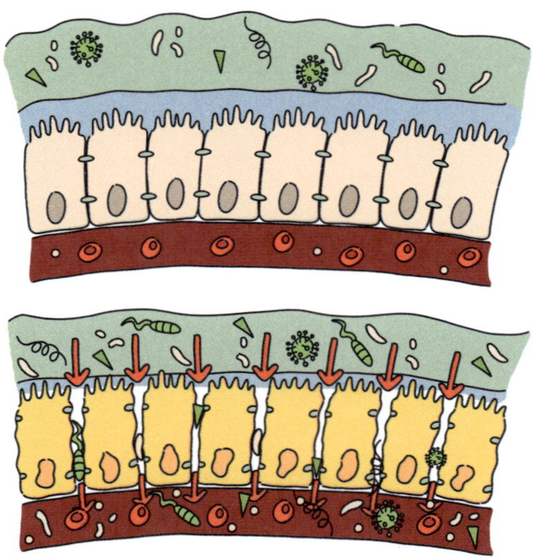

Querschnitt des Darms: In der oberen Abbildung ist die schützende Darmbarriere intakt. Auf dem unteren Bild haben sich die Darmschleimhaut (blau) sowie Epithelzellen und Darmzotten (gelb) zurückgebildet, weil Medikamente (wie Antibiotika), Umweltgifte, Zucker und Zusatzstoffe in Fertigprodukten sie ständig reizen und angreifen. Der Weg ist nun frei für Nahrungsbestandteile (grün), die eigentlich mit dem Stuhl ausgeschieden werden sollten. Jetzt können sie ins Blut (braun) gelangen, was zu Unverträglichkeiten, Unwohlsein und Krankheiten führen kann.

ZUR INFO

So nützen EM uns und der Umwelt:

- Die Reinigung unseres Körpers und Umfeldes mit Effektiven Mikroorganismen zerstört das Mikrobiom nicht. Vielmehr verändert dies unsere Lebensräume positiv, indem das Raumklima verbessert, das Mikrobiom auf der Haut und im Darm unterstützt und unser Immunsystem gestärkt werden.
- Die Antioxidantien, die als Stoffwechselprodukt bei der Reinigung mit Effektiven Mikroorganismen entstehen, wirken regenerierend auf unseren Organismus.
- Die Verwendung von EM ist zudem für den gesamten ökologischen Kreislauf hilfreich und regeneriert sogar die meist schon ausgelaugten Böden und das Wasser.

WIE DIE EM ENTDECKT WURDEN

Der japanische Agrarwissenschaftler Prof. Dr. Teruo Higa hat die effektive Mischung in den 1980er-Jahren durch einen »glücklichen Zufall« entdeckt, wie er selbst sagt. Die Existenz von Mikroorganismen an sich wurde schon vor ein paar Jahrhunderten wissenschaftlich belegt. Professor Higa fand heraus, dass eine bestimmte Kombination verschiedener Mikroben gezielte positive Effekte bewirken kann.

Zweifel an der Chemie

Als Professor für tropischen Gartenbau an der Universität der Ryukyus, Okinawa, bekam er den Auftrag, den Mandarinenanbau auf Okinawa zu etablieren. Solange er dies mit konventionellen Anbaumethoden unter Einsatz von chemischen Pflanzenschutzmitteln und Mineraldüngern versuchte, war er jedoch nicht erfolgreich. Zudem bemerkte er nach einiger Zeit, dass sich sein Gesundheitszustand verschlechterte. Er bekam Allergien, fühlte sich kraft- und antriebslos – offenbar aufgrund der Pflanzenschutzmittel, mit denen er täglich in Kontakt kam. So begann er zu zweifeln, ob diese Art der Landwirtschaft wirklich der richtige Weg sei, und zwar für Umwelt und Menschen.

Damals wurde er zu einem Gemüseanbauprojekt im Nahen Osten gerufen. Dort waren Melonenpflanzen stark von Viren befallen, und man konnte sie auch durch intensive chemische Behandlung nicht retten. Die Pflanzen wurden ausgerissen und in einem offenen Graben »entsorgt«, durch den die Abwässer der umliegenden Haushalte flossen. Solche Abwässer enthalten zum Beispiel Milchsäurebakterien und Hefen. Und siehe da: Die Melonenpflanzen, die im Graben zurückblieben, begannen schon nach kurzer Zeit, sich zu regenerieren und neue Triebe zu bilden. Higa vermutete, dass dies mit den Mikroorganismen im Abwasser zusammenhing, und begann umzudenken.

Ein neuer Forschungsweg

Er befasste sich nun ausschließlich mit der Wirkung von Mikroorganismen auf das Pflanzenwachstum, auch weil sie weniger schädlich für die Menschen und den ökologischen Kreislauf sind. Alle wissenschaftlichen Versuche wurden akribisch dokumentiert, und es zeigte sich, dass Fotosynthesebakterien meist am erfolgreichsten waren – nicht zuletzt beim Mandarinenanbau: Die Pflanzen trugen mehr Früchte, die zudem viel besser schmeckten, einen höheren Vitamin-C-Gehalt aufwiesen und länger lagerfähig waren. Außerdem stellte Higa fest, dass zumeist nicht einzelne Stämme von Bakterien und Hefen zum Erfolg führten, sondern eine Kombination verschiedener Mikroorganismen.

Die Mischung macht's also! In der Wissenschaft werden allzu oft nur isolierte Aspekte betrachtet und viel zu selten die Zusammenhänge, die Ganzheitlichkeit. Genau diese Verknüpfung ist das Besondere an Teruo Higas Entdeckung.

Anfangs arbeitete er mit über 80 Mikroorganismen und probierte unterschiedliche Kombinationen aus. Mit der Zeit konnte er sie auf die effektivsten Mikroben reduzieren. So kam es zu der speziellen Mischung EM, den Effektiven Mikrorganismen.

Mit der Verbreitung dieses Wissens beauftragte Higa das Unternehmen EMRO *(EM Research Organization Inc.),* das weltweit die Herstellerlizenzen für die Originalprodukte vergibt und mit einem Teil der Einnahmen Hilfsprojekte in bedürftigen Ländern unterstützt.

Wie ich selbst die EM kennenlernte

Vor etwa neun Jahren bin ich zum ersten Mal mit EM in Kontakt gekommen. Das war in einem Kurhotel im Bayrischen Wald. Der dortige Naturschwimmteich hatte eine spürbar tolle Wasserqualität. Also habe ich die Inhaber gefragt, was das denn für ein unglaublich klares, weiches Wasser sei. Sie antworteten mir, es sei Quellwasser, das sie mit EM behandelten.

Zu dieser Zeit hatte ich noch nichts über den vielseitigen Einsatz von Mikroorganismen gehört. Ehrlich gesagt habe ich anfangs nur Bahnhof verstanden – und dass man mit Mikroben putzen kann, konnte ich mir gar nicht vorstellen. Meine Neugierde war aber geweckt, und ich habe seither viel recherchiert und ausprobiert. Mit unglaublichen Resultaten!

Jetzt kann ich mir ein Leben ohne meine »besten Freunde« gar nicht mehr vorstellen. Durch sie habe ich auch ein ganzheitlicheres Grundverständnis für unser Leben, die Natur und unseren Körper gewonnen. Ich habe gelernt, Mikroben zu lieben. Und bitte glauben Sie mir: Auch Sie werden diese bald sehr zu schätzen wissen und in Ihr Herz schließen.
Die Anwendungsmöglichkeiten sind unglaublich vielfältig. Wir können mit EM gesund und nachhaltig leben und dabei unsere aus dem Gleichgewicht geratene Umwelt regenerieren.

EINKAUF & LAGERUNG

- Verschiedene Hersteller bieten diverse Produkte an: Es gibt die Urlösung für Boden und Pflanzen sowie Mischungen für spezielle Anwendungsbereiche, etwa zum Aufbau der Darmflora, für die Körperpflege, die Tierpflege, zum Wäschewaschen und Putzen … Es gibt die EM-Lösungen in hell, auch blond genannt, oder traditionell in dunkel, es gibt sie leicht säuerlich riechend oder mit Duft. Finden Sie bitte selbst heraus, welche EM am besten zu Ihnen und Ihren Bedürfnissen passen. Es geht hier um lebende Mikroorganismen, die Ihr individuelles Mikrobiom ergänzen und regenerien sollen. Ich selbst kaufe meist die Urlösung und erledige damit eigentlich alles, wechsele aber auch manchmal die Produkte und Hersteller, weil das meiner Meinung nach die Biodiversität erhöht.
- Auf Seite 162 finden Sie eine Anleitung, wie Sie Ihre Effektiven Mikroorganismen selbst vermehren können.
- Beim Lagern sollten Sie bedenken, dass es lebende Organismen sind. Die Hersteller geben ein Abfüll- oder/und Mindesthaltbarkeitsdatum an. Nach dem Öffnen sind die EM etwa 4 bis 6 Monate haltbar. Sie sollten bei einer konstanten Temperatur von 15 bis 21 °C gelagert werden. Temperaturschwankungen mögen die Mikororganismen nicht.

MULTITALENTIERT

So vielseitig können Sie **EM-Lösungen** einsetzen:

- zum Putzen
- für Schönheit und Körperpflege
- für die Gesundheit
- im Garten und in der Landwirtschaft
- für Haus- und Nutztiere

Natron & Soda

Diese Multitalente sind altbekannte weiße Pulver. Aber Pulver ist nicht gleich Pulver! Und Natron ist nicht gleich Soda, Baking Soda ist nicht gleich Backpulver … Also fange ich mal damit an, Licht ins Weiße zu bringen!

WAS IST WAS?

Immer wieder kommt es zu Verwechslungen oder zu Unsicherheit darüber, was der Unterschied zwischen Soda, Backpulver, Natron, Baking Soda, Backsoda, Waschsoda, Speisenatron, Speisesoda, Kristallsoda und so weiter ist. Die ganze Verwirrung kommt sicherlich zustande, weil es mehr als ein Dutzend ähnliche Begriffe für die weißen Pulver gibt.
Sicher ist aber: Natron und Soda sind sehr vielseitige Substanzen, die wir clever in Küche, Bad, Garten und dem gesamten Haushalt einsetzen können. Wobei gleich erwähnt werden sollte, dass Natron sich auch zur innerlichen Anwendung eignet, Soda jedoch niemals!

Natriumkarbonate mit und ohne Wasserstoff

Im Prinzip handelt es sich bei beiden um natürlich vorkommende Salze. Soda und Natron basieren auf Natrium und sind Karbonate, also Salze, die von Kohlensäure abgeleitet werden. Sie sind verwandte Stoffe, und trotzdem unterscheiden sie sich deutlich.
Es ist wichtig, die optisch nahezu identischen weißen Pulver ganz klar auseinanderzuhalten, denn ihre Wirkung ist ebenso unterschiedlich wie ihre Anwendungsmöglichkeiten.

Chemisch betrachtet liegt der Unterschied im Hydrogen, also in der Wasserstoffkomponente, und darin, wie sich die Atome verbinden.

- Bei Natron verbindet sich das Karbonat mit einem Natrium- und einem Wasserstoffatom.
- Bei Soda verbindet sich das Wasserstoff- mit einem weiteren Natriumatom.

NATRON – FÜR DIE ÄUSSERLICHE UND INNERLICHE ANWENDUNG

Natron ist der Trivialname von **Natriumhydrogenkarbonat** mit der Formel $NaHCO_3$. Es ist ein Natriumsalz der Kohlensäure und zählt zu den Hydrogenkarbonaten. Als Nahrungsmittelzusatzstoff wird es mit E 500 gekennzeichnet. Natron hat, in Wasser aufgelöst, einen pH-Wert von 8,5, ist also basisch.
Natriumhydrogenkarbonat kennt man auch als **Natron, Backsoda, Speisesoda** oder **Speisenatron,** veraltete Namen sind doppeltkohlensaures

Natron und Natriumbikarbonat; meistens wird es unter Markennamen wie **Bullrich Salz®** oder **Kaiser-Natron®** angeboten.
Dieses Speisenatron ist ein wahres Wundermittel für Küche, Haus, Garten, Schönheit und unsere Gesundheit, denn es kann – anders als Soda, auf das ich noch zu sprechen komme – auch innerlich verwendet werden: zum Beispiel, um einen aus der Balance geratenen Säure-Basen-Haushalt zu regulieren.

MULTITALENTIERT

Natron ist ein unglaublich tolles Allzweckmittel für die innerliche und äußerliche Anwendung, zum Beispiel

- bei Sodbrennen
- zur Regulierung des Säure-Basen-Haushalts
- bei Mundgeruch
- als Deo
- als Geruchsbinder für Textilien und Schuhe, in müffelnden Kühlschränken und in Kleintierkäfigen.

Es ist zudem nicht nur ein altbewährtes Hausmittel, sondern wird auch in der Industrie vielfältig eingesetzt.

- Es steckt in Back- und Brausepulvern und Tabletten.
- Aber auch in Feuerlöschern und in Flugschreibern ist es zu finden, weil es brandhemmend wirkt.

Bei all den Vorteilen gibt es keine Nachteile, denn Natron ist sehr umweltverträglich.

Seit der Antike geschätzt

Die Bezeichnung Natron wird bei uns seit Beginn der Neuzeit verwendet, das Pulver war aber schon in der Antike als Heil- und Allzweckmittel bekannt und geschätzt. Bei den Ägyptern hatte es einen hohen Stellenwert. Man verwendete ein Gemisch aus Natron, Soda und Salz zur rituellen Reinigung und zur Mumifizierung. Denn Natron ist hygroskopisch (wasseranziehend), es bindet also Wasser, aber auch Gerüche. Diese zwei Eigenschaften wurden schon damals genutzt, um Leichen für die Einbalsamierung vorzubereiten.

Die Gewinnung

Natriumhydrogenkarbonat kommt als natürliches Mineral (Trona, Nahcolith) vor und wird zum Beispiel in den USA abgebaut. Zumeist wird Natron aber chemisch hergestellt, indem man Natriumkarbonat (Soda, Na_2CO_3) mit Wasser (H_2O) und Kohlenstoffdioxid (CO_2) unter Kühlung miteinander reagieren lässt und das Resultat dann vorsichtig trocknet.
Doch egal, ob es natürlich oder chemisch gewonnen wird – Natron ist natürlich abbaubar! Es zersetzt sich ab einer Temperatur von 50 Grad wieder in Wasser, Kohlendioxid und Natriumkarbonat, also Soda (siehe oben). Das bedeutet: Unter Wärmezufuhr wandelt sich Natron in Soda um.
All diese Stoffe kommen in natürlicher Form auf unserem Planeten vor und können sehr gut wieder in die natürlichen Selbstreinigungsabläufe der Natur integriert werden.

Natron und Soda auseinanderhalten

Eigentlich sollte man Substanzen aller Art nie unbeschriftet aufbewahren. Aber anfänglich denkt man vielleicht: »Klar, das kann ich mir merken«, aber – Pustekuchen! Ich schreibe das hier, weil ich mich selbst auch immer dazu erziehen muss, alles zu beschriften. Denn nach ein paar Wochen wissen wir eben nicht mehr, was wir wo reingefüllt haben. Bei eindeutig zu identifizierenden Substanzen mag das vielleicht kein schlechtes Ende nehmen, bei Natron oder Soda aber klappt das nicht! Hier ist die Verwechslungsgefahr einfach zu groß.

Es gibt zwar Möglichkeiten, sie auseinanderzuhalten, aber ich finde trotzdem: Vorsicht ist besser als Nachsicht.

- Sie können Natron und Soda theoretisch aufgrund der unterschiedlichen pH-Werte bestimmen. Wie gesagt: Natron liegt bei 8,5 und Soda bei 11,5. Mit pH-Teststreifen aus der Apotheke geht das.
- Wer sich auf einen Geschmackstest einlassen will, wird bemerken, das Natron salzig schmeckt und Soda nach Seife.
- Wer einen sehr guten Geruchssinn hat, kann auch einen Unterschied riechen: Natron riecht eher neutral und Soda etwas beißend.

Aber das nur nebenbei. Mein ultimativer Tipp: immer beschriften!

WICHTIG

Wir sollten niemals das Natronsalz mit der Natronlauge, dem Waschsoda oder Ätzsoda verwechseln, denn diese sind nicht für den Verzehr, also zur inneren Anwendung geeignet. Deshalb eine Regel: Weiße Pulver sollten nie unbeschriftet verstaut werden!

SODA – EXTRASTARK IM HAUSHALT

Soda ist wie Natron ein Salz der Kohlensäure. Der chemische Name lautet **Natriumkarbonat** mit der Formel Na_2CO_3. Natriumkarbonat ist wasserstofffrei, deshalb fehlt hier das H in der Formel. Geläufige Begriffe sind auch **calciniertes** oder **reines Soda, Waschsoda, Kristallsoda, kohlensaures Natron,** auf Englisch *washing soda.* Diese ganzen Begriffe sind sehr verwirrend … Doch wie auch immer: Soda ist als Reinigungsmittel noch besser als Natron.

So wirkt Soda

Natriumkarbonat ist eines der nützlichsten und stärksten Haushaltsmittel überhaupt!

Mit einem pH-Wert von 11,5 ist Soda deutlich basischer, also alkalischer als Natron. Deshalb kann es Fette und Eiweiße sehr gut lösen. Genau diese besonders alkalische Eigenschaft macht Soda auch sehr umweltfreundlich. Es kann säurehaltige Abbauprodukte, zum Beispiel von Tensiden oder Duftstoffen, die häufig in konventionellen Wasch- und Reinigungsmitteln enthalten sind, neutralisieren. Auf diese Weise entlastet Soda unsere Abwässer.

Nicht für alles ideal

- Zur Reinigung von Naturfasern wie Wolle eignet sich Soda nicht unbedingt, denn die Fasern könnten aufquellen.
- Auch auf Marmor und Granit sollten Sodalösungen nicht angewendet werden, weil es die Oberflächen angreifen kann und diese dann nachdunkeln.

MULTITALENTIERT

Soda bewährt sich als glorreicher Helfer ...

- bei stark verschmutzten Oberflächen,
- bei sehr schmutziger Wäsche,
- beim Entkalken,
- beim Reinigen verstopfter Abflüsse.

Auch die Industrie setzt Soda vielseitig ein, unter anderem

- bei der Glasherstellung,
- bei der Papier- und Zellstoffherstellung, auch zur Aufbereitung von Altpapier,
- zur Wasserenthärtung oder um den pH-Wert in Schwimmbädern zu erhöhen,
- zur Entgiftung bei Nervenkampfstoffen,
- in Backwaren und anderen Nahrungsmitteln,
- in Waschmitteln und Seifen.

Ein Lebensmittelzusatzstoff

Ich hatte ja gesagt, dass Soda nicht zur innerlichen Behandlung geeignet ist, aber es ist dennoch als Zusatzstoff in Lebensmitteln und Arzneien erlaubt. Die Europäische Union vergibt E-Nummern für Lebensmittelzusatzstoffe, die in Europa zugelassen sind. Soda ist wie Natron als E 500 registriert.

Hier verwischen sich der Unterschied und die Einsatzgebiete von Natron und Soda etwas. Zu finden ist Soda in meist industriell gefertigten Backwaren, in Kakao- und Kaffeepulver, aber auch in Sauerrahmbutter, Brühwürsten, Tafelwasser, Schmelzkäse und Schokolade.

Unter E 500 sind mehrere Natriumkarbonate mit unterschiedlichen Eigenschaften zusammengefasst. Sie werden als Backtriebmittel und Säureregulatoren eingesetzt und sind auch für Bioprodukte zugelassen:

- Soda (E 500i; Na_2CO_3, Natriumkarbonat, Dinatriumkarbonat),
- Natron (E 500ii; Na_2HCO_3, Natriumhydrogenkarbonat)
- Natriumsesquikarbonat (E 500iii; Mischkristall aus Soda und Natron)

Herstellung heute

Soda wird zumeist in einem chemischen Verfahren hergestellt, das 1860 von Ernst Solvay, einem belgischen Chemiker, erfunden wurde und auch nach ihm benannt ist. Dieser Produktionsprozess zeigt die enge Verwandtschaft von Soda und Natron, deshalb beschreibe ich ihn hier in Kurzform:

Für die Herstellung von Soda benötigt man Kalkstein, Kochsalz und Ammoniak.

- Der Kalk wird gebrannt, und es entsteht Kohlendioxid (CO_2).
- Das CO_2 wird mit Ammoniak in eine gesättigte Kochsalzlösung eingeleitet; es bilden sich Natriumhydrogenkarbonat (Natron) und Ammoniumchlorid (Salmiak).
- Das Natriumhydrogenkarbonat wird auf etwa 200 Grad erhitzt. Wasser und Kohlendioxid entweichen – und übrig bleibt Soda.

Das als Zwischenprodukt anfallende Natriumhydrogenkarbonat wird, weil es mit Ammoniumchlorid verunreinigt ist, normalerweise nicht als Natron verwendet.

Der Solvay-Konzern ist mit sieben Millionen Tonnen Soda pro Jahr der bedeutendste Produzent von Natriumkarbonat weltweit.

Natürliche Sodaquellen

Soda kann auch in der Natur gewonnen werden. Natürliche Vorkommen gibt es auf der ganzen Welt, in Gestein und vor allem gelöst in

Natron- und Sodaseen. Diese Binnengewässer haben einen hohen Salzgehalt und einen ungewöhnlich hohen pH-Wert. Das basische Milieu entsteht vor allem durch Natriumsalze wie Natriumkarbonat (Soda) und Natriumhydrogenkarbonat (Natron). Diese Grundstoffe von karbonathaltigen Gesteinen reichern sich in stehenden Gewässern durch Verdunstung an. Solche Seen findet man deshalb vor allem in Halbwüsten – der bekannteste ist der intensiv rote Lake Natron in Tansania. In der Türkei gibt es den Van-See: Der größte See der Türkei und der größte Sodasee der Erde ist intensiv blau. Der Turkana-See in Kenia ist intensiv grün, und die Laguna de Urao, ein Natronsee in Venezuela, ist intensiv gelb. Aber auch in Nordamerika, Asien und Südosteuropa findet man diesen Gewässertyp.

Die Seen sind oft reich an Biomasse. Aufgrund der hohen pH-Werte und Salzkonzentrationen können sich die hier lebenden Organismen – Bakterien, Archaeen und Algen – massenhaft vermehren. Manche Natronseen gehören deshalb zu den produktivsten Ökosystemen der Welt. Einige der Einzeller betreiben Fotosynthese und bilden dabei oft intensive Farben. Es sind also die Mikroorganismen und nicht die gelösten Salze für die ungewöhnlichen Farben vieler Natronseen verantwortlich.

EINKAUF & LAGERUNG

- **Natron:** Ich empfehle, Natron nur in ausgewiesener Lebensmittelqualität zu kaufen. Gern *»made in Germany«* und vegan, dann kann man ziemlich sicher sein, dass es eine gute Qualität ist.

  Bei Kontakt mit Hitze, Feuchtigkeit und Säuren setzt Natron Kohlensäure frei – es beginnt zu blubbern … Man sollte es also so lagern, dass das nicht passieren kann: trocken, kühl und ohne Kontakt zu säurehaltigen Lebensmitteln, am besten in einem gut verschlossenen Glas.
- **Soda:** Weil wir Soda nicht innerlich anwenden, brauchen wir hier keine zertifizierte Lebensmittelqualität.

  Kristallsoda muss gut verschlossen oder in feuchten Räumen gelagert werden. Umgekehrt muss man *calciniertes,* also wasserfreies *Soda* in trockenen Räumen aufbewahren, da es leicht Feuchtigkeit aus der Luft aufnimmt, also eine hygroskopische (wasseranziehende) Eigenschaft hat.
- Wichtig: Bitte beides unbedingt beschriften, damit es nie zu einer Verwechslung kommt.

MEIN TIPP

Tragen Sie Handschuhe, wenn Sie mit Soda arbeiten, denn es könnte zu Hautreizungen führen. Allerdings kommt es hier auch immer auf die Konzentration an.

BACKPULVER – IMMER EIN GEMISCH

Backpulver ist ein Gemisch, das als Triebmittel fungiert und den Teig schön fluffig macht. Die Grundrezeptur wurde im 19. Jahrhundert entwickelt und ist eine Kombination aus einem Säuerungsmittel und einem Stoff, der unter Einwirkung von Wasser und Wärme Kohlen-

dioxid freisetzt. Das gasförmige CO_2 lässt das Volumen des Teigs ansteigen.
By the way: Auf Englisch heißt Backpulver *Baking Powder;* mit *Baking Soda* hingegen ist Natron gemeint.

Die Zutaten

- In handelsüblichem Backpulver ist das **Triebmittel** meist Natriumhydrogenkarbonat (Natron) oder Kaliumhydrogenkarbonat (Kaliumbikarbonat, $KHCO_3$, E 501).
- Als **Säuerungsmittel** können die Lebensmittelzusatzstoffe Dinatriumdihydrogendiphosphat (E 450a) oder Monocalciumorthophosphat (E 341a) dienen.
- Sogenannte natürliche Backpulver enthalten hingegen Zitronensäure (E 330), Weinsteinsäure (E 334) oder Weinstein (E 336). Diese phosphatfreien Backpulver gelten als neutraler im Geschmack und sind meist etwas teurer. Wer ein Backpulver natürlicheren Ursprungs sucht, sollte **Weinstein-Backpulver** verwenden. Weinstein entsteht bei der Lagerung von Wein oder Traubensaft; es ist der Trivialname für das Kalzium- oder Kaliumsalz der Weinsäure.
- Je nachdem, welche Säuerungsmittel verwendet werden, reagiert das Backpulver sofort beim Ansetzen des Teigs oder erst später beim Backen. Hier wird unterschieden zwischen Vortrieb und Nachtrieb. Für den Nachtrieb greifen Hersteller häufig auf aluminiumhaltige Säureträger zurück. Es gibt auch sogenannte doppelte Backpulver, die den Vor- und Nachtrieb kombinieren.
- Ansonsten können sich auch noch verschiedene Mehlsorten, Maisstärke oder Trennmittel in Backpulvern finden.

Backpulver und Natron tauschen?

Backpulver kann im Haushalt und zu Beautyzwecken als Hilfsmittel verwendet werden – meiner Meinung nach aber nur zur Not, wenn Natron pur nicht zur Verfügung steht.
Wer in einem Backrezept das Natron gegen Backpulver austauschen möchte, kann das meistens problemlos machen.
Andersherum ist es nicht so einfach: Soll das angegebene Backpulver durch Natron ersetzt werden, muss man dem Teig auch etwas Säure zufügen, zum Beispiel Fruchtsaft oder Essig. Backpulver einfach 1:1 durch Natron zu ersetzen funktioniert nicht immer, weil Backpulver ja ein Gemisch ist (hier kommt es allerdings wieder auf die Zusammensetzung an).

Natron statt Backpulver

Wer Natron im Haus hat (was bei Ihnen sicher bald so sein wird) und kein Backpulver kaufen möchte, der kann sein Backtriebmittel mit nur zwei Zutaten selbst herstellen – und zwar direkt beim Mischen des Teigs. Denn die durch die Säure freigesetzte Kohlensäure wollen wir ja erst im Teig als Triebmittel nutzen.

Entspricht ca. 1 TL konventionellem Backpulver:
¼ TL Natron
1 ½ TL Apfelessig oder frisch gepresster Zitronensaft
Mehl und weitere Zutaten nach Rezept

- Das Mehl mit dem Natron vermengen und nach Rezept verarbeiten.
- Apfelessig oder Zitronensaft zusammen mit den weiteren Zutaten unter den Teig mischen.

Zeolith

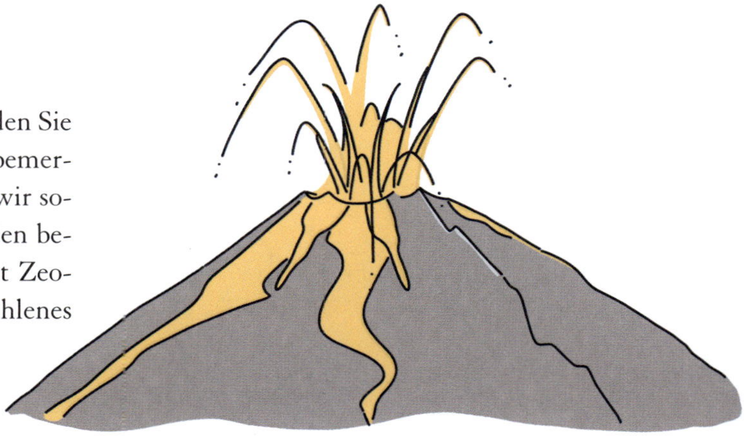

Falls Sie Zeolith noch nicht kennen, werden Sie dieses Multitalent vielleicht besonders bemerkenswert finden. Auch mit ihm können wir sowohl putzen als auch diverse Beschwerden behandeln. Das Erstaunliche: Eigentlich ist Zeolith nichts anderes als ein ganz fein gemahlenes Gestein – also Erde.

ERDE ALS HEILMITTEL

Haben Sie schon einmal etwas von Geophagie gehört? So wird das Phänomen bezeichnet, dass Tiere und manchmal auch Menschen bestimmte Erdsorten essen. Dieses Verhalten wurde schon vor Jahrhunderten in bekannten Lehrbüchern erwähnt. Meist beziehen sich die Berichte auf Naturvölker, die besonders ton- oder salzhaltige Erdklumpen verzehren.
In Afrika, zum Beispiel in Kenia, werden Lehmklumpen sogar im Supermarkt oder an Marktständen verkauft. Verschiedenen Studien zufolge wird diese essbare Erde zumeist von schwangeren Frauen verzehrt, weil sie gegen Morgenübelkeit und Sodbrennen hilft.
Bei uns werden in der Alternativmedizin sogenannte Heilerden ebenfalls innerlich gegen Sodbrennen sowie Durchfall und andere Verdauungsbeschwerden angewendet. Äußerlich dienen sie in Wickeln zur Linderung von Gelenkschmerzen, etwa bei rheumatischen Beschwerden, sowie von diversen Hautbeschwerden und Fieber.
Auch Zeolith ist der Menschheit lange bekannt und wird schon ewig genutzt. Angeblich haben bereits die alten Römer nach dem Kampf ihre Wunden damit behandelt, um den Heilungsprozess zu beschleunigen. Trotzdem wurde er erst vor relativ kurzer Zeit von der Forschung für die Humanmedizin entdeckt.

EIN FASZINIERENDES MINERAL

Zeolith ist ein natürliches Vulkangestein, das sich vor Abermillionen von Jahren unter hohem Druck und Hitze gebildet hat.
Überall auf der Welt kam es damals regelmäßig zu Vulkanausbrüchen. Wenn die flüssige heiße Lava dann mit Wasser in Kontakt kam, entstanden durch einen chemischen Prozess mikroporöse, also mit winzigen Hohlräumen durchzogene Alumosilikate – die Zeolithe. Auf Altgriechisch bedeutet *zeo* »sieden« und *lithos* »Stein«, also siedender Stein: Der schwedische Mineraloge Axel Frederic von Cronstedt hat es 1756 so genannt, weil das Mineral beim Erhitzen gebundenes Wasser freisetzt und dabei so heftig aufbraust, als würde es sieden.

Zeolithe sind meist farblos oder weiß, können aber durch Fremdbeimengungen auch gelb, braun oder rosa gefärbt sein.
Natürliche Vorkommen findet man auf der Vulkaninsel Teneriffa, in der Ukraine und in Anatolien, in Australien und China, auf Kuba und in den USA, aber auch in der Steiermark. Rund um den Globus gibt es riesige Vorkommen dieses Tuffgesteins. Das ist auch gut so, denn wir werden wahrscheinlich in nächster Zeit eine ganz Menge davon brauchen.

MULTITALENTIERT

So können Sie natürlichen **Zeolith (Klinoptilolith)** nutzen:

- fürs Zähneputzen,
- für die Haut- und Haarpflege,
- zur Darmreinigung,
- bei akutem Durchfall,
- zur Entgiftung,
- zur Linderung bei Entzündungen und Insektenstichen,
- zum Putzen,
- zur Geruchsbindung,
- zur Pflege der Haustiere und
- um Pflanzen etwas Gutes zu tun.

Dieses tolle Pulver ist ein umweltfreundlicher Allrounder und gehört seit Jahren fest zu meiner Hausapotheke!

Schwamm mit großem Mehrwert

Dieses ganz besondere Urgestein hat spezielle Eigenschaften, die wir uns in den unterschiedlichsten Lebenslagen zunutze machen können. Für den Gebrauch wird Zeolith zu Pulver gemahlen. Das verhält sich wie ein Schwamm, denn jedes Körnchen ist gespickt mit winzigen Poren und Kanälen. Deshalb kann diese Mineralerde bestimmte Stoffe sehr effektiv adsorbieren, also einlagern, und zum Beispiel Schwermetalle oder auch körpereigene Giftstoffe binden. Mit einer geeigneten Zeolithsorte können wir uns daher unter anderem vor Umweltbelastungen schützen.
Zeolithe sind eine artenreiche Gruppe wasserhaltiger Gerüstsilikate. Je nach Typ haben diese Silikate die Fähigkeit, bis zu 40 Prozent ihres Trockengewichts an Wasser zu speichern. Und sie können dieses eingelagerte Wasser dosiert wieder abgeben!
Deshalb ist Zeolith ein effektiver Helfer im Garten und in der Landwirtschaft. Denn er speichert nicht nur Wasser, sondern auch Nährstoffe wie Stickstoff und Kalium, und gibt sie bei Bedarf, zum Beispiel in niederschlagsfreien Phasen, sukzessive an des Wurzelgeflecht ab. Dadurch verringert sich auch der Bedarf an Dünger. Zeolith wird schon lange in vielen Bereichen der Landwirtschaft und Industrie eingesetzt.
Auch im Alltag haben wir es häufig mit diesem Speichergestein zu tun. So wird Zeolith in Spülmaschinen als Wärmespeicher genutzt, um Energie einzusparen. Die Mineralerde kommt aber auch in der Abwasserreinigung, als Wasserenthärter und Kalkbinder, in Filtern von Schwimmbädern oder als Bestandteil von Katalysatoren zum Einsatz.
In der Tierhaltung wird Zeolith als Futterzusatzstoff eingesetzt, um zum Beispiel die Schalen von Hühnereiern zu stärken oder die Leber der Tiere zu entlasten und die Verdauung zu verbessern. Hier dient das Mineral letztendlich zum Entgiften.

ZUR INFO

Zeolith sollte immer sehr fein vermahlen werden. Je effektiver er sein soll, desto kleiner muss die Körnung sein, denn kleine Körner haben eine größere Oberfläche und können somit besser anderer Stoffe binden. Ein Gramm Zeolith hat eine enorm große innere Oberfläche von etwa 43 Quadratmetern. Somit benötigen wir immer nur eine kleine Menge, um eine große Wirkung zu erzielen.

Giftstaubsauger und Ionentauscher

Das poröse Gestein könnte man auch als Giftstaubsauger bezeichnen. Diese Fähigkeit konnte es nach dem Reaktorunfall 1986 in Tschernobyl und auch 2011 nach der Fukushima-Katastrophe unter Beweis stellen.

Bei der innerlichen Anwendung zur Entgiftung bindet es körpereigene Giftstoffe, Histamin, Bakterien, Schimmelpilze und Schwermetalle im Körper, die dann mit dem Stuhlgang ausgeschieden werden.

Doch Zeolith nimmt nicht nur »mit«, sondern lässt auch »da«! Es findet nämlich ein Ionenaustausch statt. Das Vulkangestein hat eine anionische Gerüstladung, wodurch Stoffe in den Kristallgitterstrukturen gebunden werden können. Das kann man sich so vorstellen: Wie von einem starken Staubsauger werden die Schadstoffionen in die Poren und Kanäle des Zeoliths gezogen. Im Gegenzug werden dadurch die in den Kanälen eingelagerten Mineralien und Spurenelemente verdrängt und an den Körper abgegeben. So kann man in einem Aufwasch entgiften und wertvolle Mineralstoffe wie Kalzium, Magnesium, Natrium, Kalium und Silizium aufnehmen.

ÜBER INHALTSSTOFFE UND QUALITÄT

Seit vielen Jahren bin ich ein Fan von Zeolith zur Schadstoffbindung und -entgiftung, sowohl für die innerliche als auch für die äußerliche Anwendung. Doch gerade wenn es um körperliche Detoxprozesse geht, die durch die Einnahme von Zeolith in Gang gesetzt werden sollen, ist es sehr wichtig, die Unterschiede und die Qualitäten zu kennen.

Es gibt nämlich jede Menge verschiedener Zeolithvarianten – ungefähr 60 natürliche sind bekannt. Keine gleicht der anderen. Mittlerweile gibt es auch rund 150 Arten, die synthetisch hergestellt werden.

Ich empfehle den Naturzeolith **Klinoptilolith,** der besonders gut für Menschen geeignet sein soll, gerade auch zur innerlichen Anwendung.

Silizium und unser Bindegewebe

Zeolith besteht zu einem großen Teil aus Silizium, nach Sauerstoff das zweithäufigste Element auf der Erde. Das Spurenelement ist lebensnotwendig für uns und maßgeblich am Zellaufbau, Wachstum und Stoffwechsel im Körper beteiligt.

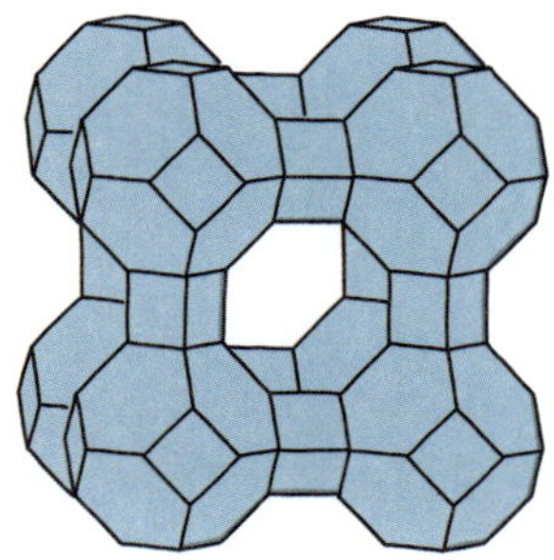

So sieht die Gerüststruktur von Zeolith aus. In der Mitte ist eine Kaverne, also ein Hohlraum, in dem Stoffe angereichert werden können. Zeolith kann sie wieder abgeben oder abtransportieren.

Silizium ist auch ein zentraler Bestandteil unseres Bindegewebes. Immerhin bestehen 60 Prozent unseres Körpers aus Bindegewebe. Über die Festigkeit der Haut und des Gewebes entscheiden die Wasserdepots der Bindegewebszellen. Dieses feste Gewebe mit der gespeicherten Feuchtigkeit sorgt für den Transport von Nähr- und Mineralstoffen zu den Zellen sowie für den Abtransport der Stoffwechselendprodukte und ist somit auch an unserer Organgesundheit beteiligt. Dieser Ablauf ist einer der einfachsten und natürlichsten Reinigungsprozesse in unserem Organismus. Deshalb ist ein festes Bindegewebe nicht nur aus ästhetischen Gründen erstrebenswert, sondern auch aus gesundheitlichen.

Aluminium und die Detoxfrage

Aluminium kommt ganz natürlich auf unserer Erde vor, und zwar in mineralischer Form als Gestein. Es ist das dritthäufigste Element und das häufigste Metall der Erdkruste. Zeolith enthält Aluminium, allerdings in Form von Aluminosilikaten (auch: Alumosilikaten). Diese Verbindungen bestehen aus Silizium, Aluminium, Wasserstoff und Sauerstoff.

Wegen des Aluminiums tauchen immer wieder Zweifel an der innerlichen Anwendung von Zeolith auf, denn es stellt sich die Frage, ob sich das Metall aus dem Pulver lösen und ins Blut geraten kann. Das wäre natürlich kontraproduktiv für eine Entgiftung.

Was ich dazu herausgefunden habe: Die Aluminiumsilikate lösen sich nicht aus dem Zeolith und geraten daher auch nicht in die Blutbahn. Eine Bioverfügbarkeit steigt zwar allgemein in einem Umfeld mit saurem pH-Wert – und das ist im Magen so, denn hier liegt der pH-Wert zwischen 2 und 3. Bei Zeolith stellt sich allerdings keine erhöhte Bioverfügbarkeit des Aluminiums ein, weil sie durch seine Verbindung mit Silizium reduziert wird.

Es gibt dazu mittlerweile mehrere Studien von Prof. Dr. Karl Hecht und Dr. Krešimir Pavelić. Auch eine Übersichtsarbeit, die die Studienlage bewertete und 2018 in der Zeitschrift *Frontiers in Pharmacology* veröffentlicht wurde, kam zu einem positiven Ergebnis (https://pubmed.ncbi.nlm.nih.gov/30538633/). Bei der Einnahme von natürlichem Zeolith tritt offenbar nicht nur keine Aluminiumbelastung auf, sondern es werden im Gegenteil sogar Aluminium sowie andere Schadstoffe und Schwermetalle aus dem Körper ausgeleitet. Voraussetzung ist allerdings, dass ein als Medizinprodukt zugelassenes natürliches kristallines Zeolith (Klinoptilolith) verwendet wird. Denn bei der Verabreichung von synthetischen Zeolithen (Zeolith A) gelangt Aluminium in die Blutbahn.

Synthetische Zeolithe

Die nach dem Vorbild der Natur hergestellten synthetischen Zeolithe, die immer mehr Platz in der Technik einnehmen, haben auch ihre Vorteile – solange sie nicht eingenommen werden –, denn sie sind nicht toxisch und überwiegend umweltfreundlich.

Diese synthetischen Zeolithe gehören schon fast zum täglichen Leben: Kein Tropfen Benzin entstünde ohne sie, in Waschmitteln sorgen sie für »weiches« Wasser, in Fenstern dafür, dass die Scheiben nicht beschlagen, und sie saugen die Feuchtigkeit in die Katzenstreu und binden den Geruch. Zeolithe sind äußerst wandlungsfähig und bieten unzählige Anwendungsmöglichkeiten.

ANDERE HEILERDEN

Wegen seiner biophysiologischen Eigenschaften ist der natürliche Klinoptilolith-Zeolith etwas ganz Besonderes und hebt sich von Bentonit und anderen Heilerden ab.

Bentonit – ein Tonmineral

Oft werden Bentonit und Zeolith verglichen, doch ich bin nicht sicher, ob das unbedingt nötig ist. Äpfel und Birnen haben ja auch einiges gemein und sind trotzdem unterschiedlich.

Bentonit besteht aus verschiedenen Mineralien wie Glimmer, Quarz und Feldspat, und Hauptbestandteil ist das Schichtsilikat Montmorillonit, ein Tonmineral. Der wesentliche Unterschied ist der Aufbau: Zeolith hat eine kristalline Gerüststruktur, Bentonit besteht aus schichtartig aufgebauten Silikaten. In diesen Schichten lagert sich Flüssigkeit ein, die die Tonerde aufquellen lässt. Dadurch kann Bentonit zum Beispiel das Stuhlvolumen vergrößern und die Verdauung anregen.

Beide Erden bieten einen Mineral-Ionen-Austausch und die Fähigkeit zur Adsorption (Bindung). Und beide sind schon lange als Heilmittel in der alternativen Medizin bekannt.

Mineralstoffreiche Heilerde

Auch Heilerde ist anders zusammengesetzt und aufgebaut als Zeolith. Die mineralischen Pulver sind aus Lehm-, Ton- oder Moorerde gewonnen und enthalten je nach Abbaugebiet verschiedene Mineralien. Einen Nachweis für eine entgiftende Wirkung gibt es nicht, und auch die genaue Wirkweise von Heilerden ist bis heute nicht vollständig geklärt. Sicher ist nur, dass die Mineralstoffzusammensetzung in Heilerden und die Abgabe an den Körper wesentlich vielfältiger sind als bei Bentonit und Zeolith.

Mein Favorit

Ich habe zum ersten Mal 2012 von Zeolith erfahren, und zwar während meiner Ausbildung zur ganzheitlichen Ernährungsberaterin. Meine Dozentin erzählte uns, wie man Zeolith therapeutisch zur Reinigung des Darms, etwa vor einer Darmsanierung, oder zur Schwermetallausleitung einsetzt. Seitdem habe ich alles mit Zeolith ausprobiert – in Haus und Garten, für Gesundheit und Schönheit, für Mensch und Tier. Deshalb gehört dieses tolle Pulver seit ein paar Jahren fest zu meiner bewährten Multitalente-Ausstattung.

EINKAUF & LAGERUNG

- Beim Kauf sollten Sie darauf achten, dass es ein Zeolith mit hohem Klinoptilolith-Gehalt ist (ein Alumosilikat, also ein Stein aus Silizium und Aluminium). Je höher der Anteil, desto besser, bis 95 Prozent sind möglich. Ich empfehle Ihnen Zeolithe, die als Medizinprodukt für die orale Anwendung zugelassen sind. Der Siliziumgehalt kann bis zu 70 Prozent hoch sein. Zudem ist es empfehlenswert, auf ein Silizium-Aluminium-Verhältnis von 5 : 1 zu achten.
- Zeolith bitte wie all unsere Multitalente kühl und trocken lagern.

Zitrone und Zitronensäure

Bei diesem Multitalent denkt man als Erstes an sauer – und sauer macht ja bekanntlich lustig. Aber die Zitrone kann viel mehr. Zum Beispiel hat die Säure eine prima Reinigungskraft und ist dabei komplett biologisch abbaubar.
Da kommt natürlich gleich die Frage auf: »Ist Zitronensaft das Gleiche wie Zitronensäure?« Eindeutig nein! Der Saft einer frischen, natürlichen Zitrone enthält zwar auch Zitronensäure, aber nur 3,5 bis 8 Prozent, sie ist also stark verdünnt. Und Zitronensäure ist zwar ein natürlicher Bestandteil des Zitronensafts, kann aber auch künstlich hergestellt werden.

EIN VIELSEITIGES FRÜCHTCHEN

Die süßsaure Südfrucht ist bekanntermaßen oval, etwa faustgroß und gelb oder grüngelb. Sie wächst an einem immergrünen Baum mit Dornen, der bis zu sechs Meter hoch werden kann. Diese Bäume können erstaunlicherweise das ganze Jahr über blühen und gleichzeitig Früchte tragen. Ihre Hauptblütezeit ist aber doch im Frühjahr, und geerntet wird vorwiegend im Spätherbst und Winter.
Zitronen gedeihen am besten in warmem, feuchtem Klima. Ihr Ursprung liegt vermutlich im Norden Indiens. Wann sie zum ersten Mal in Südeuropa kultiviert wurden, ist unklar – manche Forscher meinen, dass bereits die alten Römer Zitronen kannten, andere gehen eher vom 12. Jahrhundert aus. Heute jedenfalls werden Zitronen hauptsächlich in den USA, in Argentinien, Indien, Spanien, Italien und der Türkei produziert.
Wir können die gesamte Zitrone vielseitig nutzen, denn sie hat deutlich mehr zu bieten, als manch einer denken mag. Und sie ist das allerbeste Beispiel dafür, wie toll *Zero Waste* funktionieren kann.
Apropos: Ich bin ja, wie ich schon in meinem Buch *Kann ich selbst, mach ich selbst* mit über 80 Rezepten gezeigt habe, eine »Zero-Waste-Frau«. Das heißt, ich bemühe mich immer, so wenig unnützen Müll wie möglich zu produzieren. Deshalb kommt mir die Zitrone als Beispiel gerade recht, denn von diesem Früchtchen lässt sich wirklich alles sinnvoll verwenden. Ein Multitalent der Superlative.

MULTITALENTIERT

Zu all dem dient uns die Zitrone:

- Saft, Schale und Fruchtfleisch sind hervorragend zum Würzen von Salatsoßen, Suppen, Kuchen und Gebäck geeignet.
- Wir können sie zur Schönheits- und Hautpflege äußerlich anwenden oder auch innerlich, um unsere Gesundheit zu stabilisieren.
- Mit Zitrone lässt es sich wunderbar putzen und entkalken.
- Man kann aus ihr natürliche Zitronensäure gewinnen oder Pektin, das als Geliermittel eingesetzt wird.
- Einige Komponenten nutzt auch die Industrie, zum Beispiel das ätherische Öl aus der Zitronenschale für Naturkosmetik, Parfümerie und Lebensmittelaromatisierung.

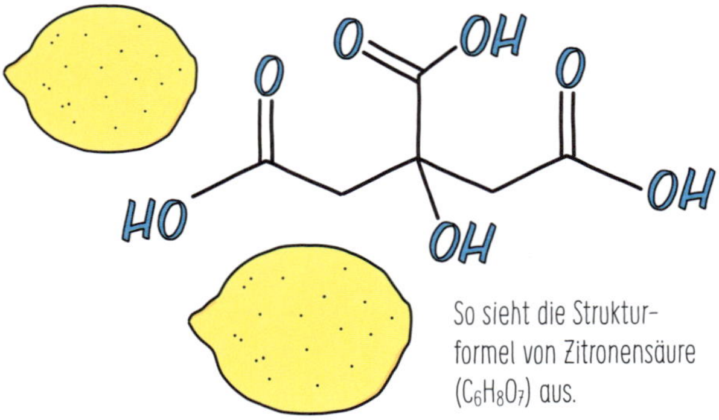

So sieht die Strukturformel von Zitronensäure ($C_6H_8O_7$) aus.

Viele wertvolle Inhaltsstoffe

Mit ihrem hohen Vitamin-C-Gehalt ist die Zitrone der Inbegriff eines Vitaminspenders. Vitamin C (Ascorbinsäure) kann nicht nur gegen Erkältungen helfen, sondern fängt auch freie Radikale ab und unterstützt so die Zellregeneration. Auch unser Bindegewebe profitiert von ihr, denn Zitronensäure regt die natürliche Kollagenbildung an. Dadurch kann unsere Haut ein strahlenderes und pralleres Erscheinungsbild bekommen. Zitronen enthalten zudem Kalium, das für die Funktion von Nerven, Herz und Muskeln benötigt wird. Für den sauren Geschmack sind die Ascorbin- und die Zitronensäure verantwortlich.

Gut für die Säure-Basen-Balance

Der Zitronensaft wirkt im Körper nicht säuernd, sondern basisch, weil er alkalisch verstoffwechselt wird. Das ist anfänglich nicht ganz einfach zu verstehen, da der Saft ja so (schön) sauer schmeckt und einen pH-Wert von 2,4 hat, was wirklich sehr sauer ist. Doch Lebensmittel, die sauer schmecken, lassen nicht unbedingt den Säurespiegel im Körper ansteigen. Zitronen bringen sogar unseren Säure-Basen-Haushalt wieder ins Gleichgewicht, was sehr wichtig für die körpereigene Reinigung ist.

ZWEIERLEI SÄUREN

Kommen wir nun zum Unterschied zwischen Ascorbinsäure und Zitronensäure, die beide natürlicherweise in der Frucht vorkommen und zu den Carbonsäuren gehören, aber nicht verwechselt werden sollten.

- **Ascorbinsäure** (genauer: L-(+)-Ascorbinsäure) ist uns als Vitamin C bekannt und hat die chemische Formel $C_6H_8O_6$.
- **Zitronensäure** hat im direkten Vergleich nur ein zusätzliches Sauerstoffatom, die chemische Formel lautet $C_6H_8O_7$.

Zitronensäure

Interessanterweise wird Zitronensäure auch als Zwischenprodukt des Energiestoffwechsels im menschlichen Körper gebildet. Diesen Vorgang nennt man Zitronensäurezyklus, ein sehr komplexer biochemischer Ablauf, der in den Mitochondrien der Zellen stattfindet. Zitronensäure ist also ein natürlicher Bestandteil jeder lebenden Zelle und eine organische Säure.

ZUR INFO

So viel Vitamin C brauchen wir täglich: Die Deutsche Gesellschaft für Ernährung (DGE) empfiehlt 110 Milligramm für Männer und 95 Milligramm für Frauen.
100 g Zitrone liefern etwa 50 mg Vitamin C. Aber natürlich findet man das Vitamin auch in vielen anderen Früchten und Gemüsen, und das oft in höherer Konzentration. In 100 g Grün- oder Rosenkohl stecken zum Beispiel bis zu 150 mg Vitamin C, in der Hagebutte sogar 1250 mg. Acerolakirschen enthalten 1700 mg pro 100 g, die Früchte des Camu-Camu-Strauchs stattliche 2000 mg.

ZUR INFO

Beide Säuren gibt es mittlerweile auch als Nahrungsergänzungsmittel und als Zusatzstoff, um Lebensmittel länger haltbar zu machen. Sie reduzieren Oxidationsprozesse, die durch Licht und Sauerstoff das Verderben von Lebensmitteln beschleunigen würden.

Ascorbinsäure (Vitamin C)

Ascorbinsäure ist sowohl unter den Vitaminen als auch für unserer Leben ein echtes Allroundtalent. Es ist an vielen Stoffwechselvorgängen im Körper maßgeblich beteiligt und hat eine zentrale Bedeutung beim Aufbau von Kollagen, was wiederum wichtig ist für unsere Knochen, den Knorpel und unser Bindegewebe. Es fördert aber auch die Eisenaufnahme und ist an der Bildung von L-Carnitin beteiligt. Ohne ausreichend L-Carnitin kann unser Körper nicht genügend Fett verbrennen.
Grundsätzlich unterscheidet man bei Ascorbinsäuren zwischen natürlichem und synthetischem Vitamin C. Zur innerlichen Anwendung ist Ascorbinsäure natürlichen Ursprungs besser geeignet. Das steckt zum Beispiel hoch dosiert in Hagebuttenkernpulver, Sanddorn oder Aroniabeere, aber eben auch in frisch gepresstem Zitronensaft. Natürliches Vitamin C ist sehr empfindlich und kann sich durch Licht und Hitze zersetzen.
Der menschliche Körper kann Vitamin C weder selbst bilden noch speichern, deshalb müssen wir es regelmäßig mit dem Essen aufnehmen oder bei einem Vitamin-C-Defizit eventuell supplementieren.
Als Nahrungsergänzungsmittel gibt es Vitamin C heutzutage in verschiedenster Form: als Tabletten, Kapseln, Spray, Tropfen und Injektionen. Dafür wird Vitamin C meist chemisch gewonnen, zum Beispiel aus Glukose oder durch biotechnische Fermentation mithilfe von Mikroorganismen, Pilzen oder Hefen.

SYNTHETISCHE ZITRONENSÄURE

Beide Säuren sind also natürlichen Ursprungs, werden aber mittlerweile überwiegend synthetisch oder biotechnisch hergestellt.
Die Salze der Zitronensäure sind Zitrate, meist weiße, prismenförmige Kristalle, die sich in Wasser besser als in Alkohol lösen. Das weiße Pulver, das wir heute kaufen, hat nichts mehr mit der Zitrone zu tun. Es ist vielmehr das Ausscheidungsprodukt eines Schimmelpilzes.

Isolierung aus Zitronen

Entdeckt wurde die Zitronensäure 1784 von Carl Wilhelm Scheele, einem deutsch-schwedischen Apotheker und Chemiker. Er hat auch als Erster Inhaltsstoffe wie Äpfelsäure, Wein- und Oxalsäure aus Früchten isoliert.
Bis Ende des 19. Jahrhunderts wurde Zitronensäure noch ausschließlich aus unreifen Zitronen gewonnen. Es war ein kompliziertes, kostspieliges Verfahren, die Früchte zu pressen und die Säure zu isolieren. Deshalb wurden auch nur geringe Mengen hergestellt – was damals kein wirkliches Problem war, denn man setzte Zitronensäure ja noch nicht überall als Konservierungsstoff ein, wie es heute der Fall ist.
Zitronensäure kommt aber nicht nur in Zitronen vor, sondern in sehr vielen Pflanzen, und ist

als Stoffwechselprodukt in allen Organismen zu finden. Anfang des 20. Jahrhunderts entdeckte man, dass Schimmelpilze wie der *Aspergillus niger* im Rahmen ihres Stoffwechsels besonders viel Zitronensäure produzieren. Daraufhin wurde das alte Herstellungsverfahren schnell umgestellt.

Stoffwechselprodukt von Schimmelpilzen

Industriell wird Zitronensäure nun in einem biotechnologischen Verfahren durch Schimmelpilzkulturen hergestellt. Es handelt sich dabei übrigens um einen Pilzstamm, der Ihnen vielleicht bekannt ist. Für den Fall, dass Sie schon einmal mit schwarzen Stockflecken in den weißen Fugen Ihrer Badezimmerkacheln zu tun hatten, kennen Sie den *Aspergillus niger* – den Schimmelpilz, der sauer macht …

Für die Zitronensäureproduktion fermentiert man zuckerhaltige Rohstoffe wie Melasse oder Mais mithilfe der Schimmelpilze. Diese scheiden die Säure als Stoffwechselendprodukt aus. Anschließend wird die Säure – zumindest bei qualitativ hochwertiger Produktion – mehrmals filtriert und gereinigt. Das wird allerdings nicht immer so gemacht, was dann zu Problemen führen kann.
Diese Zitronensäure wird ja von Schimmelpilzen produziert. Verbleiben Schimmelreste im Produkt, kann dies beim Menschen Allergien auslösen. Deshalb werde ich zum Kauf von Zitronensäure noch einige Tipps geben.

Herstellung in großem Maßstab

Die Vorteile des Fermentationsverfahrens liegen für den Hersteller auf der Hand: unbeschränkte Produktionsmöglichkeiten und ein sehr geringer Kostenaufwand. So kam es, dass Zitronensäure der erste Zusatzstoff war, der im großen Rahmen industriell hergestellt wurde.
Die Gewinnung durch Fermentation wurde erstmals 1913 in den USA zum Patent angemeldet. Im Jahr 2009 lag die produzierte Menge Zitronensäure bei weltweit rund eineinhalb Millionen Tonnen, Tendenz klar steigend. Rund die Hälfte des weißen Kristallpulvers stammt aus China.

MULTITALENTIERT

Im Haushalt können Sie **Zitronensäure** vielseitig nutzen – zum Reinigen, Entkalken und Waschen und sogar als Zutat für ein Haarwaschmittel.

ZUR INFO

Als Lebensmittelzusatzstoff wird Zitronensäure mit E 330 gekennzeichnet. Weil E-Nummern aber inzwischen bei vielen Konsumenten ein schlechtes Image haben, schreibt man lieber »Zitronensäure« in die Zutatenliste. Was an sich völlig in Ordnung wäre, nur leider suggeriert diese Aufschrift in Kombination mit dem Verpackungsdesign und den auf den Etiketten abgebildeten frischen Zitronen ein »natürliches« Produkt – was aber in vielen Fällen gar nicht zutrifft.

Liebling der Nahrungsmittelindustrie

Die Zitronensäure ist als Konservierungsstoff, Komplexbildner, Säuerungsmittel, Säureregulator und Schmelzsalz der Liebling der Nahrungsmittelindustrie. Und seitdem die Industrie entdeckt hat, was der *Aspergillus niger* alles kann, wird er ständig gekreuzt und auch gentechnisch weiterentwickelt – sozusagen optimiert –, um der Nahrungsmittelindustrie am laufenden Band neue Zusatzstoffe zu liefern. Vor allem in den USA und in China kommen oft transgene Varianten des Schimmelpilzes zum Einsatz, in Europa ist dies nicht gestattet. Inwieweit aber solche Pilze oder auch genmanipulierter Mais doch bei der Produktion eingesetzt werden, ist kaum nachprüfbar.

Auch deshalb ist es mir sehr wichtig, Folgendes zu erwähnen: Obwohl ich die biotechnisch hergestellte Zitronensäure zur Reinigung im Haushalt verwende, weil sie biologisch komplett abbaubar ist, halte ich nichts davon, dass sie heute als Nahrungsergänzungs- und Konservierungsstoff in fast all unseren Nahrungsmitteln eingesetzt wird. Weil sie hier meiner Meinung nach wirklich Schaden anrichten kann.

Zitronensäure in Fertigprodukten

Zur innerlichen Anwendung, also zum Verzehr, ist Zitronensäure meiner Meinung nach auf Dauer nicht geeignet. Darauf möchte ich als Ernährungsberaterin ausdrücklich hinweisen. Zwar wird es wohl grundsätzlich als unbedenklich eingeschätzt, synthetisch produzierte Zitronensäure zu sich zu nehmen, weil sie im Körper vollständig verwertet und abgebaut wird. Wir sollten uns aber immer vor Augen halten, dass wir aufgrund des großen Angebots an industriell gefertigten Nahrungsmitteln mehr als genügend Zitronensäure zu uns nehmen.

- Sie ist ein Säuerungs- und Konservierungsmittel, verleiht aber auch einen fruchtigen Geschmack. Deshalb wird sie Fruchtsäften, Limonaden, Colas, Energiedrinks und Eistees zugesetzt. Genauso findet sie sich in zahlreichen Süßwaren wie Gummibärchen, Speiseeis oder Marmeladen, Ketchup und anderen Fertigsoßen, aber auch in Babykost und Babytees, Mozzarella und Quark.
- Weil Zitronensäure zudem Geruchs-, Farb-, und Geschmacksveränderungen verhindert, die durch Oxidationsprozesse hervorgerufen werden könnten, ist sie auch aus Convenience Food, also Fertig- oder Halbfertiggerichten, nicht mehr wegzudenken.

Gefahr für die Zähne

Hier ist bei der Ernährung wirklich Vorsicht geboten, denn wenn viele industriell zubereitete Nahrungsmittel mit hohem Zitronensäuregehalt häufig und in großen Mengen verzehrt werden, dann kann das den Zahnschmelz angreifen, gerade auch bei Kindern.

In geringen Mengen richtet die Säure noch keinen Schaden an. Durch einen hohen und permanenten Konsum sinkt allerdings der pH-Wert im Mund. Deshalb sollte man nach dem Essen den Mund spülen oder besser noch die Zähne putzen.

Um da noch einmal nachzuhaken: Wenn wir einerseits Zitronensäure in der Drogerie als Kalklöser kaufen und andererseits dieselbe Zitronensäure mit unseren Nahrungsmitteln essen, dann ist sie hier wie dort ein toller Kalklöser! Der Zahnschmelz ist zwar das härteste Material in unserem Körper, aber er besteht zu einem großen Teil aus Kalzium, und Zitronensäure löst bekanntermaßen Kalk auf.

Als Putzmittel okay

Aber E 330 ist nicht nur in Nahrungsmitteln enthalten, sondern auch in diversen Haushaltsmitteln. Zum Beispiel in Wasch-, Putz-, Spülmitteln und Entkalkern, und als zitroniger Raumduft dient der Zusatzstoff vor allem antioxidativen und antimikrobiellen Zwecken. Dass allerdings auf unzähligen dieser Reinigungsmittel sonnengereifte, frische, saftige Zitronen abgebildet sind, empfinde ich als eindeutige Verbrauchertäuschung. Dabei wäre das gar nicht nötig, denn richtig eingesetzt ist Zitronensäure, auch biosynthetisch hergestellte, ein gutes und effektives Mittel zur Reinigung im Haushalt, insbesondere, weil es komplett biologisch abbaubar ist. Wir müssen uns einfach davon frei machen, dass sie etwas mit Zitronen zu tun hat, nur weil sie Zitronensäure heißt. – Ich bevorzuge aber ohnehin mein selbst gemachtes Allzweckreinigungsmittel aus *echter Zitrone!*

ZITRONENSÄURE UND ALUMINIUM

Ich möchte hier kurz noch auf einen Aspekt eingehen, der für unsere innere Reinheit wichtig ist. Beim Multitalent Zeolith bin ich, weil es immer wieder viele Fragen und Unsicherheit diesbezüglich gibt, auf das Thema Aluminium eingegangen (siehe ab Seite 48). Das möchte ich auch hier tun, weil es, wie ich finde, sehr wichtig ist für unser Kaufverhalten.

Komplexbildner als Zusatzstoff

Wie ich vorhin erwähnt habe, ist die Zitronensäure ein Komplexbildner. Diese Stoffe können Spuren von Schwermetallen wie Blei in Lebensmitteln binden.

Schwermetallionen können oxidieren und somit die Zersetzung oder Fäulnis von Lebensmitteln beschleunigen. Deshalb werden zum Schutz vor solch unerwünschten Oxidationsprozessen Komplexbildner zugesetzt. Jetzt das Gute: Zitronensäure bindet gesundheitsschädigende Metalle in Nahrungsmitteln, zum Beispiel auch Aluminium.

Allerdings hat unser Multitalent Zitronensäure eine weitere Eigenschaft: Sie ist in der Lage, die Blut-Hirn-Schranke zu überwinden. So kann das Leichtmetall Aluminium ins Gehirn gelangen. Komplexe aus Aluminium und Zitronensäure (Aluminiumzitrate) stehen aber im Verdacht, Parkinson und Alzheimer zu fördern.

Eine Frage der Verpackung

Wie kommt nun die Zitronensäure mit Aluminium in Kontakt? Dadurch, dass Aludeckel die Becher verschließen, in denen mit Zitronensäure versetzte Produkte wie Joghurt oder Quark verpackt sind. Aber auch in Energiedrinks & Co, die in Dosen verkauft werden, kommt der Komplexbildner Zitronensäure mit Aluminium in Kontakt. Achten Sie deshalb beim Einkauf Ihrer Nahrungsmittel generell zum einen auf Zusatzstoffe, zum anderen aber auch auf die Art der Verpackung.

EINKAUF & LAGERUNG

Zitronen

- Bitte kaufen Sie immer nur Biozitronen.
- Wählen Sie Früchte mit glänzender Schale. Kleine, schwere Früchte enthalten meistens wenige Kerne und viel Saft. Größere Zitronen mit einer grobporigeren Schale haben meist ein ausgeprägtes Mesocarp, die weiße Schicht unter der gelben Schale. (Aus ihm stelle ich meinen fett- und kalklösenden Spezial-Zitronenreiniger her, siehe Seite 135.)
- Zur Lagerung: Der Kühlschrank bekommt unseren Südfrüchten nicht so gut. Sie sollten nicht unter 10 Grad gelagert werden, zum Beispiel im kühlen Keller oder im Winter am Küchenfenster.
- Zitronen sind aufgrund ihrer natürlichen Säure, die wir uns zur Konservierung nutzbar machen, lange haltbar – richtig gelagert zwei bis drei Monate lang.
- Allerdings haben Zitronen eine weite Reise hinter sich. Es schwer nachzuvollziehen, wie lange sie nach der Ernte transportiert und zwischengelagert wurden. Deshalb finden Sie im Abschnitt »Obst und Gemüse reinigen« (siehe Seite 140/141) einen praktischen Tipp, wie Sie Ihr Obst und Gemüse generell länger haltbar machen können, um möglichst nichts wegschmeißen zu müssen.

Zitronensäure

Die Zitronensäure (oder Citronensäure), von der wir hier sprechen, ist immer biotechnisch hergestellt, also per Fermentation. Theoretisch müsste es natürlich auch aus Früchten gewonnene Zitronensäure geben. Allerdings ist diese immens teuer und auf dem Markt so gut wie gar nicht zu finden.

- Es gibt Zitronensäure als Pulver und in flüssiger Form. Ich kaufe die flüssige nicht, weil sich die Kristalle ja sehr leicht in Wasser auflösen. So vermeide ich unnötige Kunststoffbehälter, denn das Pulver gibt es auch in Papierverpackungen.
- Es sollte immer ein Zitronensäure-Monohydrat in Lebensmittelqualität (E 330) ohne Gentechnik sein.
- Bitte achten Sie beim Kauf auch hier auf Bioqualität. Grundsätzlich gibt es große Unterschiede, was die Reinheit und Verträglichkeit von Zitronensäure angeht.
- Um sicherzugehen, dass keine Schimmelpilzsporen im Produkt verblieben sind – was vor allem für Allergiker wichtig ist –, würde ich immer nur die Produkte kleinerer Unternehmen kaufen, die ihre Produktionsweise offenlegen.

VON KOPF BIS FUSS

Körperputz

Für mich gilt definitiv: »My home is my castle«, mein Zuhause ist meine Festung. Und ich könnte noch hinzufügen: Mein Badezimmer ist mein ganz persönlicher Spa und Beautysalon. Hier pflege ich meinen Körper mit meinen Multitalenten. Wenn Sie mögen, nehme ich Sie jetzt sinnbildlich mit unter die Dusche ☺ und sage: Wasser marsch !

Badekultur mit langer Tradition

Täglich schrubben und waschen, schäumen und bürsten, schmieren und sprayen wir, was das Zeug hält. Es ist wohl einer der ältesten Wünsche der Menschheit, schön, sauber und gepflegt zu sein, um dadurch das eigene Wohlbefinden zu steigern, aber auch auf andere attraktiver zu wirken.

DER LANGE WEG ZUR EFFIZIENTEN KÖRPERREINIGUNG

Körperpflege wird und wurde von jeher in den unterschiedlichsten Kulturen betrieben. Ob in der Antike bei den Ägyptern, Griechen oder Römern, bei den alten Germanen und Galliern oder später im Mittelalter – es gab fast immer eine hoch entwickelte Badekultur.

Im 16. bis 18. Jahrhundert, also in Zeiten des Barocks und Rokokos, kam allerdings in Europa ein besonderer Trend auf: Es galt nun als verpönt, sich mit Wasser und Seife zu waschen. Vielmehr sollte man sich kräftig pudern, um die Poren zu verschließen – zum einen, um so die körpereigenen Säfte im Gleichgewicht zu halten, und zum anderen, um sich vor dem Eindringen von Krankheitserregern zu schützen. Bis weit ins 18. Jahrhundert hinein vertraten selbst Ärzte in Europa die Meinung, dass Wasser und Luft dem Körper schadeten. Man reinigte sich mit Salben, Parfüms, Ölen und trockenen Tüchern, aber nicht mit Wasser. Es ist kaum vorstellbar, wie es zu diesen Zeiten gestunken haben muss! Und diese Art der Körperpflege war natürlich auch die Grundlage für viele Infektionskrankheiten.

Nachdem die Trockenwäsche lange als schick gegolten hatte, entwickelte sich im Laufe des 18. Jahrhunderts schließlich ein neues Hygieneverständnis. Körperpflege sollte nun in erster Linie der Reinigung von Verschmutzung dienen, um Krankheiten zu vermeiden.

Es war also ein langer Weg, bis sich ein tägliches System entwickelt hat, um Dreck, Schweiß, Talg und Bakterien regelmäßig von unserem Körper zu entfernen.

Die Erfindung der Seife

Wussten Sie, dass es Seife – oder eine Vorform davon – schon vor 4500 Jahren gab? Die erste uns bekannte Seifenrezeptur ist auf einer Tontafel der Sumerer, einer frühen Hochkultur auf dem Gebiet des heutigen Iraks, in Keilschrift verewigt. Diese Seife enthielt Zutaten wie Pottasche und Öle, die aufgekocht wurden.

Pottasche ist der Trivialname für Kaliumkarbonat (K_2CO_3). Sie hat einen pH-Wert von 11,6 und gehört zu den Alkalien, bildet also mit Wasser alkalische Lösungen (Laugen). Damals wurde das Material aus verbrannten Pflanzen und Hölzern (Holzasche) gewonnen und dann mit Ölen verkocht. Das Tolle an dieser frühzeitlichen Mischung ist, dass sie die Oberflächenspannung des Wasser herabsetzt, sodass die fettlösende Lauge den Schmutz gut angreifen und Fett lösen kann. An diesem Reinigungsprinzip hat sich im Laufe der Jahrtausende nicht wirklich viel geändert – heute übernehmen allerdings Tenside in vielen Produkten diese Aufgabe. Bei Tensiden gibt es übrigens auch große Unterschiede, dazu aber später mehr.

Die Ägypter haben dann um 600 vor Christus das Mineral **Soda** mit den Ölen und der Pottasche vermischt. Damals wurde Soda übrigens noch durch die Verbrennung von salzhaltigen Pflanzen gewonnen. Mit dieser Rezeptur hatte man nun ein prima Produkt zur Reinigung von Körper und Wäsche.

MODERNE KÖRPERPFLEGE UND IHRE SCHATTENSEITEN

Das Wort Kosmetik stammt vom altgriechischen *kosméein,* was »schmücken« bedeutet. Heute werden, so die statistischen Zahlen von 2020, allein in Deutschland circa 15 Milliarden Euro jährlich mit Kosmetik- und Körperpflegeprodukten umgesetzt (Haushaltsreinigungs- und Waschmittel nicht mitgerechnet). Diese Umsatzzahlen beweisen es: Wir schmücken uns reichlich und können uns wohl ganz zu recht »Frau & Herr Saubermann« nennen. Aber ist das alles nicht vielleicht zu viel des Guten?

Über Körpergerüche und Düfte

Der Hauptgrund für diese intensive Körperpflege ist der Wunsch, starke Gerüche zu vermeiden. Klar: Keiner von uns möchte unangenehm riechen, und das soll auch niemand. Aber am Rande sei kurz erwähnt, dass körpereigene Gerüche Bestandteil unserer nonverbalen Kommunikation sind. Düfte, auch solche, die wir unterhalb der bewussten Wahrnehmungsgrenze registrieren, liefern Informationen an das Stammhirn. Hier spielen die Pheromone eine besondere Rolle. Durch diese unbewusste Information entscheiden wir instinktiv über Sympathie und Antipathie. Überdecken wir unseren natürlichen Körpergeruch, funktioniert dieser hilfreiche »sechste Sinn« nicht mehr.
Mein Credo: Ich möchte definitiv nicht stinken, aber auch nicht wie jemand anders oder ein Neutrum riechen und schon gar nicht wie ein Massenartikel. Deshalb benutze ich von jeher keine Parfüms. Die zumeist synthetischen Duft- und Lockstoffe haben eine irritierende Wirkung auf mein Wohlbefinden.

Fatale Nebenwirkungen

Durch unsere teilweise übertrieben praktizierte »moderne« Körperpflege werden also zum einen falsche Signale gesetzt, weil Körpergerüche minimiert oder überdeckt werden. Zum anderen kann sich übertriebene Reinlichkeit auch negativ auf unsere Gesundheit auswirken. Die diversen Reinigungsmittelchen entfernen nämlich nicht nur Schweiß, Talg und Körpergerüche, sondern sie können auch den hauteigenen Wasserfettfilm (Hydrolipidmantel) und das Mikrobiom angreifen. Wird die schützende Hautbarriere beeinträchtigt, kann das zum Beispiel zu Ekzemen und Hautreizungen führen.

Zudem enthalten einige Kosmetikprodukte bedenkliche Substanzen, die möglicherweise gesundheitliche Auswirkungen nicht nur direkt auf unsere Haut, sondern auch auf unseren gesamten Stoffwechsel haben.

Bedenkliche Inhaltsstoffe

Hierzu zählen **hormonell wirksame Chemikalien** wie Propylparaben, die in so manchen Shampoos und Duschgels enthalten sind.

Auch **Formaldehyd,** das zu Kontaktallergien führen kann, ist in vielen Kosmetikprodukten zu finden – und das wahrscheinlich nicht zu knapp, denn die Jahresproduktion dieser gasförmigen chemischen Verbindung, die als krebserregend gilt, beläuft sich auf 21 Millionen Tonnen (Statistik von 2019).

PEG-Derivate kommen ebenfalls zum Einsatz. Polyethylenglycole machen die Haut für Fremdstoffe durchlässig und werden auch in der Pharmazie als Wirkstoffträger eingesetzt. Sie sind in Cremes, Lotionen, Parfüms, Deodorants, Haarpflegeprodukten, Zahnpasten, Badezusätzen und Insektenabwehrmitteln enthalten. In Windeln und Babyfeuchttüchern sind PEG-Derivate mittlerweile verboten. Die WHO erklärt PEG in Nahrungsmitteln in einer Tagesdosis von 10 mg pro kg Körpergewicht als zulässig. Da müssen wir dann eben immer nur genau nachrechnen …

Das macht die ganzen Produkte für mich nicht unbedingt vertrauenswürdig. Dieser schier undurchdringliche Inhaltsstoff- und Zusatzstoffdschungel verwirrt mich immer mehr, und es kostet auch viel Zeit, ständig das Kleingedruckte zu lesen, zu durchschauen und Produkte entsprechend auszusortieren. Denn viele der in Reinigungsmitteln eingesetzten Stoffe sind nicht primär unserer Schönheit und Gesundheit zuträglich. Zudem sind sie wirklich schwer ökologisch abbaubar, schaden also unserer Natur und somit dem selbstreinigenden und natürlichen Kreislauf.

Was brauche ich wirklich?

Deshalb habe ich mich entschieden, die Reißleine zu ziehen, und mich gefragt: Was brauche ich wirklich, um adrett, gut riechend, gesund und attraktiv zu sein? Mein Fazit: Viel weniger, als ich dachte!

Jetzt nehme ich nur noch so viel wie unbedingt nötig – und so wenig wie möglich! So kam ich auf den Trip, vieles auszuprobieren, Produkte zu reduzieren, Pflegemittel selbst herzustellen und dabei Inhaltsstoffe zu minimieren.

Hier kommen nun meine bewährten Rezepte und Anwendungstipps für die Mund- und Zahnpflege, die Reinigung und Pflege von Haut und Haaren – und nicht zuletzt auch für die Darmreinigung.

Gesundheit beginnt im Mund

Wir lachen, sprechen und atmen mit unserem Mund. Dabei sollen unsere Zähne strahlend weiß und unser Atem frisch wie Bergluft sein. Dafür sind wir bereit, einiges zu tun: Wir spülen, schrubben, schäumen, bleichen, schleifen und gurgeln mit Fleiß. Doch unser Mund ist nicht nur ein »schönes Accessoire«, sondern auch ein Tor zu unserer Gesundheit.

Mundreinigung

Mit dem Mund nehmen wir vor allem unsere Nahrung auf, und beim Kauen und Einspeicheln beginnt bereits die Verdauung. Mithilfe von Elektrolyten wie Natrium und Kalium und von Enzymen wie Alpha-Amylase und Liptase werden hier schon Kohlenhydrate zerlegt und Fette abgespalten.

ÜBER MUNDFLORA UND PH-WERT

Wir nehmen aber mit dem Mund nicht nur Nährstoffe, sondern auch Schadstoffe auf, und er ist die natürliche Eintrittspforte für Viren und Bakterien. Gerade deshalb sollten wir darauf achten, das unsere Mundflora durch die Art der Reinigung intakt bleibt, um ihre natürliche Abwehrkraft zu erhalten. Bei unzureichender oder falscher Mundhygiene kann es zu einem Ungleichgewicht in der natürlichen Barriere kommen, wodurch es zu Infektionen, aber auch zu Karies und Parodontitis kommen kann. Sehr wichtig ist auch der richtige pH-Wert im Mund, der natürlicherweise ungefähr bei 6 bis 7 liegt. Zuckerhaltige Nahrungsmittel zum Beispiel lassen diesen neutralen pH-Wert vorübergehend ins Saure absinken, also auf pH-Werte zwischen 5 und 4. Bei diesem erniedrigten pH-Wert im Speichel wird der Zahnschmelz angegriffen. Auch kariesbildende Bakterien *(Streptococcus mutans)* verstoffwechseln den Zucker beziehungsweise die Kohlenhydrate und bilden dabei Säuren, die den Zahn angreifen.

Ein Teufelskreis

Ist der Mundraum samt seiner Schleimhaut und Zähne nicht im natürlichen Gleichgewicht, kann es zu Entzündungen und freiliegenden Zahnhälsen kommen. Die Folgen sind dauerhafte Entzündungen, Parodontitis und späterer Zahnverlust.

Bis hierher kennen wir den Ablauf, doch was diese Missstände oft mit sich bringen, wird gern vergessen. All das kann nämlich wiederum zu einer erschwerten und eventuell schmerzhaften Nahrungsaufnahme führen, sodass man nicht mehr richtig zubeißen und kauen kann. Der Speisebrei wird nicht wie vorgesehen vorverdaut, wodurch dann Magen- und/oder Darmprobleme, Sodbrennen und Mundgeruch entstehen können. Der Mundraum sollte also wirklich gesund sein und nicht nur kurzfristig mit quietschrosa, leuchtend türkisen oder knallgelben Mundwässern gepimpt werden.

ZAHNPASTA & CO

Ist es nicht jedes Mal wieder schön, wenn sich diese weiße Paste mit den roten und blauen Streifen aus der Tube an die Borsten der Zahnbürste schmiegt? Früher dachte ich das auch, aber heute sage ich Nein!

Abgesehen davon, dass ich mich schon immer sehr darüber gewundert habe, wie sich diese Streifen stets unverschmiert und gleichmäßig aus der Tube drücken lassen, bin ich heute der Meinung, dass es sich hier nicht nur um Zahn-, sondern auch um Augenwischerei handelt!

Denn wie schon gesagt: Der Mund und unsere Schleimhäute nehmen Schadstoffe auf. Und die klassische Zahnpasta ist kein gesundes Produkt und außerdem durch schwer abbaubare Inhaltsstoffe nicht gut für unsere Umwelt und den Wasserkreislauf.

Bedenkliche Inhaltsstoffe

Wir sind so konditioniert worden: Wenn es schäumt, dann macht es richtig sauber. Für den Schaum sind jedoch **Tenside** verantwortlich. Zwar gibt es unterschiedliche Tenside – pflanzliche und tierische, aggressivere oder schonendere –, aber Zahnpasten enthalten zumeist Natriumlaurylsulfat (englisch: *Sodium Lauryl Sulfate,* abgekürzt SLS). Und ja: Es löst die Plaque auf und entfernt die Beläge, aber es wirkt auch reizend auf die Schleimhäute und kann die natürliche Hautbarriere schwächen, sodass Keime leichter eindringen können.

Des Weiteren stecken in Zahnpasten und Mundwässern Desinfektionsmittel wie **Triclosan,** weil sie geruchshemmend und antibakteriell wirken. Triclosan kann Allergien auslösen, und es wird diskutiert, ob es Organschädigungen begünstigt. Für die Umwelt, also im Wasserkreislauf, ist es äußerst giftig, in Kombination mit UV-Strahlen können sich Dioxine bilden.

Sie sehen, was wir alles seit Jahrzehnten in den Mund nehmen und wovon wir nur einen Teil wieder ausspucken. Denn durch die Schleimhäute nehmen wir selbstverständlich auch diese Schadstoffe auf.

Aber wer will schon wirklich wissen, was in seiner Zahnpasta enthalten ist? Ich mittlerweile schon, muss aber auch zugeben, dass es einem nicht leicht gemacht wird zu verstehen, was in so einer adretten Tube alles drinsteckt.

Hinter der Bezeichnung C.I. 77891 oder E 171 verbirgt sich zum Beispiel **Titandioxid** (Titan (IV)-oxid), ein weißes Pigment, das auch in Lacken und Farben enthalten ist. Um die Zahncreme optisch aufzuhellen, wird Titandioxid als Farbstoff hinzugegeben. Das zielt eindeutig auf unsere Konditionierung ab, dass Weiß gleich rein und sauber ist! Titandioxid ist jedoch sehr umstritten: Man vermutet, dass es krebserregend ist, und geht davon aus, dass Nanopartikel davon in die Blutbahn eintreten und dadurch in die Zellen gelangen können.

Ein Wort zu Mikroplastik

Kommen wir jetzt noch kurz auf einen weiteren fast unsichtbaren, aber sehr ernst zu nehmenden Feind zu sprechen: das **Mikroplastik.**
Auf der Basis von Erdöl, Kohle und Erdgas entsteht ein synthetisches Polymer, ein Kunststoff. Mikroplastik ist eine feste synthetische, nicht biologisch abbaubare Verbindung. Als Mikroplastik werden Partikel bezeichnet, die kleiner als 5 Millimeter bis zu 1000 Nanometer sind. In Zahnpasten befinden sich Mikroplastikpartikel auch als Schleifelement. Entweder verschlucken wir sie oder spucken sie ins Waschbecken, sodass sie in den Wasserkreislauf gelangen.
Deshalb ist die nachhaltige Pflege und Reinigung nicht nur ein kosmetisches Thema, sondern auch – ganzheitlich betrachtet – für unsere Gesundheit und Umwelt sehr wichtig.
Hier kommen nun meine gesamten Mundreinigungsmethoden und -mittel, mit denen ich seit vielen Jahren sehr zufrieden bin.

Wichtig: das passende Öl

Ich erwähne es gleich zu Anfang auch für Neueinsteiger oder Menschen, die es schon einmal ausprobiert und dann wieder gelassen haben: Für mich hängt der Erfolg dieses Reinigungsrituals ganz klar von dem verwendeten Öl ab. Ich habe es, wie oft empfohlen, mit Kokosöl probiert und bin gescheitert. Dieses Öl empfand ich im Mund als zu ölig und glitschig, und die Konsistenz war nie wirklich einschätzbar.
Nach dem anfänglichen Misserfolg bin ich – weil ich ja nicht so schnell aufgebe und so viel Gutes über das Ölziehen gehört hatte – auf Sesamöl umgestiegen. Und siehe da, ab diesem Moment wurde es ein Erfolg.

MEIN TIPP

Neben nativem, nicht geröstetem Sesamöl eignet sich auch kalt gepresstes Sonnenblumenöl oder natives Kokosöl. Wichtig: Bioqualität!

ÖLZIEHEN

Ölziehen, auch als Ölkur, Ölsaugen, Ölkauen oder *Oil Pulling* bekannt, hat sich mittlerweile zu einem beliebten Reinigungsritual entwickelt. Ich habe darüber auch schon in meinem Buch *Kann ich selbst, mach ich selbst* geschrieben. Doch der Vollständigkeit halber nehme ich es hier zur Reinigung des Mundraums noch einmal mit auf. Für mich ist Ölziehen eine so alltägliche Sache wie Zähneputzen – es ist mein tägliches Entgiftungsritual.

Eine altbewährte Reinigungsmethode

Neben der Gesunderhaltung der Zähne und der Mundflora ist der wichtigste Nutzen des Ölziehens die Entgiftung des Körpers. Es wird weltweit als Reinigungsmethode empfohlen. Im Ayurveda hat diese Methode der Körperreinigung eine lange Tradition. Zum ersten Mal wird sie vor über 2000 Jahren in der *Charaka Samhita,* der ältesten ayurvedischen Schrift, erwähnt. Mehr als 30 verschiedene Krankheiten

sollen sich durch das regelmäßige Ölziehen bekämpfen lassen.
Ölziehen ist wie gesagt auch der Zahn- und Zahnfleischreinigung dienlich und hält die Mundflora stabil. Zudem werden die Zähne heller, und es setzt sich kein Zahnstein mehr an. Es kann im Mundraum folgende Beschwerden lindern oder ihnen vorbeugen:

- Zahnfleischbluten
- Karies
- Zahnbelag
- Zahnverfärbungen
- Mundgeruch
- Mundtrockenheit

Nichtsdestotrotz ersetzt Ölziehen nicht das regelmäßige Zähneputzen, sondern dient als ergänzende Maßnahme zur Gesunderhaltung des Mundraumes.

Was passiert bei der Ölkur?

Ziel ist es in erster Linie, Schadstoffe aus dem Körper »herauszuziehen«. So setzen sich beispielsweise Tag für Tag und auch über Nacht Schadstoffe, Bakterien und Viren auf den Schleimhäuten, den Zähnen und dem Zahnfleisch ab. Diese können durch das Ölziehen optimal entfernt werden.
Das Öl verändert sich übrigens nach einer Weile im Mund: Es wird fast wie Pudding, zum Ende hin dann dünnflüssiger, da es emulgiert. Es hat nun eine weißliche Farbe und kann ausgespuckt werden. Ich erkläre mir die Veränderung so, dass die Gifte, Schlacken und Ablagerungen vom Öl aufgenommen und gebunden wurden.

Ölziehen

DAS MORGENRITUAL ZUR REINIGUNG UND ENTGIFTUNG

- Jeden Morgen vor dem Zähneputzen 1 Esslöffel Öl (siehe Tipp Seite 65) in den Mund nehmen.
- Nun das Öl gründlich von einer Seite zur anderen schieben, drücken oder ziehen.
- 3 Minuten sollten es mindesten sein, 5 bis 10 Minuten werden empfohlen.
- Das Öl danach bitte nicht in den Ausguss spucken, sondern im Hausmüll entsorgen. (Bei dieser Menge ist das nach Auskunft des Amts für Abfallwirtschaft die beste Lösung, denn so kommen die Gifte und das Öl nicht in den Wasserkreislauf. Außerdem würde so viel Öl auf Dauer die Rohre verstopfen.)
- Anschließend wie gewohnt die Zähne putzen.

MEIN TIPP

So geht Ihnen morgens keine Zeit verloren: Einfach das Öl in den Mund nehmen und währenddessen duschen oder das Frühstück zubereiten.

MUNDPFLEGE GEGEN ENTZÜNDUNGEN

Sehr wichtig für ein gesundes Mikrobiom im Mund ist das Verhältnis von »guten« und »schlechten« Bakterien und anderen Mikroorganismen. Durch unser Essverhalten, aber auch durch die Benutzung von aggressiven Zahnpasten oder Bleachingmitteln kann die gesunde Symbiose aus dem Gleichgewicht geraten, und dann können sich Entzündungsherde bilden.

Detox für den Mundraum

Eine Mundspülung mit Effektiven Mikroorganismen (EM) hilft gegen Mundgeruch, entgiftet und sorgt dadurch für kräftiges Zahnfleisch.
Bei der Mundsprayrezeptur geht es ebenfalls nicht nur um einen guten Atem, sondern auch darum, die Mundflora gesund zu erhalten und Entzündungen zu lindern.
Wer Mundsprays nur verwendet, weil er Mundgeruch überdecken möchte, dem würde ich gern mit auf den Weg geben, dass schlechter Atem immer einen Grund hat. Wenn wir herausfinden, wo das Problem liegt, dann können wir anfangen, an der Ursache zu arbeiten. Sehr oft sind Bakterien im Mundraum, im Rachen oder im Magen der Grund für Mundgeruch.
Die **Zistrose,** deren ätherisches Öl ich im Natron-Mundspray verwende, ist übrigens meine absolute Lieblingsheilpflanze. Ich habe das Öl immer dabei, auch auf Reisen, denn es ist ein Keimkiller und Allround-Schönheitsmittel. Ob bei Durchfall, kleinen Hautwunden oder beginnender Erkältung: Zistrosenöl wirkt entzündungshemmend und reinigend und hat mich schon oft gerettet. In meinen Youtube-Videos gibt es rund um die Zistrose einige gute Tipps von mir. Ein Tropfen kann schon helfen.

EM-Mundspülung

ZUR ENTGIFTUNG, GEGEN MUNDGERUCH UND ZAHNFLEISCHENTZÜNDUNGEN

Für 1 Anwendung:
1–2 EL EM-Lösung
150–200 ml Wasser (bei sehr empfindlichen Zahnhälsen lauwarmes Wasser)

- Etwas von der Spülung in den Mund nehmen, durch die Zähne ziehen und gurgeln.
- Nach 1 bis 2 Minuten ausspucken und mit der nächsten Portion spülen.

Natron-Mundspray

FÜR ATEMFRISCHE & GEGEN ENTZÜNDUNGEN

Dieses Mundspray erfrischt und sorgt für einen guten Atem, es wirkt aber auch antibakteriell und lindert Mundschleimhaut- und Zahnfleischentzündungen.

Für 100 ml Mundspray:
60 ml destilliertes Wasser
40 ml Kapuzinerkresse- oder Salbeitinktur (siehe Seite 68); ersatzweise 40 ml Alkohol (37,5–40 %), zum Beispiel Gin oder Wodka
1½ TL Xylit
½ TL Natron
2–3 Tropfen ätherisches Zistrosenöl, alternativ Pfefferminzöl
außerdem: ein Becherglas, ein Glasstab und eine Sprühflasche (gern aus Braunglas)

- Die Flüssigkeiten im Becherglas vermengen. Dann Xylit und Natron dazugeben und mit dem Glasstab gut verrühren, bis die Kristalle aufgelöst sind.
- Zum Schluss die ätherischen Öle dazugeben.

- Die Lösung in eine saubere Sprühflasche umfüllen.
- Bei akuten Entzündungen 4-mal 4 Hübe (Sprühstöße) pro Tag in den Mund sprühen. Für frischen Atem reicht 1- bis 2-mal am Tag ein Sprühstoß bei Bedarf.

MEIN TIPP

Ich nehme gern 2 bis 3 kleinere Sprühflaschen und bevorrate sie im Kühlschrank. In kleineren Flaschen passt das Mundspray gut in die Handtasche und ist so auch unterwegs zur Hand.

Kräutertinkturen

Ich habe zu Hause immer eine Kräutertinktur, ob mit Kapuzinerkresse oder Salbei. Beide können pur angewendet oder wie im Mundspray weiterverarbeitet werden.

Kapuzinerkresse kann Viren und Bakterien abtöten, die Nierenfunktion stärken und die Produktion der Gallenflüssigkeit anregen, was die Verdauung fördert. Senföle lösen Verschleimungen, Polyphenole wirken im Mund besonders antibakteriell und beugen dadurch Zahnkaries vor.

Salbei heißt wissenschaftlich *Salvia*, abgeleitet vom lateinischen *salvare*, was »heilen« bedeutet! Die Pflanze enthält ätherische Öle, Flavonoide und Gerbstoffe, die desinfizierend und entzündungshemmend wirken und besonders hilfreich bei Entzündungen im Mund und Rachenraum sind.

Kapuzinerkresse-Tinktur mit Alkohol

ZUR DESINFEKTION DER MUNDSCHLEIMHAUT UND STÄRKUNG DES IMMUNSYSTEMS

Für ca. 400 ml Tinktur:
50 g Kapuzinerkresse
400 ml Alkohol (37,5–40 % vol.), am besten Gin
außerdem: ein 500-ml-Einmachglas mit Schraubdeckel, ein Stein oder eine kleine Schüssel (zum Beschweren), ein Trichter und ein Kaffeefilter sowie eine 500-ml-Braunglasflasche

- Die Kapuzinerkresse in grobe Stücke zerteilen, in das Glas geben und mit dem Gin übergießen.
- Falls Pflanzenteile aus dem Alkohol herausragen, den Stein oder die Schüssel zum Beschweren drauflegen. Es ist wichtig, dass alle Pflanzenteile mit Alkohol bedeckt sind. Das Glas verschließen.
- Die Mischung ca. 5 Wochen lang an einen hellen, kühlen Platz stellen, gern aufs Fensterbrett, wenn dort ab und zu Sonne hinkommt.

- Nach der Ziehzeit einen Kaffeefilter in einen Trichter legen und die Tinktur durch den Filter in eine saubere dunkle Flasche abseihen. Bitte auch die Pflanzenreste sehr gut ausdrücken.
- Die Flasche mit dem Namen der Tinktur und dem Abfülldatum beschriften.
- Die Tinktur ist ca. ein Jahr haltbar. Danach ist sie zwar immer noch verwendbar, es kann aber sein, dass die Wirkstoffe der Kapuzinerkresse schwächer werden.

Variante: Kapuzinerkresse-Auszug in Wasser

Wer, aus welchen Gründen auch immer, auf einen Kräuterauszug in Alkohol verzichten möchte, der kann ihn auch mit destilliertem Wasser ansetzen (destilliertes Wasser, weil es »leer« ist und deshalb Wirkstoffe aus den Pflanzen besser aufnehmen kann).
Man sollte nur bedenken, dass der wässrige Auszug nicht genauso intensiv ist wie ein alkoholischer Auszug. Zudem ist er nicht so lange haltbar.

Für ca. 400 ml Auszug:
70 g Kapuzinerkresse
400 ml destilliertes Wasser
außerdem: ein 500-ml-Einmachglas mit Schraubdeckel, ein Stein oder eine kleine Schüssel (zum Beschweren), Trichter und Kaffeefilter, 500-ml-Braunglasflasche

- Die Kapuzinerkresseblätter in feine Streifen schneiden. In das Glas legen und mit dem destillierten Wasser übergießen. Evtl. den Stein oder die Schüssel zum Beschweren drauflegen, damit alle Pflanzenteile mit Wasser bedeckt sind. Das Glas verschließen.
- Die Mischung ca. 2 bis 3 Wochen lang an einen hellen, kühlen Platz stellen, gern aufs Fensterbrett, wenn dort ab und zu Sonne hinkommt.
- Anschließend einen Kaffeefilter in einen Trichter legen und die Flüssigkeit in eine saubere dunkle Flasche abseihen. Auch die Pflanzenreste sehr gut ausdrücken.
- Die Flasche mit dem Namen des Krauts und dem Abfülldatum beschriften.
- Die Lösung ist ca. 3 bis 4 Wochen haltbar und sollte im Kühlschrank aufbewahrt werden.

ZAHNPFLEGE

Mit dieser Art der Zahnpflege, die ich Ihnen jetzt vorstelle, wird der Mundraum entgiftet, und die Mundflora behält den richtigen pH-Wert. Hier fängt Gesundheit wirklich an. Sie können damit Parodontitis vorbeugen, schlechte Bakterien haben keine Chance, Zahnfleischentzündungen können nicht mehr entstehen. Dadurch gibt es auch keinen Mundgeruch mehr.

Über die Zutaten

In den folgenden Rezepturen kommen Zeolith (Seite 45), Silizium (Seite 47) und Natron (Seite 39) zum Einsatz. Und wie wirken die weiteren Zutaten?

Rügener Heilkreide wird auch das weiße Gold der Ostsee genannt. Die Heilkreide besitzt ein hohes Speichervermögen. Außerdem wirkt sie entzündungshemmend und kann die Wundheilung beschleunigen. Mit einen pH-Wert von 8,5 ist sie zudem basisch. Rügener Heilkreide fördert die natürlichen Hautfunktionen und unterstützt die Ausscheidung über die Haut.

Xylit ist zahnfreundlich, denn es hat eine antikariogenen Effekt und reduziert die Plaquebildung. Birken- oder Buchenzucker schmeckt genauso süß wie Industriezucker und hat auch eine ähnliche Konsistenz, chemisch betrachtet gehört er aber nicht zu den Kohlenhydraten. Wichtig zu wissen ist, dass Xylit kein Zuckerersatzstoff wie zum Beispiel Süßstoff, sondern ein Zuckeraustauschstoff ist. Xylit wird vom Körper anders verstoffwechselt als normaler Zucker und lässt den Insulinspiegel nicht ansteigen. Kariesverursachende Bakterien wie *Streptococcus mutans* werden in ihrem Wachstum gehemmt.

Achtung: Für Hunde und Katzen ist Xylit allerdings Gift, genauso wie Schokolade, Knoblauch, Avocados, Rosinen, Nüsse, Milch, Salz und koffeinhaltige Getränke.

Die **Gewürznelke** wude 2010 zur Heilpflanze des Jahres gekürt, und das zu Recht. Die Blütenknospe enthält viele ätherische Öle und weist unter allen Gewürzen den höchsten Anteil an Antioxidantien auf. Zudem wirkt sie stark entzündungshemmend. Sie kann als getrocknete Gewürzknospe beim Kochen verwendet werden und wirkt dann verdauungsfördernd. Als Pulver oder ätherisches Öl ist sie bei DIY-Rezepten sehr gut zu dosieren.

Kurkuma ist generell für eine gesunde Mundhygiene förderlich, eignet sich zur Zahnaufhellung und ist auch für die Gesundheit unseres Darms von Bedeutung: Das Gewürz wirkt entzündungshemmend und hat eine antibakterielle und keimneutralisierende Wirkung. Es verbessert die Zahnfleischdurchblutung und wirkt sich positiv auf unsere Mundflora aus.

Achtung: Seien Sie bitte vorsichtig, denn Kurkuma hinterlässt Verfärbungen an Fingern und Kleidung. Die gelben Flecken lassen sich nur sehr schwer wieder entfernen. Ansonsten hat es für unsere Gesundheit nur Vorteile.

Ätherische Öle von Zitrone, Pfefferminze und Salbei wirken unter anderem keimtötend und geben den Zahnputzmitteln einen frischen Geschmack.

Kokosöl wirkt gegen Bakterien und Viren im Mundraum. Zudem verringert es die Entstehung von Zahnbelag, Zahnstein und damit auch das Risiko für Zahnfleischentzündungen und Parodontitis. Das Fruchtfleisch der Kokosnuss enthält außerdem Laurinsäure, die leichte Verfärbungen der Zähne beseitigt.

Zahnputzpulver

MIT ZEOLITH, SILIZIUM UND NELKE

Mit diesem Pulver werden Ihre Zähne richtig sauber, und das auf ganz natürliche Art und Weise. Sie werden sogar so sauber und strahlend, dass sich neue Beläge oder Plaque nicht mehr so leicht festsetzen können. Nach dem Putzen werden Sie ein supergutes, frisches Gefühl im Mund haben, aber anders als bei einer stark schäumenden Zahnpasta.

Für jeweils mindestens 50 Anwendungen

Variante 1: Basisrezept
2 gestr. EL Zeolith (alternativ: Rügener Heilkreide)
1 EL Xylit
½ TL Natron (kann auch weggelassen werden)
1 gestr. EL Silizium
1 Msp. Nelkenpulver
½ TL Kurkumapulver

Variante 2: Mit Zitrone und Pfefferminze
3 gestr. EL Zeolith (alternativ: Rügener Heilkreide)
1 EL Xylit
½–1 TL Natron (kann auch weggelassen werden)
½ EL Silizium (geht aber auch ohne sehr gut)
1 Msp. Nelkenpulver
½ TL Kurkumapulver
3 Tropfen ätherisches Zitronenöl
2 Tropfen ätherisches Pfefferminzöl
(beide Öle 100 % naturrein, in Bio- und Lebensmittelqualität)

- Alle Zutaten einer Rezeptur in einer Schüssel vermengen. Ich mache das allerdings in einem kleinen Mixer: Auch wenn die Pulver an sich schon recht fein sind, bevorzuge ich es, sie in einem Multizerkleinerer sehr homogen zu vermischen.
- Zum Schluss ggf. die ätherischen Öle hinzugeben und alles noch einmal gut vermischen.
- Das Zahnputzpulver in ein sauberes, verschließbares Glas füllen.
- Zur Anwendung die Zahnbürste am besten anfeuchten und das Pulver mit einem kleinen Löffel oder Spachtel auf die Bürste geben.

Zahnpasta

MIT KOKOSÖL UND KURKUMA

Diese selbst gemachte Zahnpasta ist voller wertvoller Inhaltsstoffe und vollkommen frei von Zusatzstoffen. Obwohl ich das Kokosöl fürs Ölziehen als nicht so geeignet empfinde, ist es für diese Zahnpasta einfach großartig. Und auch wenn es seltsam klingt: Das intensiv gelbe Kurkumapulver kann die Zähne sogar aufhellen!

Für ca. 30 bis 40 Anwendungen:
3 EL Kokosöl (Zimmertemperatur, aber nicht ganz flüssig)
1 TL Zeolith
1 TL Xylit
1 TL Natron
2 TL Kurkumapulver
5–8 Tropfen ätherisches Pfefferminzöl (100 % naturrein, in Bio- und Lebensmittelqualität)

- Einfach alle Zutaten in einem kleinem Gefäß gut miteinander verrühren.
- In ein sauberes, verschließbares Glas füllen.
- Zum Zähneputzen eine kleine Menge auf die feuchte Zahnbürste geben und damit wie gewohnt putzen.

Salz-Mundspülung

WIRKT DESINFIZIEREND UND ERFRISCHEND

Sie reduziert Bakterien und Viren im Mund und sorgt für ein frisches Gefühl. Eine tolle Mundspülung für die tägliche Pflege, aber auch bei akuten Entzündungen oder leichten Halsschmerzen.

Für ca. 20 bis 25 Anwendungen:
2,5 EL Himalaja-Steinsalz
1 EL Xylit
1 Msp. Nelkenpulver
je 2 Tropfen ätherisches Zitronen- und Pfefferminzöl (alternativ Teebaum- oder Salbeiöl, alle Öle 100 % naturrein, in Bio- und Lebensmittelqualität)

- Salz, Xylit und Nelkenpulver vermischen. Ich gebe alles kurz in einen kleinen Mixer, denn dann löst sich das Pulver später noch schneller und restlos im Wasser auf.
- Die ätherischen Öle dazugeben und alles noch einmal gut vermischen.
- Das Pulver in ein sauberes, verschließbares Glas füllen.
- Für die Spülung ½ TL in 150 ml Wasser auflösen und damit den Mund ausspülen und gurgeln – gern mehrfach am Tag.

NATURAL BLEACHING

Beim natürlichen Aufhellen der Zähne sollte man generell beachten: Weißer als die natürliche Ursprungsfarbe der Zähne werden die Ergebnisse nicht.

Über die Zutaten

Wasserstoffperoxid (H_2O_2) und Natron kennen Sie schon als Multitalente (siehe ab Seite 28 und Seite 39). Sie wirken hier aufhellend und lösen Ablagerungen.

Aktivkohle ist eine medizinische Kohle, die Bakterien, Giftstoffe oder Schmutzpartikel wie ein Schwamm aufsaugt. Deshalb wird sie auch bei Magen-Darm-Erkrankungen eingesetzt, speziell bei Durchfall. Zudem ist die Oberfläche der Aktivkohle so beschaffen, dass sich damit die Zahnoberfläche sanft schleifen lässt. Dadurch kann Aktivkohle Verfärbungen entfernen, sodass die Zähne nach dem Putzen deutlich weißer sind.

Kokosmus wirkt im Mundraum zwar ähnlich wie Kokosöl (siehe Seite 70), ist aber nicht dasselbe. Kokosmus ist das weiße Fruchtfleisch einer Kokosnuss, das geraspelt, getrocknet und gemahlen wurde. Es enthält keine weiteren Zutaten, sodass man ein Glas pure Kokosnuss in Händen hält.

Kokosöl hingegen wird gewonnen, indem man das Fruchtfleisch schleudert.

Der Unterschied: Kokosöl ist ölig und nicht süß, Kokosmus ist cremig und süß.

Ich empfehle hier das Kokosmus, weil es temperaturbeständiger ist, cremig bleibt und nicht flüssig wird. Auch das Gefühl beim Zähneputzen ist ein anderes als mit Kokosöl, denn die Paste ist dadurch nicht so fettig.

Bleaching-Pulver

FÜR STRAHLEND WEISSE ZÄHNE

Variante 1 mit Aktivkohle – für 2 bis 3 Anwendungen:

2 Aktivkohle-Tabletten
1 gehäufter TL Kokosmus

- Die Aktivkohle in einem Mörser zu feinem Pulver zerdrücken.
- In eine Schüssel geben und das Kokosmus mithilfe eines Löffels daruntermischen.

Variante 2 mit Natron – für 2 Anwendungen:

1 gestr. TL Kokosmus
1 gestr. TL Natron
1 TL Wasserstoffperoxidlösung (H_2O_2) 3 %

- Erst das Kokosmus mit dem Natron zerdrücken, dann das H_2O_2 daruntermischen.

- Für eine Bleaching-Kur eines der Pulver 2-mal pro Woche morgens und abends anwenden, 3 Wochen lang – und dann eine längere Pause machen.

WICHTIG!

Warum nicht einfach Natron, Backpulver, Aktivkohle & Co **pur anwenden?** Auch wenn das manchmal als Haushaltstipp für DIY-Beauty gehandelt wird, halte ich selbst das nicht für empfehlenswert. Klar kann das Putzen mit einer der Substanzen einen Soforteffekt bewirken, doch sie schmirgeln die Zähne auch, was in Maßen sicherlich nicht schaden muss. Aber Menschen, die leicht übermotiviert sind, sei gesagt: Bei häufiger Anwendung wird etwas vom Zahnschmelz abgeschmirgelt. Dann kann sogar das Gegenteil des gewünschten Effekts eintreten. Wenn die Zahnoberfläche erst einmal angeraut ist, setzen sich Zahnbeläge und dunkle Farbpigmente leichter an. Deshalb empfehle ich, diese Substanzen in Kombination mit Kokosmus anzuwenden, denn dadurch werden die Schmirgelpartikel in die cremige Substanz eingebunden, und das Bleaching ist schonender.

ZAHNBÜRSTENHYGIENE

Eine gute Mundhygiene hängt nicht nur von den Produkten ab, sondern auch von den Werkzeugen. Es wird empfohlen, die Zahnbürste, unser wichtigstes Werkzeug für die Mundhygiene, mindestens viermal im Jahr zu wechseln. Das wird allerdings in den meisten deutschen Haushalten nicht praktiziert. Warum auch, denn die heutigen Borsten könnten ja viel länger durchhalten und sehen oft auch nach Jahren noch gut aus.

Es geht bei dieser Empfehlung allerdings nicht unbedingt um die Borsten, sondern um die Keime, die sich auf der Bürste ansiedeln. Hier kommt ein einfacher Tipp.

Zahnbürstendesinfektion

FÜR MUNDHYGIENE UND UMWELT

Desinfizieren Sie Ihre Zahnbürste regelmäßig – und außerdem immer, wenn Sie merken, dass eine Erkältung oder eine Aphthe oder ein Fieberbläschen im Anmarsch sein könnte. Dann tun Sie nicht nur etwas für Ihre Mundhygiene, sondern nebenbei auch für die Umwelt, weil Sie Ressourcen und Müll sparen, wenn Sie Ihre Zahnbürste länger benutzen können.

Für 1 Anwendung
25 ml Wasserstoffperoxidlösung (H_2O_2) 3 %
Alternativ: ½ TL Natron in 25 ml warmem Wasser
außerdem: ein schmales Schnapsglas

- Die Zahnbürste abends kopfüber in eine der Lösungen im Schnapsglas stellen.
- Über Nacht einmal pro Woche bzw. bei Bedarf einwirken lassen.
- Am nächsten Morgen die Zahnbürste vor dem Zähneputzen gründlich ausspülen.

Atmung

Rund drei bis vier Wochen kann der Mensch ohne Nahrung überleben. Ohne Trinken schafft man es etwa zwei bis sechs Tage lang. Aber ohne Sauerstoff kommt der Mensch nur wenige Minuten aus. So wichtig ist die Atmung!

ATMUNG IST LEBEN UND REINIGUNG

Das Einatmen versorgt uns mit lebensnotwendigem frischem Sauerstoff, beim Ausatmen werden wir Kohlendioxid (CO_2) los und reinigen unseren Körper also auch mit jedem Atemzug. CO_2 wirkt nämlich in hoher Konzentration sauer auf unseren Körper, deshalb muss es wieder raus. Für diesen Gasaustausch ist die Lunge zuständig, die daher ein sehr wichtiges Ausscheidungsorgan ist, das wir aber leicht vergessen, weil all das unbewusst geschieht.
Also kommt hier ein Rezept fürs Atmen … Hört sich komisch an? Ist es aber nicht. Ich möchte Sie nur dazu animieren, einen kleinen Spaziergang in Ihren Tagesablauf einzubauen und dabei bewusst zu atmen. Hört sich einfach an? Das ist es auch – Sie müssen es nur tun.

MEIN TIPP

Um wirklich Spaß an der Atmung zu haben, empfehle ich, auf zu enge Kleidung zu verzichten. Also keine engen BHs oder zu enge Hosen, denn wenn die Organe eingeschnürt oder gepresst werden, dann ist Atmen kein Genuss.

Schnellatmung

Die Schnellatmung sorgt dafür, dass unser Gehirn mit mehr Sauerstoff versorgt wird. Die Technik erinnert an einen Blasebalg, der sich schnell und rhythmisch bewegt. Nur der Bauch atmet bei dieser Übung, der Rest des Körpers ist entspannt.
Bitte beginnen Sie vorsichtig! Bei Ungeübten kann es anfangs zu Schwindel kommen.

- Atmen Sie eine halbe Sekunde lang ein – und stoßen Sie die Luft dann kraftvoll eine Sekunde lang aus. Dabei geht der Bauch leicht nach innen.
- Fast von selbst atmen Sie wieder ein, und der Bauch wölbt sich nach außen. Das Zwerchfell senkt sich dabei leicht.
- Diese Übung sollte mindestens 20-mal wiederholt werden, gern an einem offenen Fenster.
- Nehmen Sie sich nach Abschluss der Übung noch etwas Zeit, um nachzuspüren.

Wechselatmung

REINIGUNGSÜBUNG AUS DEM YOGA

Diese Atemtechnik ist eine klassische Reinigungsübung aus dem Yoga. Wenn Sie sie länger praktizieren, können Sie Ihre Lungenkapazität erhöhen. Innere Blockaden lösen sich auf, und vielleicht fühlen Sie sich auch ausgeglichener. Anfangs wirkt die Übung etwas kompliziert. Sobald Sie den Dreh aber raushaben, wird es leicht, und Sie fühlen sich bestimmt nach kurzer Zeit besser.
Die angegebenen Zeiten sind übrigens nur Richtwerte – achten Sie darauf, dass Sie nicht in Atemnot geraten, sondern machen Sie die Übung ganz entspannt in Ihrem Tempo. Wichtig für den Reinigungseffekt ist nur, dass Sie deutlich länger aus- als einatmen.

- Setzen Sie sich bequem, aber aufrecht hin, und bereiten Sie schon mal die Handhaltung vor: Beugen Sie Zeige- und Mittelfinger der rechten Hand zur Handfläche und strecken Sie die anderen Finger aus.
- Atmen Sie ein paarmal ruhig ein und aus, bevor Sie mit der Wechselatmung beginnen.

1. Atmen Sie ein und verschließen Sie das rechte Nasenloch mit dem Daumen der rechten Hand.
2. Atmen Sie durch das linke Nasenloch über etwa 8 Sekunden aus und über 4 Sekunden wieder ein.
3. Verschließen Sie das linke Nasenloch mit dem Ringfinger derselben Hand und halten Sie den Atem etwa 4 Sekunden lang an.
4. Lösen Sie den Daumen und atmen Sie durch das rechte Nasenloch über etwa 8 Sekunden aus und über 4 Sekunden ein.
5. Verschließen Sie das rechte Nasenloch mit dem Daumen und halten Sie den Atem etwa 4 Sekunden lang an.
6. Lösen Sie den Ringfinger und beginnen Sie wieder mit dem zweiten Punkt.

- Fahren Sie damit mindestens drei Runden lang fort.
- Spüren Sie anschließend in sich hinein, um die Veränderung wahrzunehmen.

1 · 2 · 6

3 · 5

4

Schleimhäute gesund erhalten

»Schleimhaut« gehört nicht gerade zu den sinnlichsten Wörtern unserer Sprache. Es ist vielen auch irgendwie unangenehm, über sie zu sprechen. Ich sehe das etwas anders, schließlich hat sie eine wichtige Schutzfunktion. Ist die Schleimhaut gesund, gut durchfeuchtet und prall im Saft, ist auch der Mensch gesund. Somit sollte das Wort Schleimhaut ein Wohlfühlwort sein. Und jetzt erzähle ich Ihnen, wie ich meine Schleimhäute pflege.

Basispflege

Wenn wir von Schleimhäuten sprechen, dann meinen wir meistens unsere Nasen- oder Mundschleimhäute. Häufig wird dabei komplett vergessen, dass es fast überall in unserem Körper Schleimhäute gibt – nicht nur in Mund, Nase und Nasennebenhöhlen, sondern unter anderem auch in den Bronchien, im Magen und Darm, in der Gebärmutter, in der Scheide und in der Blase. Sie bilden eine Schutzschicht, die das Innere von Organen überzieht – als Schutz sowohl von innen als auch nach außen. Schleimhäute sind ähnlich wie die Haut aufgebaut, haben aber keine Hornschicht und keine Haare.
Die meisten Schleimhäute besitzen Drüsen und produzieren Schleimstoffe, sogenannte Mucine, um sich selbst feucht zu halten. Der Schleim dient auch als Barriere, ermöglicht den Transport bestimmter Moleküle sowie Sekretions- und Resorptionsprozesse, sodass Fremdkörper und Krankheitserreger abgewehrt und abtransportiert werden können.
Neben dem feuchten Schleim ist auch der richtige pH-Wert wichtig (siehe Seite 63) sowie ein intaktes Mikrobiom, das heißt eine gesunde Mischung an Mikroorganismen, die sich auf den Schleimhäuten und in den Organen natürlicherweise ansiedeln.

Reizende Umgebung

Heutzutage sind die Schleimhäute immer mehr Reizen aus der Umgebung, von Kosmetika oder Nahrungsmitteln ausgesetzt. Dazu gehören Allergene, Toxine, Keime, Antigene und andere Schadstoffe. Wenn Schleimhäute gereizt sind, dann schwellen sie als Symptom an.
Um unsere Schleimhäute intakt und gesund erhalten zu können, ist es wichtig, sie ganzheitlich zu betrachten und zu wissen, was sie an Reinigung und Pflege brauchen.

FEUCHTIGKEIT IST WICHTIG

Trockene und staubige Luft ist nicht der beste Freund unserer Schleimhäute, denn: Je trockener die Luft ist, desto mehr Staubpartikel befinden sich in ihr. Diese Staubpartikel agieren wie kleine Taxis für Bakterien, Viren, Pilze und Pollen. Deshalb sind unsere Schleimhäute zum Beispiel bei Heizungsluft viel mehr Reizen ausgesetzt. Und deshalb ist Feuchtigkeitszufuhr auch eine wirkliche Krankheitsprophylaxe.
Generell sind Feuchtigkeit und Wasser für alle reinigenden Prozesse und unsere gesamte Gesundheit wichtig. Darum sollten wir immer auf eine ausreichende Wasserzufuhr achten. Durch genügend Wasser ist unser Bindegewebe fester, und die Selbstreinigungsvorgänge im Körper funktionieren einfach besser. Das Lymphsystem, der Stoffwechsel, die Verdauung und die Durchblutung sind im Fluss, und dadurch ist auch unser Immunsystem stärker.

Trinken ist das A und O!

Den schützenden Schleim können die Schleimhäute natürlich nur produzieren, wenn der Körper genug Feuchtigkeit besitzt. Wer also seine körpereigene Abwehr stärken will, sollte unbedingt reichlich trinken. Nur feuchte Schleimhäute können aktiv vor dem Eindringen von Krankheitserregern schützen.
Eine sehr einfache Methode, seinen Körper bei der Selbstreinigung zu unterstützen, ist das morgendliche Trinken von lauwarmem Wasser. Dadurch werden, wie ich immer sage, »die Rohre richtig gut durchgespült«, und auch die Verdauung wird angeregt.
Die Empfehlung, abgekochtes heißes beziehungsweise warmes Wasser zu trinken, kommt aus dem Ayurveda. Dieses Wasser wird deshalb auch Ayurveda-Champagner genannt. Es hat eine wichtige Bedeutung für die Reinigung des Körpers. Das Wasser wird durchs Kochen gereinigt und ändert seine Molekularstruktur, wird dünner und schmeckt süßer. Dünner? Tja, es ist schwer zu erklären, aber man hat tatsächlich das Gefühl, das Wasser würde flüssiger. Ich habe schon viele Zuschriften von Zuschauern meines Videokanals bekommen, die das alle bestätigen. Wenn Sie es ausprobieren, werden Sie es selbst merken. Ich habe auch das Gefühl, dass dieses Wasser leichter und schneller vom Körper absorbiert wird. Dadurch wird er besser befeuchtet, wodurch wiederum Giftstoffe und körpereigene Stoffwechselendprodukte effektiver ausgeleitet werden können.

Ayurvedische Trinkkur

WARMES WASSER FÜR DIE SCHLEIMHAUT

Für einen Tag:
2–3 Liter Wasser
außerdem: ein feines Sieb oder ein Kaffeefilter und eine Thermoskanne

- Lassen Sie das Wasser im offenen Kochtopf ca. 20 Minuten sprudelnd kochen. Warten Sie, bis die Sedimente (weiße Ablagerungen, die wie Kalk aussehen) auf den Topfboden gesunken sind.
- Dann sieben Sie das Wasser durch ein feines Sieb oder einen Kaffefilter ab und füllen es in eine Thermoskanne.
- Trinken Sie gleich morgens auf nüchternen Magen 300 ml lauwarmes Wasser.
- Den Rest dann über den Tag verteilt in etwa einstündigen Abständen in kleinen Schlucken trinken.
- Diese Warmwasser-Trinkkur sollte mindestens 7 Tage dauern, ich empfehle 14 Tage.
  Im Ayurveda rät man dazu, das abgekochte warme Wasser nicht nur kurmäßig zu trinken, sondern regelmäßig.

MEIN TIPP

Dieses abgekochte Wasser eignet sich, wenn es abgekühlt ist, auch sehr gut für reinigende Augen- und Nasenspülungen.

SCHLEIMHÄUTE LIEBEN ES SAUER

Zitronenwasser verflüssigt den Speichel im Mund, und dünnflüssiger Speichel reinigt die Schleimhäute besser als dickflüssiger. Man weiß auch schon seit einiger Zeit, dass Zitronenwasser, regelmäßig getrunken, beispielsweise allergiebedingte Schleimhautentzündungen und Schwellungen besser abheilen lässt.
Zitronenwasser hydriert sehr gut, versorgt also den Organismus mit der notwendigen Flüssigkeit. Zudem liefert Zitronenwasser hochwertige und gut bioverfügbare Mineralien. Die Säure aus der Zitrone regt die Verdauung an, fördert die Gallenproduktion in der Leber, und das wiederum optimiert die Fettverdauung. Selbstverständlich stärkt das Zitronenwasser auch das Immunsystem, zum einen wegen des hohen Gehalts an Vitamin C, aber auch wegen seiner antibakteriellen Wirkung.
Obwohl man im ersten Moment denken könnte, dass die Säure des Zitronensaftes die Schleimhäute angreift, ist das Gegenteil der Fall. Wie schon im Multitalente-Kapitel beschrieben, wird der Zitronensaft im Körper basisch verstoffwechselt.

MEIN TIPP

Selbstverständlich können Sie auch den »Klassiker«, die heiße Zitrone trinken. Bitte beachten Sie dabei nur, dass Vitamin C sehr hitzeempfindlich ist. Um das gute Vitamin nicht großenteils zu zerstören, würde ich den frischen Zitronensaft immer nur in lauwarmes Wasser geben und es bei Zimmertemperatur trinken.

Zitronenwasser

STÄRKT DIE ABWEHRKRAFT

Es schmeckt gut, deshalb kommen Sie damit leicht auf Ihre Trinkmenge pro Tag und unterstützen zugleich Ihr ganzes Organsystem.
Ich setze das Wasser am Abend an, sodass es über Nacht ziehen kann. Sie können dann am Glas sehen, wie sich ganz viele kleine Bläschen an der Karaffe absetzen als Zeichen dafür, dass das Wasser jetzt leicht prickelt, fast wie Mineralwasser, und sehr erfrischend ist.

Für einen Tag:
2–3 Biozitronen
2–2,5 l Quellwasser oder gefiltertes Leitungswasser
außerdem: eine 3-Liter-Glaskaraffe

- Die Zitronen waschen (wie ich das mache, beschreibe ich unter »Obst und Gemüse reinigen« auf Seite 140/141) und in Scheiben schneiden.
- Die Karaffe mit dem Wasser füllen, die Scheiben hineingeben und für mindestens 3–4 Stunden bei Zimmertemperatur ziehen lassen (gern auf der Fensterbank).
- Über den Tag verteilt trinken – am besten kurmäßig über 1 bis 2 Wochen, dann eine längere Pause machen. Bei Kuren geht es meist darum, den Körper mit bestimmten Nährstoffen zu versorgen. Nach ein paar Wochen ist der Pegel in der Regel aufgefüllt, und es entsteht ein Gewohnheitseffekt.

Infektabwehr

Wenn man schnell reagiert und Viren und Bakterien nicht die Oberhand gewinnen lässt, dann kann man meiner Erfahrung nach einen grippalen Infekt im Frühstadium mit den richtigen Mitteln noch abwenden.
Eine Erkältung verläuft in mehreren Phasen. Sobald man bemerkt, dass es im Hals kratzt, begleitet von leichtem Kopfschmerz, und dazu noch die Nase läuft, dann ist man in der frühen Phase der Inkubation. Genau jetzt heißt es, ganz schnell zu handeln.
Wenn man mit krankheitserregenden Viren oder Bakterien in Kontakt gekommen ist und das körpereigene System nicht stark genug zu

sein scheint, um sie abzuwehren, dann hat man in der Regel noch ein paar Stunden, in denen man die übermäßige Vermehrung der Erreger verhindern kann. So ist der Infekt noch sehr gut in den Griff zu bekommen.

WASSERSTOFFPEROXID GEGEN KEIME

H_2O_2 ist ein natürliches und giftstofffreies keimtötendes Mittel. Es beseitigt Infektionen, weil sich viele Bakterien und Viren in einem sauerstoffreichen Umfeld nicht wohlfühlen und weil Wasserstoffperoxid Krankheitserreger durch Oxidation abtötet. Zudem kann es Schmerzen reduzieren und den Körper entgiften.
Herausragend ist, dass es keine Rolle spielt, um welchen Erregertyp es sich handelt: H_2O_2 tötet sowohl Viren als auch Bakterien ab. Deshalb ist es wie gemacht dafür, Infektionen im Rachenraum entgegenzuwirken.
Wie Sie im Laufe dieses Buches noch merken werden, bin ich ein Mega-H_2O_2-Fan, und das, wie ich finde, ganz zu Recht. Ich gebe allerdings zu, dass ich es anfänglich etwas merkwürdig fand, mit Wasserstoffperoxid zu gurgeln oder den Mund auszuspülen, weil ich gehört hatte, dass H_2O_2 ätzend wirkt. Was in hoher Konzentration auch stimmt, allerdings verwende ich nur eine 3-prozentige H_2O_2-Lösung, und die zumeist noch verdünnt. So kann sie nur nützen und nicht schaden.

Mundspülung mit H_2O_2

ZUR ABWENDUNG BEGINNENDER ERKÄLTUNGEN

Sie können die Konzentration der Lösung bei Bedarf variieren. Tasten Sie sich vorsichtig an die neue Maßnahme heran, dann werden Sie sicherlich auch bald sehr begeistert sein.

Für 7 bis 8 Anwendungen:
20 ml Wasserstoffperoxidlösung (H_2O_2) 3 %
200 ml Wasser

- Die beiden Flüssigkeiten in einem Glas vermischen.
- Einen Schluck aus dem Glas nehmen und das Mundwasser zwischen den Zähnen hin- und herziehen und damit gurgeln. Der ganze Vorgang sollte etwa 2 Minuten dauern.
- Dann das Mundwasser wieder ausspucken.
- Halbstündlich bis stündlich wiederholen.

Nasenspray mit H_2O_2

BEI AKUTEN NASEN- UND NEBENHÖHLENINFEKTEN

Für 55 ml Nasenspray:
5 ml Wasserstoffperoxidlösung (H_2O_2) 3 %
50 ml destilliertes Wasser
außerdem: ein Becherglas und eine dunkle Glasflasche mit Nasenspray-Pumpaufsatz

- Die Flüssigkeiten mischen und in die Nasensprayflasche füllen.
- Auf der folgenden Seite meine Empfehlung für die generelle Anwendung eines Nasensprays:

1 Putzen Sie zuerst Ihre Nase.
2 Schütteln Sie dann das Nasenspray.
3 Nehmen Sie die Verschlusskappe ab, halten Sie die Flasche aufrecht und neigen Sie den Kopf nach vorn.
4 Atmen Sie tief aus, führen Sie die Düse in ein Nasenloch ein und sprühen Sie 1- bis 3-mal. Atmen Sie während des Sprühens bitte ein.
5 Wiederholen Sie den Vorgang am zweiten Nasenloch.
6 Legen Sie anschließend den Kopf in den Nacken.

MEIN TIPP

Die verdünnte H_2O_2-Lösung hilft übrigens auch gegen Aphthen. Sie können aber auch die Aphthen – und ebenso Herpesbläschen – mit einer 3-prozentigen Wasserstoffperoxidlösung mehrmals täglich mithilfe eines Wattestäbchens betupfen.

NASENSPÜLUNGEN

Zur Infektabwehr und Schleimhautpflege empfehle ich sehr gern Nasenspülungen mit Kochsalz oder Wasserstoffperoxid.

Ein Loblied auf die Nasendusche!

Die Nasenspülung ist nicht unbedingt *en vogue*. Mir ist das ein Rätsel. Sie dient nicht nur der Reinigung, sondern ist auch eine Möglichkeit, die Schleimhäute zu pflegen. Ich selbst bin eine begeisterte Nasenduscherin! Doch wenn ich vom Nasenduschen erzähle, schaue ich oft in skeptische Gesichter, die mir vermitteln: Schon mal gemacht, aber nicht gut gelaufen …
Oh wie schade, denke ich dann immer, aber so ist es eben: Eine Nasenspülung wird oft erst gemacht, wenn es einem nicht gut geht, und weiß man dann nicht, wie man richtig spült, kommt es auch nicht zu einer positiven Erfahrung. Das würde ich gern ändern.

Wie funktioniert sie?

Die Dusche funktioniert mit Unterdruck. Es muss nicht gedrückt oder gezogen werden. Der Vorgang ist ganz sanft und passiert fast von allein. Das Wasser durchspült die Nase und ihre Nebenhöhlen, und festsitzender Schleim, Staub, Pollen und Bakterien werden auf diese Weise gelöst und ausgeleitet. Die Spülung befeuchtet zugleich die Nasenschleimhaut und erleichtert das Durchatmen.

Nasenduschen-Praxis

Wer die anfangs etwas gewöhnungsbedürftige Anwendung schließlich hinkriegt, wird schnell spüren, dass es sich gelohnt hat dranzubleiben.

1 Füllen Sie die Nasendusche mit der gewählten Lösung. Wichtig: Diese sollte nicht kalt sein, sondern Zimmertemperatur haben (22 bis 25 Grad).
2 Putzen Sie Ihre Nase. Halten Sie dann den Kopf leicht nach vorn, nicht nach hinten, sonst läuft Ihnen die Lösung in den Rachen, und das wäre unangenehm.
3 Verschließen Sie das Luftloch des Nasenduschkännchens mit einem Finger oder der Hand.
4 Setzen Sie die Nasendusche an einem Nasenloch an und öffnen Sie den Mund. Wenn Sie nun das Luftloch der Dusche öffnen, fängt das Wasser an zu fließen. Die Flüssigkeit und der Schleim laufen aus dem freien Nasenloch wieder heraus.
5 Nun wiederholen Sie den Vorgang auf der anderen Nasenseite.

ZUR INFO

Wem ist eine Nasenspülung zu empfehlen?

- Menschen mit einer akuten oder chronischen Nasennebenhöhlenentzündung
- Menschen mit sehr trockenen oder sogar verkrusteten Nasenschleimhäuten
- Allergikern; sie profitieren besonders abends von einer Nasendusche, denn diese spült die Pollen aus der Nase, schwächt die entzündungsauslösenden Reize ab und lässt die Schleimhäute abschwellen
- Allen, die Schnupfen und Erkältungen vorbeugen oder abwenden wollen

Nasenspülung mit Kochsalzlösung

REINIGT UND SPENDET FEUCHTIGKEIT

In meinem Buch *Kann ich selbst, mach ich selbst* habe ich ausführlich über Salz und seine heilende und desinfizierende, feuchtigkeitsspendende und entzündungshemmende Wirkung geschrieben und dazu tolle Rezepte vorgestellt. Deshalb gehe ich hier nicht näher darauf ein.
Für die Nasenspülung wird eine isotonische 0,9-prozentige Kochsalzlösung verwendet. Isotonisch heißt, dass die Flüssigkeit denselben osmotischen Druck wie das menschliche Blutplasma hat. In der Kochsalzlösung ist der Salzgehalt genauso hoch wie in unserem Blut.
Diese Lösung ist ganz leicht selbst herzustellen. Wichtig ist nur die Qualität der Zutaten.
Die Spülung sollte übrigens für jede Anwendung frisch angesetzt werden. Pro Nasenloch können gut 500 Milliliter verwendet werden.

Für 1 Anwendung:

9 g Kochsalz (Natriumchlorid) – ich empfehle Himalaja-Steinsalz; bitte kein jodiertes oder industriell gebleichtes Salz verwenden
1 l Wasser – gefiltert, abgekocht oder destilliert

- Beide Zutaten vermischen und so lange warten, bis das gesamte Salz aufgelöst ist.
- Wie unter »Nasenduschen-Praxis« (siehe Seite 84) beschrieben anwenden.

Nasenspülung mit H_2O_2

GEGEN HARTNÄCKIGE NASENINFEKTE

Bei ständig wiederkehrenden Infektionen der Nasenschleimhäute und der Nebenhöhlen empfiehlt sich eine kurmäßige Behandlung mit H_2O_2. Dadurch können Sie, gerade wenn Sie sich noch in Phase 1 der Infektion befinden, das Vollbild einer Erkältung meistens verhindern.

Für 1 Anwendung:

15 ml Wasserstoffperoxidlösung (H_2O_2) 3 %
250 ml destilliertes Wasser

- Beide Zutaten vermischen.
- Wie unter »Nasenduschen-Praxis« (siehe Seite 84) beschrieben anwenden.
- Die Nasenspülung in akuten Phasen morgens und abends durchführen. Die Anwendung auf wenige Tage beschränken.

ZITRUSKRAFT GEGEN INFEKTE

Bei einer beginnenden Halsentzündung oder Bronchitis kann ein feuchter Zitronenwickel angewendet werden. Die ätherischen Öle und die Feuchtigkeit entspannen die Schleimhäute.

Kühler Zitronen-Wickel

BEI BEGINNENDER HALSENTZÜNDUNG ODER BRONCHITIS

Für 1 Anwendung:
1 Biozitrone
außerdem: ein Baumwolltuch (zum Beispiel ein Geschirrtuch), ein Frotteehandtuch und eine Decke

- Die Zitrone waschen. Mit einer Gabel mehrfach die Schale einstechen, damit die ätherischen Öle leichter austreten können. Die Zitrone in Scheiben schneiden.
- Die Scheiben in ein Baumwolltuch einschlagen und leicht andrücken.
- Das Tuch von vorn um den Hals legen (die Wirbelsäule bleibt frei!), für einen Brustwickel auf die Brust legen. Mit einem weiteren Tuch befestigen (gern ein Frotteehandtuch), darüber noch eine Decke geben.
- Den Wickel 30 bis 60 Minuten lang einwirken lassen.

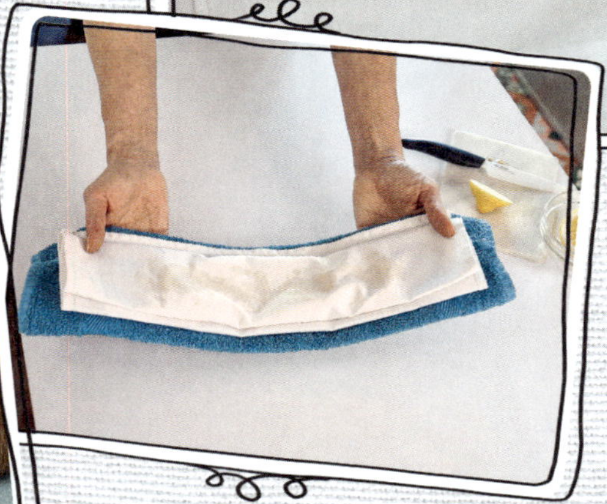

Zitronen-Fußkompresse

GEGEN SCHNUPFEN & CO

Auch wenn der Abstand zwischen Kopf und Füßen ziemlich groß ist, kann eine Fußkompresse mit Zitronenscheiben trotzdem gegen einen Infekt oder Schnupfen helfen. Sie wirkt befreiend auf die Atemwege.

Für 1 Anwendung:
1 Biozitrone
außerdem: zwei Mullbinden und ein Paar Baumwollsocken

- Die Zitrone waschen. Die Schale mit einer Gabel mehrfach einstechen, und dann die Zitrone in Scheiben schneiden.
- An jeder Fußsohle 2 bis 3 Scheiben mit einer Mullbinde befestigen und dann die Socke darüber ziehen.
- Über Nacht einwirken lassen.

GURGELN GEGEN HALSKRATZEN

Schleim im Hals kann viele Ursachen haben: Oft sind es trockene Schleimhäute von Rachen, Mandeln oder Bronchien; oder man hat viel Staub eingeatmet, der den Schleim verdickt. Hier sollte man zügig handeln, denn ständiges Räuspern oder Husten reizt den Bereich noch mehr, Entzündungen und Infekte können sich ausbreiten.

Natron-Gurgellösung

GEGEN HALSENTZÜNDUNGEN

Die Anwendung löst den Schleim, hemmt die Ausbreitung von Bakterien und Viren, und die Verschleimung kann sich samt Schwellung zurückbilden.
Bitte nur Natron in Lebensmittelqualität verwenden, das mit »E 500ii« gekennzeichnet ist.

Für 1 Anwendung:
250 ml Wasser in Zimmertemperatur
1 TL Natronpulver (E 500ii)

- Beides vermischen und mehrfach am Tag so gurgeln:

1. Einen Schluck aus dem Glas nehmen und den Kopf in den Nacken legen.
2. Ausatmen und das Zäpfchen und den Rachen vibrieren lassen, dabei entsteht ein typisches Gurgelgeräusch.
3. 30 bis 40 Sekunden lang gurgeln, damit der Rachen sich von dem festsitzenden Schleim befreien kann.

MEIN TIPP

Während eines Infekts ist es sinnvoll, die Zahnbürste möglichst keimfrei zu halten. Wie das mit H_2O_2 oder Natron geht, siehe »Zahnbürstenhygiene« auf Seite 74.

Magen, Darm & Blase stärken

Wie schon gesagt, die Schleimhäute ziehen sich durch einen Großteil unseres Körpers und sind letztendlich alle miteinander verbunden. Deshalb kommen wir nach Mund und Hals nun zu den Verdauungsorganen im Bauch.

HILFE BEI MAGENBESCHWERDEN

Gegen gelegentliches Sodbrennen (Reflux), zum Beispiel nach schwerem, fettigem Essen, kann schon mal eine Natron-Zitronen-Kombi helfen, sollte aber keine Dauerlösung sein.
Besser ist es, ein bisschen aufzupassen und nicht nur Symptome zu behandeln oder zu unterdrücken, sondern auch ihre Ursachen zu finden und zu bekämpfen.
Unsere Magensäure hat zwei sehr wichtige Aufgaben: Zum einen aktiviert sie Enzyme, zum Beispiel Pepsinogen, die wichtig sind für die Verdauung und Nährstoffaufnahme im Dünndarm. Zum anderen tötet sie einen Großteil der mit der Nahrung aufgenommenen Bakterien ab. Allerdings gibt es ein paar Bakterien, die der Säure mit dem pH-Wert von 2 bis 3 – was wirklich sauer und auch ätzend ist – standhalten können. Das sind zum Beispiel Tuberkelbakterien, die Erreger der Tuberkulose, und *Helicobacter pylori,* der für Magengeschwüre verantwortlich ist.
Im Durchschnitt werden täglich rund zwei Liter Magensaft gebildet, den größten Anteil daran hat die Magensäure, chemisch betrachtet eine Salzsäure (HCI). Während der Magen sie gut verträgt, reizt aufsteigende Magensäure die Speiseröhre enorm. Auslöser für eine erhöhte Säureproduktion können zum Beispiel Stress, Ärger, Nikotin, Alkohol, Medikamente oder Koffein sein. Aber nicht nur, *was* wir essen, spielt eine Rolle, sondern auch, *wie* wir essen. Grund für eine Magenüberlastung und -übersäuerung kann sein, dass wir zu viel, zu schnell, zu fett und ohne genügend Pausen essen.
Saures Aufstoßen und Sodbrennen, Völlegefühl, Druckgefühl im Magen, Bauchschmerzen oder Übelkeit, ein brennendes Gefühl hinter dem Brustbein und Erbrechen – all das sollte man nicht auf die leichte Schulter nehmen, denn spätestens hier fangen die Probleme mit der Aufnahme von Nährstoffen und der Verdauung an.
Wichtig: Bei dauerhaften Beschwerden suchen Sie bitte einen Arzt auf, denn Sodbrennen wird zwar oft verharmlost, ist aber letztlich ein Symptom der gastroösophagealen Refluxkrankheit.

Den Organismus unterstützen

Heutzutage ist die Übersäuerung unseres Systems leider an der Tagesordnung. Genau das sollten wir aber versuchen zu vermeiden, um so einer Vielzahl an Beschwerden und Krankheiten vorzubeugen. Nicht umsonst bin ich eine große Verfechterin des Basenfastens. Dadurch werden natürliche Prozesse der Zellreinigung und auch der Regeneration aktiviert. Unser Körper und unsere Umwelt haben wirklich großartige natürliche Reinigungsmechanismen entwickelt, an denen wir uns in allen Lebenslagen ein Beispiel nehmen sollten.
Im Folgenden stelle ich Ihnen zwei Rezepte vor, die auf mehrere Organsituationen reinigende und desinfizierende Wirkungen haben.

Natron-Zitronen-Limo

BEI VÖLLEGEFÜHL

Zwischendurch und nach dem Essen hilft diese saure Limo schnell, erfrischt zudem und schenkt Power. Die Mischung schmeckt mir besonders gut und hat auf mich auch die beste Wirkung.

Für 1 Anwendung:
250 ml Quellwasser ohne Kohlensäure
1 gestr. TL Natronpulver in Lebensmittelqualität
1 EL frisch gepresster Zitronensaft
außerdem: ein großes Glas mit 300–350 ml Volumen und ein Keramiklöffel

- Das Natron in dem Glas mit dem Keramiklöffel verrühren und dann den Zitronensaft dazugeben. Es beginnt nun sehr zu schäumen – deshalb das größere Glas.
- Die 250 ml zügig trinken.
- Nur im Akutfall 1- bis 2-mal am Tag einnehmen. Denn auch wenn es gut schmeckt und sehr erfrischend ist, sollte der pH-Wert im Magen nicht auf Dauer gesenkt werden .

MEIN TIPP

Um ein Zuviel an Magensäure bei einer Magenschleimhautentzündung in den Griff zu bekommen, kann auch unser Multitalent Zeolith eingesetzt werden. Es hilft sowohl bei bakterieller (Typ A) als auch bei chemisch-toxischer (Typ C) Gastritis. Siehe »Magen-Darm-Kuren mit Zeolith« auf Seite 92.

Natron-Kur

BEI CHRONISCHEM REFLUX

Oft lässt einen der Reflux nachts nicht zur Ruhe kommen. Wenn es schon so weit ist, dann kann eine Natron-Kur nach 5 bis 7 Tagen Linderung verschaffen. Das bedeutet aber nicht, dass das Problem beseitigt ist.

Teil 1
300 ml Quellwasser ohne Kohlensäure
1 gestr. TL Natronpulver in Lebensmittelqualität

- Das Wasser nach Belieben abkochen, dann aber auf ca. 30 Grad abkühlen lassen, damit es gut trinkbar ist.
- Natron und Wasser mischen.
- Morgens auf nüchternen Magen trinken.

Teil 2 – 5 Minuten später
200 ml Quellwasser ohne Kohlensäure
Saft von ½ Zitrone, frisch gepresst

- Nach 5 Minuten ein Glas Wasser mit Zitronensaft trinken. Das unterstützt die Reaktion des Natrons mit der Magensäure und die Neutralisierung der Säure.

- Diese Kur können Sie über einen längeren Zeitraum bis zu 4 Wochen anwenden. Sie sollten aber immer kleine Pausen einlegen, zum Beispiel 5 Tage Natron, 3 Tage ohne; oder 7 Tage Natron, 3 Tage ohne – und so weiter.

BLASENENTZÜNDUNG

Wie schon mehrfach beschrieben, fühlen sich Bakterien und Viren in einem sauerstoffreichen und basischen Milieu nicht besonders wohl. Durch die basische Wirkung, die Natron auf unseren Körper hat, können wir es hervorragend bei einer beginnenden Blasenentzündung einsetzen.
Sobald erste Symptome anzeigen, dass sich ungute Bakterien in den Harnwegen angesammelt haben, sollte man zum Durchspülen und Reinigen von Blase und Harnwegen extraviel trinken – neben warmem Wasser und Blasentee auch folgende Mischung.

Natron-Wasser

BEI BEGINNENDER BLASENENTZÜNDUNG

Dieses Getränk kann die Entzündung stoppen und entschlackt nebenbei auch die Nieren. Durch die Einnahme wird der pH-Wert im gesamten Verdauungstrakt erhöht und in den alkalischen Bereich verschoben. Auch unser Urin wird dadurch basischer. In dieser Umgebung sind die Erreger, in diesem Fall die Bakterien, nicht mehr vermehrungfreudig und werden ausgespült.

Für 1 Anwendung:
300 ml Quellwasser ohne Kohlensäure
1 gehäufter TL Natronpulver in Lebensmittelqualität

- Wasser und Natron mischen.
- 3-mal täglich trinken.

DETOX FÜR DEN DARM

Nun sind wir bei unserem Verdauungtrakt angekommen. Und das Supermodewort für dessen Reinigung ist Detox!

Auch wenn wir heute denken, wir hätten das Detoxen erfunden: Verschiedene Verfahren, die den Körper reinigen, entlasten und stärken sollen, werden seit Jahrtausenden sehr geschätzt und haben sich dabei bewährt, die Gesundheit und Leistungsfähigkeit zu fördern, wiederherzustellen und zu erhalten.

Detoxen ist heute wichtiger denn je, denn vieles ist – ganz offen gesagt – schmutziger, dreckiger oder giftiger, als es jemals zuvor war.

Woher kommt das Gift?

Medizinisch gesehen sprechen wir von Detoxikation nach einer Intoxikation: Einfach erklärt bedeutet es, dass sich im Körper aus verschiedenen Gründen Toxine (Gifte) und Noxen (schädigende Stoffe) angesammelt haben und diese wieder ausgeleitet werden sollen.

Zur Intoxikation kommt es im Alltag zum Beispiel durch …

- den Konsum hochverarbeiteter Lebensmittel (Konservierungsstoffe),
- Genussstoffe wie Alkohol oder Nikotin,
- schadstoffhaltige Kosmetika,
- die Einnahme bestimmter Medikamente,
- das Tragen von schadstoffhaltiger Kleidung,
- die Verwendung schadstoffhaltiger Reinigungs- und Waschmittel,
- die Schwermetallbelastung, der wir unweigerlich durch das Trinkwasser, die Luft und unsere Nahrungsmittel ausgesetzt sind.

Das sind nur einige Herausforderungen, die unser Körper zu bewältigen hat.

Hilfe bei Überlastung

Nun ist unser Körper ein Wunder der Natur, eine hervorragend funktionierende »Maschine«. Die Zellen unserer Organe sind ständig damit beschäftigt, die Toxine im Körper abzubauen, zu verstoffwechseln und auf verschiedensten Wegen auszuscheiden. Ein wirklich klug ausgetüfteltes System, das aber durchaus aus dem Gleichgewicht geraten kann – nämlich dann, wenn die Anforderungen zu massiv sind und die Selbstreinigungsmechanismen die Menge der Schad- und Stoffwechselendprodukte nicht mehr bewältigen können. Dann sollten wir dem wunderbaren System bezüglich der hausgemachten Überlastung etwas auf die Sprünge helfen. Hier kommen nun Verfahren zur Entgiftung und Entschlackung ins Spiel.

Gibt es Schlacken?

In diesem Zusammenhang möchte ich kurz erklären, was ich unter Schlacken verstehe. Man hört nämlich immer wieder mal die Meinung, es sei wissenschaftlich nicht bewiesen, dass es Schlacken gebe. Nun, die Wissenschaft ist etwas, das Wissen schafft. Wenn wir aber etwas schon »wissen«, dann müssen wir es nicht mehr »schaffen«. Tag und Nacht, Sonnenaufgang und -untergang, Ebbe und Flut … Ich weiß gar nicht, ob es dazu mal wissenschaftliche Studien gab und wer diese finanziert haben soll, aber jeder von von uns weiß darum. Ich will damit nur zum Ausdruck bringen, dass ich es absolut nicht verstehe, wie Schlacken in Zweifel gezogen werden können. Wir müssen die etwas zähen Sekrete ja auch nicht Schlacken nennen, vielleicht liegt es einfach an der Benennung. Es wäre für mich auch Grieß, Schleim oder Brei als Bezeichnung denkbar.

Beispiele für Schlacken

Arteriosklerose zum Beispiel entsteht meiner Meinung nach durch Schlacken, denn es sind zähe Ablagerungen eines Gemischs aus Fett und Gewebeschuppen, die sich an den Arterienwänden festsetzen und sie mehr und mehr verstopfen. Aber auch dies sind Schlacken: dickflüssiger Schleim auf den Bronchien oder in den Nasennebenhölen, ebenso der Popel aus Schleimhautsekret und Staub, auch Plaque als Zahnbelag, das Gemisch aus Fetten, Kohlenhydraten und Staub, das immer fester und zum Zahnstein wird …

Einige Schlacken können wir sehen, zum Beispiel den Krümel morgens im Augenwinkel (»Schlaf im Auge«), andere Schlacken sehen wir nicht.

Wo gehobelt wird, da fallen nun mal Späne: Zum Beispiel gibt es in den unzähligen Windungen des Darms viel Gelegenheit zur Ablagerung, und aus der breiigen, pappigen Masse können feste Kotsteine werden. Von deren Existenz wusste ich selbst nichts, bis sie im Rahmen einer Darmreinigung auftauchten …

Ablagerungen hindern den Darm daran, effizient zu arbeiten. Und wenn er nicht optimal funktioniert, dann wirkt sich das auf das ganze System aus, es kann zu Allergien, Depression oder Stoffwechselproblemen kommen.

Ablagerungen und Schlacken entstehen überall dort, wo Bewegung und Abnutzung zusammentreffen! Zum Beispiel führen wir regelmäßig einen Ölwechsel bei unserem Auto durch, weil es hier nicht anders ist: Abriebteilchen des Motors sammeln sich im Öl an. Es wird dadurch schmutzig und zäh, kann den Motor nicht mehr optimal versorgen, und irgendwann kommt es zum Motorschaden.

MAGEN-DARM-KUREN MIT ZEOLITH

Zeolith ist *der* Entgiftungs- und Entschlackungsspezialist! Für die innerliche Anwendung werden Kapseln und Pulver angeboten. Ich persönlich entscheide mich immer für Pulver, und zwar aus reinem Selbstschutz.

Trinken nicht vergessen!

Im Prinzip ist es nicht falsch, Zeolith in Kapseln zu sich zu nehmen. Es ist praktisch und unkompliziert, aber fast zu einfach – will heißen, dass sich hier oft ein falsches Trinkverhalten einschleicht! Es reicht nämlich nicht, während der Kur einfach die Kapseln mit etwas Wasser zu schlucken. Das ist falsch, egal für welche Kur Sie sich entscheiden, ob Zeolith pur oder in Kombination mit Flohsamenschalen.

Wichtig: Die jeweils empfohlene Trinkmenge sollte unbedingt eingehalten werden! Der Körper braucht, um den Vorgang der Bindung von Schlacken und Giften erfolgreich zu absolvieren, viel Flüssigkeit in Form von »gutem Wasser« ohne Kohlensäure.

Deshalb rühre ich mir mein Zeolithpulver immer in ein großes Glas Wasser, das komplett ausgetrunken werden muss – zur Selbstkontrolle! Genügend zu trinken ist für den Erfolg einer solchen Kur wirklich sehr wichtig. Es soll ja weder zu Verstopfung und Dehydrierung kommen, noch soll der Zeolith bei dem Bindungsvorgang auf körpereigenes Gewebswasser zurückgreifen müssen.

Wichtig: Einnahmeabstand zu Medikamenten und Nahrungsergänzungsmitteln

Das Tolle an Mineralerden, sei es Zeolith oder Bentonit, ist ihre enorme Bindungsfähigkeit.

Falls Sie zum Beispiel die Antibabybille, Schilddrüsenhormone oder andere Medikamente einnehmen, bedenken Sie diese Fähigkeit bitte. Mineralerden sollten dann mit etwa **zwei Stunden Abstand** eingenommen werden, damit die Wirkstoffe der Arzneien schon in der Blutbahn gelandet sind. Bei gleichzeitiger Einnahme würden die Wirkstoffe gebunden und mit dem Stuhl ausgeschieden. Hält man den zeitlichen Abstand ein, dann können Zeolith und Bentonit wunderbar entgiften, ohne die Medikamentenwirkung zu beeinträchtigen.

Sollten Sie Nahrungsergänzungsmittel nehmen, gilt dasselbe.

Flohsamen regulieren die Darmtätigkeit

Sie sind weder verwandt noch verschwägert mit Flöhen. Es sind die Samen des Flohkrauts, einer Pflanze aus der Familie der Wegeriche. Bei uns kennt man vor allem den verwandten Spitz- und Breitwegerich. Im Handel werden zumeist die Indischen Flohsamen der Art *Plantago ovata* angeboten. Ihre schmalen Blätter bilden am Boden eine Rosette, aus deren Mitte ein langer Stängel mit einer Blütenähre wächst. Hier sitzen dann später auch die glänzenden, oft rötlichen Samen, die an Flöhe erinnern – daher der Name.

Es gibt auch europäische Flohsamen, doch der Indische hat die beste Quellwirkung.

Im Prinzip werden dreierlei Flohsamenprodukte angeboten: die ganzen Samen, die Schalen der Samen und die fein gemahlenen Schalen, ein Pulver, das sehr viel Flüssigkeit binden kann. Wirksam sind die Samenschalen. Man verwendet ganze Samen oder nur die Schalen zum Backen und zur innerlichen Reinigung, das Flohsamenpulver als Bindemittel.

Flohsamenschalen werden als Darmregulans und Quellmittel verwendet. Sie enthalten vorwiegend Ballaststoffe, die vom Körper nicht aufgenommen und verstoffwechselt werden. Ballaststoffe werden einfach wieder ausgeschieden und sind für eine gut funktionierende Verdauung und positive Bakterienbesiedlung des Darms unerlässlich. Mit Flohsamen nehmen wir keine Kalorien auf, umso beliebter sind die kleinen Samen bei der Unterstützung einer Diät mit dem Ziel, Gewicht zu verlieren. Ihr Quellvolumen hilft beim Abnehmen und schenkt ein zufriedenes Sättigungsgefühl.

Ähnlich wie Chia- oder Leinsamen setzen Flohsamen beim Kontakt mit Wasser die enthaltenen Schleimstoffe frei.

Flohsamenschalen können große Mengen Wasser aufnehmen. Sie sind sogar in der Lage, mehr als das 50-Fache an Wasser zu binden. Ein Gramm Flohsamenschalen kann also rund 50 Milliliter Flüssigkeit binden. Umso wichtiger ist es, die Flohsamenschalen mit ausreichend Flüssigkeit zu sich zu nehmen und anschließend sehr viel zu trinken, mindestens aber ein Glas mit 300 Milliliter Wasser.

WICHTIG

Während der Kur achten Sie bitte darauf, jeden Tag mindestens 3 Liter gutes Wasser zu trinken. Hört sich vielleicht schwierig an, doch Sie werden schon nach kurzer Zeit merken, wie gut es Ihnen tut und wie viel Schwung Sie plötzlich bekommen.

Zeolith-Flohsamen-Kur

BRINGT DARM UND STOFFWECHSEL IN GANG

Die Kur regt nicht nur einen trägen Darm an, sondern kann auch helfen, das Gewicht zu reduzieren. In den ersten Tagen kann es zu leichten Detoxerscheinungen wie Kopfschmerzen oder Müdigkeit kommen. Aber schon nach kurzer Zeit fühlen Sie sich fit.
Was noch zu erwähnen ist: Das Stuhlvolumen vergrößert sich enorm, also wundern Sie sich bitte nicht. Das ist der Sinn der Sache, denn dadurch wird die Peristaltik (die Darmbewegung) angeregt, und die Masse kann wie eine Schrubberbürste richtig gut durchputzen.
Wichtig: Die Zubereitung sollte zügig geschehen, denn sonst dickt die Masse zu sehr ein, und es fällt sehr viel schwerer, den Entgiftungsshake runterzuschlucken!

Für 1 Anwendung:
200 ml Wasser
1 gestr. TL Zeolithpulver
1 gestr. EL Flohsamenschalen, grob
300 ml Quellwasser oder abgekochtes Wasser in Zimmertemperatur bzw. lauwarm zum Nachtrinken
außerdem: ein Shaker mit Trinkausguss, zum Beispiel eine BlenderBottle®

- Das Wasser 20 Minuten lang sprudelnd kochen lassen, dann abseihen (siehe »Ayurvedische Trinkkur«, Seite 80) und abkühlen lassen, bis es lauwarm ist.
- 100 ml lauwarmes Wasser in den Shaker füllen und den Zeolith darin verrühren oder shaken, bis er sich klumpenfrei aufgelöst hat.
- Weitere 100 ml Wasser einfüllen und die Flohsamenschalen hinzufügen. Dann alles wieder kräftig shaken.
- Die Mischung nun zügig trinken. Wenn das Getränk zu lange steht, quellen die Flohsamenschalen auf. Zum einen wird es wie gesagt dann schwerer, den Shake runterzuschlucken, zum anderen ist es sehr wichtig, dass die Masse erst in Magen und Darm aufquillt, denn das ist schon ein Teil des Entgiftungsvorgangs.
- Die restlichen 300 ml Wasser in den Shaker füllen, schwenken und trinken. So geht nichts verloren, und Sie haben direkt die richtige Menge an Flohsamen und Zeolith, aber auch an Wasser zu sich genommen.
- Nehmen Sie den Drink 1-mal täglich zu sich. Die Kur sollte für 4 bis 12 Wochen durchgeführt werden. Danach empfiehlt sich eine Aufbaukur für das Mikrobiom, also die Bakterienbesiedlung des Darms, mit Effektiven Mikroorganismen (siehe Seite 32).

MEIN TIPP

Das lauwarme Wasser ist eine Empfehlung von mir, weil es den Entgiftungsvorgang unterstützt, aber auch, weil der warme Brei nicht nur als Getränk, sondern als Mahlzeit registriert wird. Das ist der Sidekick, der Nebeneffekt: Es tritt ein Sättigungsgefühl ein. Das kann bei dem Wunsch, etwas Gewicht zu verlieren, von Vorteil sein.

Zeolith-Entgiftungskur pur

BINDET MAGENSÄURE UND HISTAMIN, HILFT BEI GASTRITIS

Auch bei überschießender Magensäureproduktion aufgrund einer bakteriellen Gastritis (Typ A) oder chemisch-toxischen Gastritis (Typ C) kann man Zeolith zur Bindung der Magensäure einsetzen. Ebenso kann Zeolith einen Überschuss an Histamin binden.
Bei einer Entgiftungskur muss es sich nicht immer nur um Umweltgifte oder Schadstoffe handeln, die wir von außen aufnehmen, sondern sie kann sich auch zu einer Regulierung von körpereigenen Stoffen eignen.

Für 1 Anwendung:
1–5 g Zeolithpulver (medizinisches Produkt)
300 ml abgekochtes Wasser oder Quellwasser

- Beginnen Sie klein und steigern Sie sich: Pro Tag sollten maximal 5 g Zeolith eingenommen werden, zu Beginn der Kur deutlich weniger.
  Nehmen Sie zum Beispiel in der ersten Woche 2-mal täglich 1 Gramm, und steigern Sie die Menge dann in der nächsten Woche ein wenig.
  Auch wenn Sie gerade sehr motiviert sind und jetzt unbedingt entgiften wollen, sollten Sie trotzdem nicht meinen, viel helfe auch viel. Mehr liefert nicht die besseren Resultate! Es kommt hier eher auf die Regelmäßigkeit an. Und auf die richtige Anwendung!
- Es ist zu empfehlen, nicht die gesamte Menge auf einmal zu nehmen, sondern über den Tag verteilt: bei 2-mal täglich jeweils die halbe Menge, bei 3-mal täglich je ein Drittel.

- Jeden Morgen auf leeren Magen – mindestens 30 Minuten vor dem Frühstück – in 300 ml Wasser eingerührten Zeolith trinken.
- Bei zweimaliger Einnahme die gleiche Menge vor dem Schlafengehen trinken, aber bitte erst 2 bis 3 Stunden nach der letzten Mahlzeit.
- Die Kur über 4 Wochen durchführen und wochenweise die Menge an Zeolith steigern.
- Zeolith sollte nicht dauerhaft eingenommen werden. 3 bis 4 Kuren pro Jahr sind ausreichend.

DARMREINIGUNG MIT BITTERSALZ

Vor Beginn einer Kur oder auch vor einem Einlauf ist es immer sinnvoll, den Darm zu entlasten. Das kann man mit Bitter- oder Glaubersalz machen.

Abführen mit Bitter- oder Glaubersalz

PUTZT DEN DARM DURCH

Meiner Erfahrung nach eignet sich Magnesiumsulfat, also *Bittersalz*, am besten und schmeckt auch etwas besser. *Glaubersalz* ist Natriumsulfat, meiner Meinung nach aggressiver und kann daher zu Krämpfen führen. Die Entscheidung ist aber wahrscheinlich Geschmackssache.

Für 1 Anwendung:
1 TL Bitter- oder Glaubersalz
250 ml warmes Wasser

- Rühren Sie das Salz in das warme Wasser ein, bis es sich aufgelöst hat.
- Trinken Sie die Lösung auf nüchternen Magen.
- Nach etwa 3 bis 5 Stunden setzt die Wirkung ein. Verbringen Sie den Rest des Tages in Ruhe und in der Nähe einer Toilette.

DARMREINIGUNG PER EINLAUF

Der Einlauf sollte eine Wohltat sein und keine Qual! Führt man ihn richtig aus, ist das auch kein Thema. Ein Versuch lohnt sich unbedingt, denn Einläufe entlasten und reinigen den Darm und unterstützen so die Abwehrkräfte.

Nicht umsonst werden Einläufe seit Jahrtausenden durchgeführt. Schon Hippokrates, der berühmte griechische Arzt des Altertums und Vater der Medizin, hat sie propagiert. In Anbetracht dessen, dass Einläufe ihren festen Platz in der traditionellen Medizin haben, ist es doch sehr erstaunlich, wie wenig heute über die Vorzüge dieser Reinigungsmethode bekannt ist.

Reinigung von unten

Im Rahmen einer Fastenkur oder zur Darmsanierung sind Einläufe ein prima Methode, Altlasten im Darm loszuwerden. Wird anschließend das gesunde Mikrobiom wiederaufgebaut, lässt sich so seine Immunfunktion bestens unterstützen. Zu beachten ist aber: Einläufe sollten nur von Zeit zu Zeit durchgeführt werden und sind keine Methode zur dauerhaften Anwendung und Reinigung. Schon gar nicht sollte man sie regelmäßig »für die Schönheit« anwenden, wie manchmal empfohlen wird.

Weil bei der Darmspülung natürlich auch gute Bakterien mit ausgeschwemmt werden, ist es sehr zu empfehlen, regelmäßig Probiotika zu sich zu nehmen, also die Darmflora nach dem Einlauf mit Ballaststoffen und probiotischen Milchsäurebakterien wiederaufzubauen.

Es gibt den Tipp, Einläufe auch anzuwenden, wenn die Verdauung nicht mehr reibungslos funktioniert, etwa bei Durchfällen oder Verstopfung. Sollten diese jedoch länger anhalten und auch abwechselnd auftreten, dann suchen Sie bitte unbedingt einen Arzt oder eine Ärztin auf und besprechen Sie das weitere Vorgehen.

Wann sollte man keinen Einlauf durchführen?

- Bei Bauchschmerzen und Brechreiz
- Bei akuter Entzündung des Bauchfells
- In der frühen Schwangerschaft
- Nach Operationen
- Bei Blutungen im Verdauungstrakt
- Bei Darmverschluss

MEIN TIPP

Falls Sie noch keine Erfahrung mit Einläufen haben oder sehr verspannt und ängstlich sind, lassen Sie sich von Ihrem Arzt beraten. Beachten Sie immer, dass das Einführen der Darmrohrspitze nie schmerzhaft sein und ohne großen Druck passieren sollte. Deshalb empfiehlt es sich, den Darm am Vortag mithilfe des Bittersalzes zu entleeren. Denn dann sind beim Einführen im Dickdarm ziemlich wahrscheinlich keine verhärteten Kotteile im Weg.

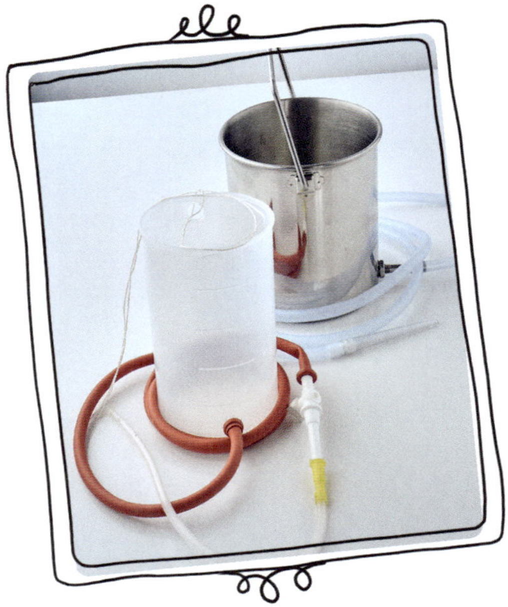

Einlauf mit warmem Wasser

ZUR REINIGUNG UND ENTLASTUNG DES DARMS

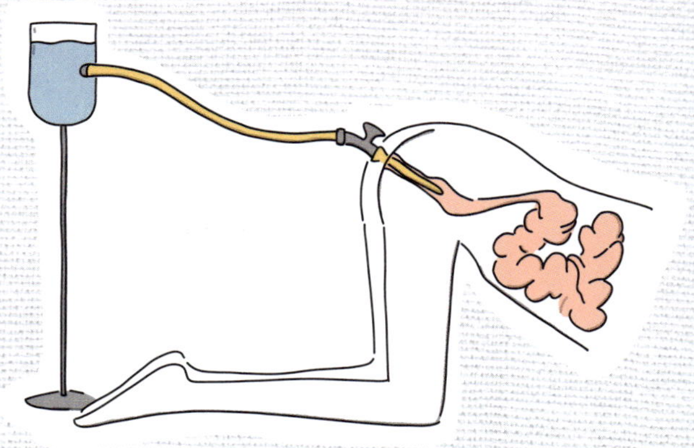

Es gibt verschiedene Geräte und Techniken. Sie können zwischen Irrigatorset, Irrigatorpumpe, Birnspritze/Klistier und Klyso-Pumpe wählen. Ich bevorzuge das Irrigatorset mit Einführschlauch und beschreibe hier diese Variante.

Pro Anwendung

Irrigatorset

Kokos-, Mandel- oder Olivenöl zum Einölen der Anusrosette und des Einführschlauchs

ca. 800 ml Wasser, das etwa Körpertemperatur haben sollte (35–37 Grad, keinesfalls wärmer)

- Suchen Sie sich einen geeigneten Ort, am besten geht's im Bad. Wichtig ist, dass der Einlaufbecher hoch positioniert werden kann, denn Wasser fließt bekanntlich abwärts. Ich hänge meinen Becher an die Duschstange.
- Legen Sie ein paar Handtücher aus, damit Sie nicht auf dem kalten, harten Boden knien oder liegen müssen.
- Setzen Sie die Teile des Sets zusammen und füllen Sie das Wasser in den Einlaufbecher.
- Öffnen Sie den Sperrhahn und lassen Sie etwas Wasser durchlaufen, um sicherzustellen, dass keine Luft mehr im Schlauch ist. Dann schließen Sie den Sperrhahn wieder und füllen das fehlende Wasser nach.
- Tragen Sie etwas Öl auf Anus und Einführspitze auf.
- Gehen Sie in den Vierfüßlerstand und führen Sie den Einführschlauch vorsichtig ein. Wenn Sie entspannt sind, wird er quasi von selbst tiefer in den Darm gezogen, und das ist gut so. Der Einführschlauch misst etwa 35 bis 40 cm, unser Darm aber ist mehrere Meter lang. Deshalb ist es wichtig, dass der Schlauch möglichst weit hineinreicht, damit das Wasser tief in den Darm fließen kann, um dort die Ablagerungen einzuweichen.
- Bleiben Sie im Vierfüßlerstand oder legen Sie sich auf die Seite. Öffnen Sie den Sperrhahn am Schlauch langsam. Das Wasser beginnt zu fließen. Mit dem Sperrhahn können Sie die Stärke des Durchflusses regulieren.
- Versuchen Sie, sich zu entspannen, und warten Sie ab, bis der Becher leer ist – das kann sehr schnell gehen oder auch ein paar Minuten dauern. Entscheidend ist, dass Sie eine Position finden, in der das Wasser optimal einlaufen kann.
- Möglicherweise stellt sich sofort ein Druckgefühl ein, und Sie möchten sich entleeren. Wenn das passiert, tun Sie es ruhig. Es ist dann beim ersten Mal nicht gleich optimal gelaufen, aber wiederholen Sie den Vorgang einfach und versuchen Sie, das Wasser länger in Ihrem Darm zu behalten. So können Ablagerungen und fester Stuhl besser einweichen und sich auflösen.
- Ich mache immer, wenn das Wasser eingelaufen ist, für ein paar Minuten eine Kerze. So gebe ich dem Wasser die Möglichkeit, weiter in die Tiefen des Darms vorzudringen und ihn richtig gut durchzuspülen.

Von Mal zu Mal werden Ihnen die Abläufe vertrauter sein, Sie können sich besser entspannen, und die Resultate werden auch besser. Ich habe während einer sechstägigen Darmreinigungskur jeden Tag einen Einlauf gemacht. Nach dem dritten Tag habe ich bemerkt, dass sich nicht nur Stuhl, sondern auch Schlacken (längere Schleimstücke) und Kotsteine (schwarze, einen Cent große, harte Bröckchen) gelöst haben. Die Steine schlugen gut hörbar beim Ausscheiden in der Toilettenschüssel auf …

DIE DARMFLORA AUFBAUEN

Das mikrobielle Gleichgewicht in unserem Darm ist sehr wichtig für unsere Gesundheit und die innere Reinigung.

Nach jeder Darmreinigung und Antibiotikatherapie

Wie im Kapitel »Effektive Mikroorganismen« beschrieben, gibt es grob gesagt drei Arten von Bakterien: die degenerativen, die regenerativen und die opportunistischen (siehe Seite 34). Wenn wir den Darm mit einer Einlauf- oder Flohsamen-Zeolith-Kur gereinigt haben, dann wurden dabei nicht nur alte Ablagerungen, sondern wie schon gesagt auch »gute« und »schlechte« Bakterien ausgeschwemmt.

Nun ist genau der richtige Zeitpunkt gekommen, um gute, also regenerative Bakterien zu uns zu nehmen und dadurch die Anzahl der gesundheitsfördernden Bakterien so weit aufzustocken, dass sie die opportunistischen Bakterien auf ihre Seite ziehen und ein positives Milieu entstehen kann. Degenerative Bakterien, die uns schwächen könnten, werden dadurch eliminiert. Wenn dieser natürliche Reinigungsprozess gelingt, hat die Darmreinigung komplett Sinn ergeben.

Das Aufbauen der Darmflora empfiehlt sich auch nach einer Antibiotikabehandlung und generell immer wieder für ein paar Wochen, damit das positive Darmmilieu gar nicht erst aus dem Gleichgewicht gerät.

Mit Pro- und Präbiotika

Selbstverständlich hängt das Mikrobiom im Darm auch immer mit unserer Ernährung zusammen. Hilfreich sind hier sogenannte Pro- und Präbiotika.

- **Präbiotika** sind Lebensmittelinhaltsstoffe, von denen sich die guten Darmbakterien ernähren. Hierzu zählen Ballaststoffe, also die weitgehend unverdaulichen Bestandteile komplexer Kohlenhydrate, die sich vor allem in Obst und Gemüse finden.
- **Probiotika** sind Zubereitungen mit lebenden Mikroorganismen, die die Darmflora positiv beeinflussen. Sie zählen zum *Functional Food,* also zu Lebensmitteln, denen Stoffe mit einer gesundheitlichen Funktion beigemischt sind.

Darmfloraaufbau mit EM

Ich empfehle, die guten Darmbakterien mit hilfreichen Mikroorganismen zu füttern, und zwar in Form von Kräuterauszügen, die mit Effektiven Mikroorganismen fermentiert wurden.

Wichtig ist, dass Sie nur EM nehmen, die als Nahrungsergänzungsmittel zugelassen sind. Das schreibe ich sicherheitshalber dazu!

Ich selbst nehme meist eine Urlösung, die nur als Bodenhilfsstoff zugelassen ist, und zwar ⅓ Urlösung auf ⅔ Wasser – davon täglich 25 ml auf nüchternen Magen. Das hat sich mal so ergeben, weil ich alle Multitalente innerlich und äußerlich anwende. Aber Sie müssen mir nicht alles nachmachen.

Menge pro Tag:

25–50 ml EM-Lösung (Nahrungsergänzungsmittel, bio, vegan)

- Je nach Herstellerempfehlung 25–50 ml EM pro Tag unverdünnt einnehmen, bis die Packung aufgebraucht ist.
- Ich mache das vorbeugend 3- bis 4-mal im Jahr.

Zeolith
KLINOPTILOLITH

Gutes für Haut & Haare

Vor allem Zitrone und Zeolith sind meine Favoriten, wenn es um die Reinigung von Haut und Haaren geht. Ich rühre mir damit eigene Waschlotionen an und brauche all das teure synthetische Zeug nicht, das die Ladenregale füllt. Hier verrate ich Ihnen meinen liebsten und bewährtesten Rezepte.

LIEBER WENIGER ALS MEHR

Es gibt so viele Reinigungs- und Pflegeprodukte für Haut und Haare – da blickt doch ehrlich gesagt keiner mehr durch. Reinigungstücher, Masken und Peelings aller Art, Mizellenwasser … Werden wir dadurch nun wirklich immer sauberer, gepflegter und schöner, oder ist das alles nur Augenwischerei?

Dass Seife einst ein Luxusprodukt war, ist für uns heute kaum noch vorstellbar. Im Gegenteil, Seife gibt es eher im Übermaß, nur dass sie durch synthetische waschaktive Substanzen ersetzt wurde. Ob als Stück oder Lotion, ihr werden Duftstoffe und Desinfektionsmittel, Weichmacher, Farb- und Konservierungsstoffe zugesetzt. Viele dieser Substanzen sind nicht biologisch abbaubar und machen den Reinigungssystemen unserer Kläranlagen sehr zu schaffen. Zudem können alle möglichen Zusatzstoffe unsere natürliche Hautbarriere schwächen und Allergien auslösen.

Ich habe mich vor einiger Zeit entschieden, weniger und zumeist sehr einfache natürliche Produkte anzuschaffen und diese multifunktional einzusetzen. Das bringt viele Vorteile mit sich:

- In meinem Badezimmer und in der Küche stehen nicht mehr Dutzende von Plastikflaschen herum.
- Sowohl für viele große und kleine Wehwehchen als auch zur Pflege und Reinigung kann ich dieselben Produkte verwenden.
- Das vermeidet Müll und schädigt unsere Abwässer nicht übermäßig.

So kommen unsere Multitalente für viele Bedürfnisse optimal zum Einsatz. Dann macht alles auch wieder Sinn und zugleich mehr Spaß. Ich plädiere also hiermit für eine Reinigung ohne Aluminiumsalze, Silicone, Farbstoffe, Parabene und Nanopartikel, ohne umwelt- und gesundheitsbelastende Chemie.

Ach ja: Seit ich mich nicht mehr mit den Industrieprodukten rausputze, habe ich wirklich keinerlei Einbußen zu verzeichnen – weder in puncto eigenes Reinigungsgefühl noch in puncto Reaktionen meines Umfelds. Komplimente für meine schöne Haut und schönen Haare bekomme ich jetzt sogar öfter als früher.

Gesichtspflege

Wie heißt es doch so schön? Von nichts kommt nichts! Eine regelmäßige Gesichtspflege zahlt sich über die Jahre hinweg aus. Hier stelle ich Ihnen meine Lieblingsanwendungen vor: meine Tipps für einen strahlenden Teint mithilfe der Multitalente. Egal ob fettige, zu trockene oder unreine Haut – es ist für alle etwas dabei.

MORGENDLICHE ZITRUSKRAFT

Zitronensaft wirkt fettlösend und kurbelt unseren Stoffwechsel an. Dadurch hilft uns ein Gläschen Zitronenwasser gerade am Morgen, auch das eine oder andere Kilo schwinden zu lassen, und es gibt uns einen Energieschub. Die im Zitronensaft enthaltene Ascorbinsäure, eine Form des Vitamin C, hat mehrere positive Auswirkungen: Weil es ein Antioxidans ist, können wir damit schädigende freie Radikale abfangen und dadurch den Hautzustand verbessern. Vitamin C unterstützt unseren Körper auch bei der Kollagenproduktion, was der Hautstruktur und Elastizität guttut. Stabilere Kollagengitter lassen unsere Haut jugendlicher und straffer erscheinen.

Zitronensaft hat auch eine desinfizierende Wirkung. Schon im 17. Jahrhundert stellten Ärzte fest, dass die wiederholte Anwendung von Zitronensaft auf offenen Wunden die Entzündung schneller abheilen ließ. Nur hat das vermutlich höllisch gebrannt und ist heute nicht umsonst vergessen. Wir können uns aber die desinfizierende Kraft immerhin bei akuten punktuellen Entzündungen wie etwa Pickeln

zunutze machen und den Saft einer frischen Biozitrone – am besten mit einer Glaspipette – punktuell auftragen und einwirken lassen.

MEIN TIPP

Mit Zitronensaft können übrigens **Pigmentflecken** heller werden, denn bei regelmäßiger Anwendung wirkt Zitronensaft bleichend. Wer mit sogenannten **Altersflecken** am Handrücken zu tun hat, kann diese mit einem Zitronenviertel einreiben.
Bei häufiger Anwendung kommt es eventuell zu Hautirritationen. Deshalb die Haut bitte nach der Anwendung immer eincremen und anschließend für eine Weile den direkten Sonneneinfluss vermeiden.

Zitronensaft und -tonic

KICK FÜR STOFFWECHSEL UND HAUT

Wenn ich meine morgendliche Zitrone ausgepresst habe, verwende ich ihre Schale als Gesichtstonic.

- 1 Biozitrone auspressen und den Saft trinken, gern mit etwas Quellwasser verdünnt.
- ½ ausgepresste Zitrone noch einmal halbieren. Das Viertel etwas aufdrücken, die Fruchtfleischseite als Reinigungspad benutzen und Gesicht und Hals, gern auch das Dekolleté, damit abreiben.

Danach kann die Haut etwas prickeln, muss aber nicht. Vielleicht hängt das von der Herkunft der Zitrone ab, sicher weiß ich das noch nicht. Aber es schmecken ja auch nicht alle Zitronen gleich. Auf jeden Fall empfehle ich, nur Biozitronen zu verwenden.

- Ich trage anschließend meine Hautpflege auf und lasse alles zusammen einziehen.
- Nach der Anwendung ist es nicht empfehlenswert, sofort in die pralle Sonne zu gehen.

Vorsicht: Zitrone plus Sonne kann zu Hautreaktionen führen. Bei mir ist das zwar nicht der Fall, aber es kann eben vorkommen, dass die Kombination von Sonne und Zitronensaft auf der Haut fotosensibilisierend wirkt und eine Phytophotodermatitis, also eine Entzündung, auslöst.

MEIN TIPP

Beginnen Sie mit kleinen Mengen und testen Sie, wie Ihre Haut den Zitronensaft verträgt. Meine reagiert gut darauf, aber wenn Ihre Haut gerade grundsätzlich gereizt ist oder auch entzündet, dann würde ich sehr behutsam vorgehen.

HAUTUNREINHEITEN MIT H_2O_2 BEHANDELN

Mitesser oder Pickel entstehen oft auf einer eher »fettigen« Haut. Das liegt aber meist nicht ausschließlich an der produzierten Menge an Talg, also Hautfett, sondern auch daran, dass diese Haut feuchtigkeitsarm ist. Weil die oberste Hautschicht deshalb oft trocken ist, kann der überschüssige Talg nicht aus seiner Pore abfließen. Er sammelt sich unter den trockenen Hautschuppen und entwickelt sich mithilfe von Bakterien, die in die Pore eindringen, schnell zu einem eitrigen Pickel.

Wenn man nun die Haut mit den üblichen aggressiven Spezialprodukten behandelt, ob Gesichtreiniger und -wässer oder Peelings mit synthetischen Schmirgelpartikeln, dann trocknet sie oft noch mehr aus. Sanfte Desinfektion und leichte, natürliche Peelings und Masken sind bei einer schon etwas aus dem Gleichgewicht geratenen Hautbarriere oft empfehlenswerter!

Wasserstoffperoxid gegen Pickel

Wie schon im Multitalente-Kapitel ausführlich beschrieben, überleben weder Viren noch Bakterien in einer sauerstoffreichen Umgebung. Für diese sorgt Wasserstoffperoxid, und deshalb ist es ein prima Mittel, um ungewollte Bakterien und Viren loszuwerden – zum Beispiel auch bei Hautunreinheiten im Gesicht, am Hals und Dekolleté oder am Rücken.

- Die regelmäßige Reinigung mit Wasserstoffperoxid kann der Pickelbildung vorbeugen. Deshalb enthalten manche Hautpflegeprodukte Wasserstoffperoxid.
- Hat sich der Pickel schon gebildet, hilft H_2O_2 nicht nur beim Desinfizieren, sondern trocknet den Pickel auch aus.

WICHTIG

Ich verwende nur Wasserstoffperoxid mit einer maximalen Konzentration von **3 bis 3,5 Prozent.** Höher konzentriertes H_2O_2 wirkt ätzend und führt zu Verletzungen der Haut.

- Wenn ich aufgrund diverser Faktoren gerade vermehrt zu Hautunreinheiten neige, dann benutze ich 1- bis 2-mal am Tag eine 3-prozentige H_2O_2-Lösung als Gesichtswasser. Aber auch punktuell behandle ich dann einzelne entzündete Pickel.
- Nach dem Ausreinigen oder, wie man so schön sagt, nach dem Pickelausdrücken entsteht eine kleine Wunde. Ich benutze dann Wasserstoffperoxid zur Reinigung und Desinfektion. Dafür verwende ich mehrmals täglich die 3-prozentige Lösung punktuell. Der Pickel heilt so schneller ab.
- Zum Auftragen verwende ich meine selbst gemachten wiederverwendbaren Cottonpads, deren Herstellung ich in meinem Buch *Kann ich selbst, mach ich selbst* beschrieben habe. Mittlerweile gibt es solche nachhaltigen und wiederverwendbaren Stoffpads aber fast überall zu kaufen.

SANFTE PEELINGS UND MASKEN

Als DIY-Peeling wird oft Zucker oder Salz empfohlen, doch ich finde das nicht so gut, weil deren Körnung oft viel zu grob ist – oder besser gesagt: Die Körner sind zu spitz.

Der Sinn eines Peelings ist es ja, trockene oder abgestorbene Hautschuppen zu entfernen. Ein Peeling sollte auf keinen Fall Einrisse in der Haut und sogar kleine Schnitte verursachen. Denn durch solche nicht unbedingt gleich sichtbaren Verletzungen können Bakterien eindringen und Entzündungen hervorrufen. Das wäre dann wirklich kontraproduktiv!

Ein gutes Peeling kann auch mit weichen Stoffen und sanften kreisenden Bewegungen funktionieren. Zeolithpulver oder fein gemahlener, ausgebrühter Kaffeesatz sind viel weicher als Salz oder Zucker und dennoch effektiv.

Zeolith-Zitronen-Peeling

DESINFIZIEREND UND HAUTSCHONEND

Die folgende Mischung hat einen hautfreundlichen pH-Wert: Der Zeolith liegt bei 7,2 bis 8 und der Zitronensaft bei etwa 2,5 – die Mischung ist leicht sauer, und so fühlt sich unsere Haut am wohlsten.
Ich wende dieses reinigende Peeling nicht nur im Gesicht an, sondern auch auf dem Dekolleté und den Schultern.

Für 1 Gesichtsanwendung:
1 gehäufter EL Zeolith
½ TL frischer Zitronensaft (evtl. weniger)
1 TL Wasser

- Den Zeolith in eine kleine Schlüssel geben, den Zitronensaft und das Wasser darübergießen und alles zu einem homogenen Brei verrühren.
- Den Brei mit sanften, kreisenden Bewegungen auf Gesicht und Hals auftragen. Es ist kein großer Druck nötig. Die Haut auf diese Weise 4 bis 5 Minuten lang peelen.
- Falls die Masse etwas zu fest wird, einfach die Hände mit ein wenig Wasser anfeuchten und weitermachen.
- Dann das Gesicht mit Wasser und einem Schwamm reinigen.

Zeolith-Zitronen-Peeling mit Sesamöl

EXTRASANFT ZU SEHR EMPFINDLICHER HAUT

Für 1 Gesichtsanwendung:
1 ½ gehäufter EL Zeolith
½ TL frischer Zitronensaft
½ TL Sesamöl

- Zutaten verrühren und anwenden wie beim vorherigen Peeling beschrieben.

Kaffeesatz-Peeling

FÜR EIN ZARTES, ROSIGES HAUTBILD

Dieses Peeling macht die Haut samtweich. Der Kaffeesatz entfernt abgestoßene Hautschuppen sanft, denn die gemahlenen Kaffeekörner sind durch das Aufbrühen weich und aufgequollen und haben keine harten Kanten. Das enthaltene Koffein sorgt für eine verbesserte Durchblutung, was den Teint rosig macht. Die Kombination mit Zitronensaft und Vitamin C gibt der Haut den extra Kick.

Für 1 Gesichtsanwendung:
1 gehäufter EL Kaffeesatz (von ganz fein gemahlenem Biokaffee)
½ TL frisch gepresster Zitronensaft

- Die Zutaten verrühren und wie beim ersten Peeling beschrieben anwenden.

Zeolith-Maske

ZUR ENTGIFTUNG UND REINIGUNG

Diese Maske ist ein Traum – Sie werden sie lieben! Und vielleicht wollen Sie gleich die doppelte Menge anrühren, um auch das Dekolleté zu detoxen.

Für 1 Gesichtsanwendung:
3 EL Zeolith
1 TL pflanzliches Glycerin
1 TL Jojoba- oder Borretschöl
außerdem: ein Pinsel zum Auftragen, eine Sprühflasche mit Wasser und ein Schwamm

- Die Haut gut reinigen, eventuell vorher ein leichtes Peeling machen.
- Den Zeolith zuerst in eine Schüssel geben und dann die restlichen Zutaten dazugeben, sonst staubt es sehr! Alles gut verrühren.
- Die Masse auf Gesicht und Hals auftragen – am besten mit einem Pinsel. Wenn sie gut verteilt ist, immer wieder in etwa 3 bis 5 Minuten Abstand mit dem Wasser aus der Sprühflasche leicht benetzen. So hält der Detoxvorgang etwas länger an, und die Haut bekommt durch das Glycerin und das frische Wasser genügend Feuchtigkeit.
- Nach 15 bis 20 Minuten die Maske mit einem Schwamm und Wasser abnehmen und die Haut mit einer Feuchtigkeitspflege eincremen.
- Gern 2-mal pro Woche während einer Detoxkur wiederholen. Ihre Haut wird samtweich, und das Porenbild verfeinert sich.

Haarpflege

Was wir alle durch diverse Krimis wissen: Ein Haar kann nicht nur anhand der DNA einer bestimmten Person zugeordnet werden, sondern man kann auch feststellen, ob diese Person längerfristig Drogen oder andere Giftstoffe konsumiert hat. Unsere Haare spiegeln nämlich unseren gesundheitlichen Zustand wider.

GUTES FÜR HAARE UND KOPFHAUT

Haare sind viel mehr als nur Anhängsel unserer Haut, und unsere Kopfhaut ist genau wie die übrige Haut unsers Körpers ein Entgiftungsorgan. Das vergessen wir aber immer wieder und sehen keinen direkten Zusammenhang zwischen dem, was in unserem Körper vor sich geht, und dem Zustand unserer Haare. Ein fataler Denkfehler.

Nur auf einer gesunden Kopfhaut können auch viele schöne, kräftige Haare sprießen. Auf einem vergifteten Boden kann auch kein saftiges Gras wachsen. Deshalb ist es wichtig, dass unser Mikrobiom in einem stabilen Zustand ist.

Gerade die Kopfhaut, aber auch die Struktur der Haare ist dafür prädestiniert, Toxen und Noxen, Salze, Säuren und Fette aufzusaugen. Des Weiteren führen verstopfte Poren oft dazu, dass sich Schuppenbeläge ansammeln und die Kopfhaut juckt und irritiert ist, was zur Folge hat, dass die Haarwurzeln inaktiv werden.

Wir sollten also, wenn wir schöne Haare haben wollen, an deren Fundament arbeiten, das heißt vor allem: unsere Kopfhaut entlasten und nicht weiter überreizen.

Haare waschen ohne Shampoo

In meinem Buch *Kann ich selbst, mach ich selbst* habe ich beschrieben, wie ich meine Haare mit Roggenmehl wasche und das Mehl auch als Trockenshampoo anwende. Das mache ich auch weiterhin, aber wie bei allen Kuren und Anwendungen wechsle ich immer wieder mal durch. Hier zeige ich verschiedene Möglichkeiten, die Haare mit *No-Poo*-Mitteln, also ohne konventionelles Shampoo, zu waschen. Ich kombiniere diverse Nährstoffe miteinander. So kann ich sicherstellen, dass ich keinen Mangel in die eine oder andere Richtung aufbaue. Genauso mache ich es auch bei meiner Ernährung, damit gewährleistet ist, dass die Nährstoffzufuhr nie zu einseitig wird.

SYNDET AUF NATÜRLICHER BASIS

Ob für trockene oder fettige Haare, mein Grundrezept ist immer gleich. Ich bin davon begeistert, denn der Pflegeeffekt ist enorm. Zudem ist mein Haarwaschmittel preiswert und schont die Umwelt, ist schnell gemacht und auch ein super Geschenk für Freunde und Familie. Bisher waren alle immer sehr angetan.
Je nach Bedürfnis Ihrer Haare können Sie entweder Öle gegen fettige Haare und Kopfhaut hinzufügen oder Öle für trockene Haare und trockene Kopfhaut.

Wichtige Zutaten

Mein Liebling ist das **Borretschöl** in der ersten Rezeptur, weil es so viel Gamma-Linolensäure enthält – sie ist die perfekte Kopfhautpflege für trockene Haare und beanspruchte oder juckende Kopfhaut.
Als waschaktive Substanz dient **Sodium Coco Sulfate** (SCS, deutsch: Natriumcocosulfat), ein anionisches Tensid auf Basis von Kokosöl. Durch sein gutes Schaumvermögen eignet sich Sodium Coco Sulfate gut für Shampoos und Badeprodukte. Der Schaum ist fein und sehr angenehm. Das pflanzliche Tensid ist gemäß BDHI und Ecocert für die Naturkosmetik zugelassen und wird auch von der Website »Hautschutzengel« als hautfreundlich eingestuft.
Meine Hautärztin meint dazu, dass das Tensid in Haarseife verträglich sei; bei kosmetischen Reinigungsprodukten, etwa zum Abschminken, rät sie aber davon ab, weil es die hauteigenen Lipide bei täglicher, dauerhafter Anwendung auswaschen könne.
Sodium Coco Sulfate hat einen pH-Wert von 10 bis 11. Weil unser Haar und unsere Kopfhaut aber Werte von 4,5 bis 5,5 mögen, geben wir etwas **Zitronensäure** hinzu, damit das Produkt nicht basisch ist. Das ist besonders wichtig, wenn die Kopfhaut juckt, schuppt oder Pickel bildet, aber auch bei einer seborrhoischen Dermatitis.
Sheabutter und **Kakaobutter** sind Pflanzenfette und aufgrund ihrer Inhaltsstoffe ideal zur Haar- und Hautpflege. Sheabutter ist reich an Fettsäuren und Vitaminen, spendet Feuchtigkeit und glättet Haut und Haare. Kakaobutter enthält eine Menge Antioxidantien, die zur Regeneration und zum Schutz beitragen, sowie Mineralstoffe wie Kalium, Kalzium, Eisen und Magnesium, die aufbauend wirken.

Haarwaschstücke mit Zitronensäure

REZEPTUR 1: FÜR TROCKENE HAARE UND TROCKENE, JUCKENDE KOPFHAUT

Für ca. 8–10 Waschstücke von der Größe eines halben Muffins:
30 g Sheabutter
15 g Kakaobutter
95 g Maisstärke
5 g Zitronensäure
100 g Sodium Coco Sulfate (SCS)
10–15 Tropfen Borretschöl
5–8 Tropfen ätherisches Lavendelöl

REZEPTUR 2: FÜR FETTIGE HAARE UND KOPFHAUT

Für ca. 8–10 Waschstücke von der Größe eines halben Muffins:
45 g Sheabutter
95 g Maisstärke
5 g Zitronensäure
100 g Sodium Coco Sulfate (SCS)
Bei fettigem Haar zusätzlich je 3–5 Tropfen ätherisches Thymian-, Teebaum- und Rosmarinöl

- Sheabutter (und Kakaobutter) im Wasserbad schmelzen.
- Die Maisstärke mit der Zitronensäure und dem SCS verrühren. Das flüssige, aber nicht zu heiße Fett dazugeben. Die Masse mit einer Gabel vermengen, dann mit den Händen kneten.
- Zu Kugeln formen und nach Belieben in kleine Backformen (zum Beispiel für Muffins) drücken. 12 bis 18 Stunden lang bei Zimmertemperatur trocknen lassen.

Die Größe, in der ich die Waschstücke gemacht habe, reicht jeweils für ungefähr 10 bis 12 Haarwäschen (je nach Haarlänge). Die gesamte Menge reicht also für etwa 60 oder mehr Haarwäschen.

Detox-Syndet mit Zeolith

WASCHSTÜCKE ZUR KÖRPERREINIGUNG UND HAARWÄSCHE

Für 2–3 keksgroße Waschstücke:
35 g Sheabutter
15 g Kakaobutter
90 g Zeolith
50 g Sodium Coco Sulfate (SCS)

- Sheabutter und Kakaobutter im Wasserbad schmelzen und dann etwas abkühlen lassen.
- Zeolith und Sodium Coco Sulfate in einer Schüssel vermengen.
- Das Fett hinzugeben und alles mit den Händen oder einer Gabel gut vermengen und kneten.
- Dann in die gewünschte Form bringen und für 10 bis 12 Stunden bei Zimmertemperatur trocknen lassen.

HAARPFLEGE MIT EM

Bei Schuppenbildung mit brennender, geröteter Kopfhaut sowie Pickeln und Pusteln liegt der Verdacht nahe, dass die Kopfhaut übersäuert ist – kein Wunder bei den Pflegeprodukten unserer Zeit. Spätestens jetzt sollte ein grundsätzlicher Entgiftungsprozess eingeleitet werden. Denn Achtung: Wenn die Kopfhaut juckt und beißt, kann das auch zu Haarausfall führen.
Effektive Mikroorganismen (EM) können da als Spülung und Shampoo sehr hilfreich sein.
Ich verwende übrigens für fast alle meine Mischungen die EM für Boden und Pflanzen. Das liegt wahrscheinlich daran, dass ich glaube, selbst eine Pflanze zu sein … Mittlerweile gibt es, wie bereits erwähnt, diverse EM-Produkte für die unterschiedlichsten Bedürfnisse (siehe Seite 38) – klar, hier entsteht auch ein Markt. Ich bleibe aber in der Regel der Urlösung treu und fahre damit sehr gut.

Mischung mit hautfreundlichem pH-Wert

Die flüssige EM-Urlösung sieht aus wie dunkelbrauner Eistee, riecht und schmeckt süß-sauer und hat einen pH-Wert von 3,2 bis 3,9.
Roggenmehl trifft mit 5,5 ziemlich genau den pH-Wert unserer Kopfhaut. Der liegt zwischen 4,5 und 5,5. Viele konventionelle Pflegeprodukte, aber auch Bio- oder Naturshampoos, liegen da einfach ziemlich daneben, was auch zu Schuppen und anderen Irritationen der Kopfhaut führen kann.
Zeolith A hat in reinem Wasser einen eher basischen pH-Wert von 10 bis 10,5.
In der Mischung haben wir somit einen ausgeglichenen pH-Wert, der der Haut guttut.

Haarwaschmittel mit EM und Roggenmehl

WOHLTUEND FÜR DIE KOPFHAUT

Diese Mischung beruhigt die Kopfhaut und reinigt die Haare wunderbar. Es ist eine sofortige Linderung und Entspannung zu spüren. Ich gebe die Zutaten in eine Squeeze-Flasche (Quetschflasche), die ich schon seit Jahren so nutze. Sie können die Paste aber auch in einem anderen Behälter anrühren. Allerdings lässt sie sich mit einer quetschbaren Flasche sehr gut auftragen, ohne das Badezimmer zu verschmieren.

Für 1 Anwendung:
5–8 gehäufte TL Roggenmehl
3–6 gehäufte TL Zeolith
50–75 ml EM-Lösung
außerdem: eine Squeeze-Flasche oder ein anderer Behälter

- Die Mischung anrühren und 10 bis 15 Minuten quellen lassen, damit sich die Enzyme entwickeln.
- Die Paste bei trockenen Haaren auf die Kopfhaut und den Haaransatz auftragen und 10 bis 15 Minuten lang einwirken lassen.
- Die Haare mit Wasser anfeuchten und die nun etwas flüssigere Paste im ganzen Haar verteilen.
- Noch einmal kurz einwirken lassen und dann gut ausspülen.

MEIN TIPP

Die EM-Mehl-Paste eignet sich auch zur gesamten Körperreinigung! Bei einer empfindlichen, juckenden und trockenen gereizten Haut kann ich diese Mischung auch als Waschpaste wärmstens empfehlen.

EM-Haarspülung

KUR FÜR EINE SENSIBLE KOPFHAUT

Mit einer einfachen EM-Spülung lässt sich der Schutzmantel der Kopfhaut wiederherstellen. Schon nach zwei bis drei Anwendungen beruhigt sie sich enorm, die Haare werden sehr gut kämmbar, haben Griff und schönen Glanz.

Für 1 Anwendung:
2 EL EM-Lösung
200–250 ml Wasser (je nach Haarlänge)

- Die Haare zuerst bürsten, um das Serum von der Kopfhaut in den Haaren zu verteilen, was sie auf Dauer wunderbar pflegt und kräftigt.
- Dann die Haare nur mit Wasser waschen.
- Die Hälfte der Mischung langsam und portionsweise über die Haare gießen und in die Kopfhaut massieren.
- Danach die Haare ausspülen und den Vorgang wiederholen. Nach dem zweiten Waschgang brauchen Sie Ihre Haare nicht mehr auszuspülen. Der leicht säuerliche Geruch verfliegt übrigens bald.
- Ganz wichtig: Die Haare anschließend nur mit einem Handtuch leicht trocknen und an der Luft fertig trocknen lassen. Nicht föhnen!
- Als Kur 1- bis 2-mal pro Woche über ein paar Wochen anwenden.

EM als Haarfestiger

BELEBEND UND FESTIGEND

Nach dem Haarewaschen, egal mit welchem Shampoo, sprühe ich eine EM-Mischung in die handtuchtrockenen Haare und frisiere diese dann.

- Die EM-Lösung in einer Sprühflasche 1:1 mit Wasser verdünnen.
- Die Haare wie gewohnt waschen und anschließend mit einem Handtuch etwas trocknen.
- Vor dem Kämmen oder Bürsten die Mischung ins Haar sprühen und in Haar und Kopfhaut einmassieren.

SAURE RINSE STATT CONDITIONER

Nasse Haare lassen sich nicht gut bürsten oder kämmen. Das liegt daran, dass sie durch das Waschen aufquellen. Die schützende Schuppenschicht ist nicht mehr glatt verschlossen, sondern rau. Und die kleinen, aufgequollenen Schuppenteile fungieren wie Widerhaken. Zudem lagern sich Seifen- und Kalkreste in den Haaren, was sie klebrig und matt macht und stumpf aussehen lässt.

Ein saure Rinse ist eine Spülung mit einem, wie der Name schon vermuten lässt, sauren pH-Wert. Sie verschließt die äußere Schuppenschicht des Haares wieder und neutralisiert auch den pH-Wert der Produktreste oder des Wassers. Beim »Absäuern« der Haare geht es hauptsächlich um die Verringerung des pH-Werts der Kopfhaut und der Haare in Richtung sauren pH-Bereich.

Zitronen-Rinse

FÜR GLÄNZENDES, GUT KÄMMBARES HAAR

Die einfache und wichtige Haarpflege verleiht den Haaren mehr Glanz und Glätte und erleichtert das Bürsten und Kämmen. Noch ein Vorteil: Die Haare können sich danach nicht mehr elektrisch aufladen, weil die Schuppenschicht geschlossen und die Haarstruktur geglättet ist.

Für 1 Anwendung:
3–4 EL frischer Zitronensaft
Wasser in Zimmertemperatur
außerdem: eine Flasche oder ein Messbecher mit ca. 1 Liter Volumen

- Die Zutaten vor dem Haarewaschen mischen.
- Nach der Haarwäsche die saure Rinse über die Haare kippen und mit den Händen etwas verteilen.
- Ich finde, dass die Zitronenrinse nicht ausgespült werden muss. Das sollte aber jeder für sich selbst herausfinden.

MEIN TIPP

Je nach Region und Bedürfnis kann die saure Rinse die Haare noch etwas weicher und besser kämmbar machen, wenn man gefiltertes oder abgekochtes Wasser verwendet. Wie ich es bei der Ayurvedischen Trinkkur (siehe Seite 80) zur Organreinigung beschrieben habe, wird das Wasser, wenn es eine Weile (ca. 20 Minuten) gekocht wurde, in seiner molekularen Struktur verändert und weicher.

KOPFHAUTPEELING

Ein Kopfhautpeeling ist von Zeit zu Zeit sehr erleichternd. Ich stelle mir immer vor, dass meine Kopfhaut danach mal wieder richtig tief durchatmen kann. Sicherlich: Regelmäßiges Haarebürsten, zum Beispiel mit einer Sisalbürste, ist auch eine Art Peeling und Haarpflege, weil es das Serum, das die Kopfhaut produziert, mit in die Längen der Haare nimmt und sie damit auch pflegt und stärkt. Trotzdem ist so ein gründliches, entgiftendes Reinigen der Kopfhaut von Fett, Umweltschmutz und Hautschuppen ein unglaublich erleichterndes Gefühl. Die Haare glänzen danach und sind viel voluminöser.

Warum tut **Natron** der Haut und Kopfhaut gut? In Wasser löst sich Natrium vom Hydrogenkarbonat. Hydrogenkarbonat ist eine Base und reagiert mit Säuren. Dabei entsteht CO_2, und die Säuren werden neutralisiert. Unsere Haut hat einen pH-Wert zwischen 4,5 und 5,5, ist also leicht sauer. Durch viele Pflegeprodukte wie Shampoos, Haarfestiger, Conditioner oder Haarsprays kann sich dieser pH-Wert verschieben. Auf zu viel Säure reagiert die Kopfhaut mit Juckreiz oder Pickeln. Natron wirkt gegen Pickel, weil es positiv auf den pH-Wert einwirken kann. Zudem entfernt Natron überschüssiges Fett auf der Haut, da es leicht austrocknend, antiseptisch und entzündungshemmend wirkt. Dadurch werden Pickel nachhaltig in ihrem Wachstum gehemmt.

MEIN TIPP

Wer sehr fettige Haare und dieses Peeling noch nie gemacht hat, der kann es zweimal hintereinander anwenden. Dann werden Fette, umweltbedingte Verschmutzungen und eventuelle Reste von Haarpflegeprodukten, Festigern oder Haarspray richtig gut entfernt. Die Haare sind danach so sauber, dass sie quietschen – ich vermute, vor Freude ...

Peeling mit Natron und Zeolith

ENTGIFTET UND MACHT DIE HAUT SAMTWEICH – AM KOPF UND ÜBERALL

Einfacher geht's nicht: Sie können dieses Peeling am ganzen Körper anwenden. Je nachdem, wo Sie peelen möchten, unterscheiden sich die Mengen, das Grundrezept ist aber immer dasselbe: Man mixt die drei Zutaten zu gleichen Teilen.

Es ist zwar ein Peeling für die Kopfhaut, aber Sie können damit auch einfach die ganzen Haare waschen – dann sollten Sie nur eine etwas größere Menge anrühren.

Für 1 Anwendung auf Kopfhaut oder Gesicht:

1 TL Natron
1 TL Zeolith
1 TL Wasser

Für 1 Körperpeeling:

2 EL Natron
2 EL Zeolith
2 EL Wasser

- Natron und Zeolith in einer kleinen Schüssel mit einem Löffel vermengen. Das Wasser dazugeben und alles zu einer Paste verrühren.

Kopfhautpeeling und Haarwäsche

- Die Haare über Kopf nass machen und kurz auswringen beziehungsweise mit dem Handtuch die größte Nässe rausnehmen. Die Paste auf der Kopfhaut gleichmäßig verteilen und einmassieren.
- 4 bis 5 Minuten einwirken lassen.
- Eventuell die Paste mit etwas Wasser zum Waschen in den Haaren verteilen.
- Anschließend die Paste wieder auswaschen.

Gesichtspeeling

- Die Paste auf das gründlich gereinigte Gesicht und den Hals einmassieren, kurz einwirken lassen und die Reste mit einem Schwamm abnehmen.

Ich liebe es, mein Gesicht mit dieser Paste zu peelen. Die Haut ist danach strahlend rein und glänzend.
Allerdings wende ich solche gründlichen Reinigungen nicht öfter als höchstens einmal pro Woche an. Die natürliche Hautbarriere soll immer genug Zeit haben, sich selbstständig zu regulieren.

Körperpeeling

- Nach dem Duschen, wenn die Körperhaut noch feucht ist, die Paste an den Beinen und Füßen, den Armen (auch unter den Armen) und am Rumpf einmassieren.
- Wer das Körperpeeling etwas kräftiger haben möchte, kann 1 EL fein gemahlenen Kaffeesatz dazugeben.

Natron-Peeling pur als Kur

BEI SCHUPPEN ODER SEHR FETTIGEN HAAREN

Wer sehr unter Schuppen leidet, kann auch dieses Peeling machen. Damit aber die Kopfhaut und das Haar nicht zu arg strapaziert werden, bitte nur einmal in der Woche über einen längeren Zeitraum als Kur durchführen.

Für 1 Anwendung:
1 EL Natron
4 EL lauwarmes Wasser
außerdem: ein kleines Schraubdeckelglas

- Die beiden Zutaten in das Glas füllen, dieses zuschrauben und kräftig schütteln.
- Das Natronwasser auf das handtuchfeuchte Haar geben und die Kopfhaut damit für ein paar Minuten peelen.
- Danach alles gut auswaschen.
- Da wir jetzt wieder im basischen Bereich sind, eignet sich als Abschluss eine saure Rinse sehr gut (siehe Seite 110).

MEIN TIPP

Ich würde Wasserstoffperoxid (siehe rechte Seite) ebenso wie Natron und Zitrone nur mit Vorsicht und nur im gesunden Haar anwenden. Und auch nur dann, wenn die Haare in den Wochen vor der Anwendung nicht gefärbt oder chemisch behandelt worden sind. Wenn Sie geschädigte oder behandelte Haare haben, würde ich diese Mittel nicht empfehlen.
Vor einem Aufhellungsversuch können Sie eine Strähne ganz unten am Nacken testweise mit etwas H_2O_2 behandeln und sich das Resultat ansehen.

HAARE NATÜRLICH AUFHELLEN

Sowohl eine Natron-Waschung als auch eine Zitronen-Rinse hellen die Haare auf natürliche Weise um zwei bis drei Nuancen auf.
Das gilt für alle Haarfarben, allerdings habe ich nur Erfahrung mit dem Blondieren aschblonder Haare. Auch wenn Sie Highlights oder Strähnen in den Haaren haben möchten, können Sie diese Mittel ausprobieren.
Wer den Effekt verstärken möchte, kann beide Zutaten kombinieren. Es ist allerdings schwierig, dafür eine genaue Anleitung zu geben, denn die Wirkung hängt ganz stark vom Grundzustand der Haare und von ihrer Struktur ab. Probieren Sie die Mittel immer erst an einer Strähne am Hals hinter dem Ohr aus, um zu sehen, welchen Effekt sie bei Ihnen haben!

Wasserstoffblondiert

Eine andere Möglichkeit, die Haare aufzuhellen, ist natürlich das H_2O_2. Wasserstoffperoxid ist in vielen käuflichen Haarfärbemitteln enthalten. Unsere 3-prozentige Wasserstoffperoxidlösung können Sie wie die beiden anderen Bleichmittel direkt ins trockene Haar geben – entweder mit einer Sprühflasche verteilen oder in einzelne Strähnen oder nur in die Enden einarbeiten, was einen sehr modischen Look macht (siehe aber den Tipp auf der linken Seite).
An diese Methode habe ich mich – und das würde ich auch Ihnen raten – langsam herangetastet. Bepinseln Sie anfangs nur einzelne Strähnen und warten Sie erst einmal ab. Meiner Erfahrung nach tritt kein Soforteffekt ein, aber nach ein paar Tagen bemerken Sie eine leichte Schattierung, so als wären die Haare von der Sonne etwas aufgehellt.

Natron-Wasser

FÜR HELLERE UND GESUNDE HAARE

Für 1 Anwendung im trockenen Haar:
1 EL Natron
100 ml warmes Wasser
außerdem: ein kleines Schraubdeckelglas, evtl. eine Sprühflasche

- Die beiden Zutaten in das Glas füllen, dieses zuschrauben und kräftig schütteln.
- Das Natron-Wasser entweder mit den Fingern in einzelne Strähnen einarbeiten, die aufgehellt werden sollen, oder mit einer Sprühflasche im gesamten trockenen Haar verteilen.
- Etwa 1 Stunde einwirken lassen und dann mit warmem Wasser ausspülen.

Zitronensaft-Rinse

FÜR HELLERE UND GESUNDE HAARE

Für 1 Anwendung im trockenen Haar:
50 ml frischer Zitronensaft
50 ml warmes Wasser
außerdem: evtl. eine Sprühflasche

- Die beiden Zutaten mischen.
- Entweder mit den Fingern in einzelne Strähnen einarbeiten oder mit einer Sprühflasche im gesamten trockenen Haar verteilen.
- 20 bis 30 Minuten einwirken lassen. Weil Wärme die Wirkung verstärkt, zum Beispiel dabei in der Sonne sitzen.
- Danach das Zitronensaft-Wasser mit warmem Wasser gründlich ausspülen.

Ohrenpflege

Was wir immer so abwertend Ohrenschmalz nennen, heißt eigentlich Cerumen und setzt sich zusammen aus Triglyceriden, Cholesterin, Hydroxisäuren, Staub, abgestorbenen Hautschuppen und anderen Stoffen. Dieser »Ohrenschmalz« hat eine Schutzfunktion und enthält Lysozym, das antibakteriell wirkt. Die klebrige, zähflüssige Substanz wird durch die Bewegung des Unterkiefers etwa beim Kauen oder Sprechen langsam durch den Gehörgang in Richtung Außenohr geschoben.
Unsere Ohren verfügen also über einen wirkungsvollen Selbstreinigungsmechanismus. Das Cerumen hält zudem unseren Gehörgang geschmeidig und wirkt sowohl antibakteriell als auch antifungizid, sodass sich Bakterien und Pilze schwer ausbreiten können.

SCHONENDE REINIGUNG

Sammelt sich allerdings zu viel Ohrenschmalz an, hat das Auswirkungen auf die Hörqualität. Von Zeit zu Zeit kann man der zähen Flüssigkeit auf die Sprünge helfen und sie schonend einweichen und abfließen lassen.
Übrigens: Wattestäbchen sind schädlich für die Gehörgänge, weil der Selbstreinigungsmechanismus des Ohrs gestört wird. Das Wattestäbchen entfernt den natürlichen Fettfilm, und der Ohrenschmalz kann deshalb nicht mehr so gut abfließen. Es können sich Pfropfen bilden und den Gehörgang verstopfen. Zudem wird das Cerumen zum Teil tiefer in den Gehörgang hineingedrückt.

Ich selbst bin früher zwei- bis dreimal im Jahr zum Ohrenarzt gegangen, um mir die Ohren professionell ausspülen zu lassen, weil sich dort wegen der Form meiner Gehörgänge einiges ansammelt. Es war mir immer unangenehm, da ich befürchtete, mein Arzt könnte denken, ich würde mich nicht genügend pflegen. Als ich ihn darauf ansprach, sagte er, dass ich für meine Anatomie ja nichts könne, und eine ausgeprägte Ohrenschmalzproduktion bringe auch Vorteile mit sich: Dadurch werde man im Alter seltener schwerhörig, weil die Gehörgänge und Hörhärchen feuchter und geschützter seien.
So kann man allem auch etwas Positives abgewinnen. Allerdings ist die regelmäßige Reinung dann besonders wichtig.

Ohrenspülung mit Zitrone

LÖST DEN OHRENSCHMALZ AUF SANFTE WEISE

Die Kombination aus Olivenöl und Zitronensaft wirkt fettlösend, pflegend sowie desinfizierend und entfernt das Ohrenschmalz ganz wunderbar auf schonende Art.

Für 1 Anwendung:
1 TL Olivenöl, lauwarm, aber nicht zu warm
1 TL frischer Zitronensaft
außerdem: eine saubere Glaspipette und ein Frotteehandtuch

- Das Olivenöl zum Beispiel in einem Schälchen auf dem Heizkörper aufwärmen, bis es lauwarm ist. Den Zitronensaft unterrühren.
- Legen Sie sich auf eine Seite, mit einem Frotteetuch unterm Kopf. Mithilfe der Pipette 2 bis 3 Tropfen der Mischung ins oben liegende Ohr träufeln.
- Mindestens 5 Minuten einwirken lassen und dabei auf der Seite liegen bleiben. So kann die Mischung gut in den Hörgang laufen und das Ohrenschmalz einweichen.
- Nach ein paar Minuten auf die andere Seite drehen und das aufgeweichte Cerumen langsam in Richtung Ohrausgang fließen lassen. Zur Unterstützung den Unterkiefer hin- und herbewegen.
- Danach wieder auf die andere Seite zurückdrehen und mit leicht warmem Wasser nachspülen, wieder kurz einziehen lassen und wieder auf die andere Seite drehen, damit alles auslaufen kann.
- Danach den ganzen Vorgang mit dem zweiten Ohr wiederholen.

Ohrenspülung mit H_2O_2

LÖST DEN OHRENSCHMALZ LEICHT SCHÄUMEND

Am einfachsten und gründlichsten funktioniert die Reinigung des Ohrs mit einer 3-prozentigen H_2O_2-Lösung.

Für 1 Anwendung:
2–4 Tropfen Wasserstoffperoxidlösung (H_2O_2) 3 %
außerdem: eine saubere Glaspipette und ein Frotteehandtuch

- Legen Sie sich auf eine Seite, mit einem Frotteetuch unterm Kopf. Mithilfe der Pipette 1 bis maximal 2 Tropfen H_2O_2-Lösung ins oben liegende Ohr träufeln.
- Für etwa 10 Minuten das Ohrenschmalz einweichen und sich verflüssigen lassen. Während dieser Zeit wird es ein wenig im Ohr schäumen.
- Anschließend auf die andere Seite drehen. Nun sollte das Ohrenschmalz einfach aus dem Ohr herausfließen.
- Danach den Vorgang mit dem zweiten Ohr wiederholen.

WICHTIG

Bitte spülen Sie Ihre Ohren nur selbst, wenn Sie sicher sind, dass Ihre Gehörgänge und Trommelfelle nicht vorgeschädigt und frei von Infektionen sind. Ansonsten sprechen Sie lieber erst einmal mit Ihrem HNO-Arzt, der Ihre Ohren im Übrigen auch professionell reinigen kann.

Deodorants

Schwitzen ist an sich eine tolle Sache: Unser Körper leitet in einem Selbstreinigungsprozess Stoffwechselendprodukte aus, die wir nicht mehr im Körper brauchen und auch loswerden sollten – ein natürlicher, andauernder Detoxprozess. Was uns an diesem Vorgang stört, ist, dass der Schweiß anfängt zu riechen.
Der strenge Geruch entsteht, wenn die Bakterien auf der Haut den Schweiß zersetzen. Es sind vor allem die langkettigen Fettsäuren, die bei der Umwandlung zum stark riechenden Schweiß werden. Wie die Ausdünstungen jedes einzelnen Menschen riechen, hängt natürlich noch von anderen Faktoren ab, etwa von der Ernährung oder von Medikamenten.
Gründe für vermehrtes Schwitzen und unangenehmen Geruch können zum Beispiel auch Nikotin und Koffein oder eine Übersäuerung des Körpers sein.

GESUNDE DEOS – SELBST GEMACHT

Wer möchte nicht gut riechen? Deshalb versuchen wir, mithilfe von Deos ungute Ausdünstungen zu unterdrücken. Konventionelle Deos blockieren allerdings meist die Schweißdrüsen und verhindern dadurch den natürlichen Entgiftungsprozess. Zudem enthalten sie diverse synthetische Stoffe, die unserem Organismus schaden können. Natürliche Deodorants hingegen reduzieren nur – mithilfe gut verträglicher Stoffe – die Bakterien auf der Haut.
Mit unseren DIY-Deos haben wir die Kontrolle über die Inhaltsstoffe und wissen genau, was wir da auf die sensiblen Stellen unseres Körpers schmieren.
Generell ist es natürlich auch deshalb sinnvoll, sein eigenes Deo zu machen, weil wir damit viel Müll vermeiden können. Konventionelle Deos werden in Verpackungen aus Weißblech oder Aluminium, kombiniert mit Plastikteilen, angeboten, die nicht gut recycelbar sind. Noch ein überzeugendes Argument fürs Selbermachen.

DIY – ganz easy gegen Achselschweiß

Ein Deopuder aus Natron ist die schnellste und einfachste Methode, sich sein eigenes Naturdeo herzustellen. Aber auch ein selbst gemachtes Roll-on-Deo ist – mithilfe unserer Multitalente – kein Zauberwerk.
Um den Schweißgeruch einzudämmen, bedarf es aber nicht immer diverser Zutaten und einer Herstellungsphase. Einfach H_2O_2 in die Sprayflasche geben – und fertig. Dass es sogar noch simpler geht, beweist mein Tipp (unten)!
Probieren Sie es aus und finden Sie selbst heraus, welches der Deos Ihnen liegt und bei Ihnen die beste Wirkung hat. Ich wechsele immer mal durch, je nachdem, wie die Umstände gerade sind oder was ich im Haus habe.

MEIN TIPP

Wenn ich momentan kein DIY-Deo dahabe, befeuchte ich ein Cottonpad mit einer 3%igen H_2O_2-Lösung und betupfe damit meine Achseln.

Deospray aus H_2O_2

DESINFIZIERT UND REINIGT NACHHALTIG

Wasserstoffperoxid ist wunderbar als Deoersatz geeignet. Es dämmt die übermäßige Bildung von Bakterien ein, und die sind ja wie gesagt für die Geruchsbildung verantwortlich. Außerdem führt H_2O_2 Sauerstoff zu und verstopft die Poren nicht. Der Körper kann also weiter selbstständig entgiften.
Nach einer Achselhaarrasur kann H_2O_2 zudem verhindern, dass lästige, unangenehme Pickel unter der Achsel entstehen. Zwar kann es anfangs zu einem leichten Prickeln kommen, doch das verschwindet schnell wieder, und der Hautbereich ist dadurch extragut gereinigt.

Für 1 Sprühflasche:
50–100 ml Wasserstoffperoxidlösung (H_2O_2) 3 %
nach Belieben an warmen Tagen etwas Natron hinzugeben, um die Wirkung zu verstärken
außerdem: eine 50- oder 100-ml-Glasflasche, am besten mit Zerstäuberaufsatz

- Die Lösung in die Sprühflasche füllen. Bei Bedarf direkt unter die Achseln sprühen.

Deopuder aus Natron

WIRKSAM GEGEN GERÜCHE

Natron reguliert den pH-Wert der Haut und wirkt zudem austrocknend. Außerdem hat es leicht antiseptische und entzündungshemmende Eigenschaften. Das reduziert die Menge an Bakterien in den Achseln und führt so zu einer verminderten Geruchsbildung.
Pures Natron funktioniert sehr gut als Deo. Fein gemahlen, kann es ganz einfach unter die Achseln gepudert werden. Aber Vorsicht: Bei einigen Menschen kann Natron pur zu Hautreizungen führen.

Für 10–15 Anwendungen:
2 EL Natron (oder die Menge, die Sie anfertigen möchten)
außerdem: ein kleines Schraubdeckelglas und ein Pinsel

- Das Natron in einem Multizerkleiner oder Standmixer zu ganz feinem Pulver zermahlen.
- Das Pulver in einem Schraubglas aufbewahren.
- Bei Bedarf mit einem Pinsel in den Achselhöhlen auftragen.

Roll-on-Deo mit Natron

MILD MIT STARKER WIRKUNG

Flüssige Roll-on-Deos sind wirklich toll, weil sehr leicht herzustellen, sehr hautfreundlich, äußerst wirkungsvoll und leicht aufzutragen! Gerne können Sie ätherische Öle hinzufügen, die den Schweißgeruch neutralisieren, desinfizierend wirken und dem Deo einen feinen Duft verleihen.

Für ca. 50 ml Deo:
50 ml destilliertes Wasser
1 TL Speisestärke
1 TL Natron
nach Belieben: 5–8 Tropfen naturreines ätherisches Öl, zum Beispiel Salbei, Rose oder Citronella
außerdem: ein 50-ml-Deoroller aus Glas

- Das Wasser in einem kleinen Topf erhitzen. Bevor es kocht, die Speisestärke mit einem Schneebesen sehr gut darin verrühren.
- Die Masse einmal kurz unter Weiterrühren aufkochen lassen.
- Vom Herd nehmen und etwas abkühlen lassen. Dann das Natron mit dem Schneebesen unterrühren.
- Wenn ätherische Öle hinzukommen sollen, die Masse vorher noch etwas weiter abkühlen lassen. Ätherische Öle sind nämlich sehr empfindlich und gehen bei zu großer Hitze kaputt!
- Anschließend die Masse in den Deoroller füllen.

Deopuder aus Natron und Zeolith

MIT DOPPELTER KRAFT GEGEN DEN SCHWEISS

Wem das Natronsalz allein nicht reicht oder aber zu hautreizend ist, der kann es mit Zeolith mischen. Das mildert die Reizwirkung und verstärkt zugleich die Desodorierung, denn die neutralisierende, geruchs- und feuchtigkeitsbindende Wirkung des Zeoliths ergänzt die antiseptische und entzündungshemmende Eigenschaft von Natron.

Für ca. 30 Anwendungen:
2 EL Zeolith
2 EL Natron
außerdem: ein kleines Schraubdeckelglas und ein Pinsel

- Beide Pulver in einem Multizerkleiner oder Standmixer zu ganz feinem Pulver zermahlen.
- Die Mischung am besten in einem Schraubglas aufbewahren.
- Bei Bedarf mit einem Pinsel in den Achselhöhlen auftragen.

Roll-on-Deo mit Natron und Zinkoxid

FÜR STARK SCHWITZENDE PERSONEN

Um die Wirkung des Deos zu verstärken, kann man Zinkoxid hinzufügen. Ich habe es immer im Haus, weil ich damit, wie in meinem Buch *Kann ich selbst, mach ich selbst* beschrieben, meine eigene Sonnencreme herstelle. Zinkoxid ist mineralisch und hat die Fähigkeit, Wasser aufzunehmen, fördert die Wundheilung und wirkt leicht desinfizierend.

Für ca. 50 ml Deo:
50 ml destilliertes Wasser
1 TL Speisestärke
1 TL Natron
5–8 Tropfen ätherisches Öl nach Wahl (Citronella, Salbei oder Rose)
1 Msp. Zinkoxid
außerdem: ein 50-ml-Deoroller aus Glas

- Das Wasser in einem kleinen Topf erhitzen. Bevor es kocht, die Speisestärke mit einem Schneebesen sehr gut darin verrühren.

- Die Masse einmal kurz unter Weiterrühren aufkochen lassen.
- Vom Herd nehmen und etwas abkühlen lassen. Dann das Natron und das Zinkoxid mit dem Schneebesen unterrühren.
- Vor der Zugabe der ätherischen Öle die Masse noch etwas weiter abkühlen lassen.
- Anschließend in den Deoroller abfüllen.
- Vor Gebrauch jeweils schütteln, denn die kleinen Zinkoxidpartikel setzen sich manchmal am Boden ab.

Zitronen- oder Limetten-Deo

Das einfachste natürliche Deo überhaupt ist eine Zitrone oder Limette. Beide Zitrusfrüchte wirken antibakteriell. Die Fruchtsäuren senken den pH-Wert auf der Haut, wodurch geruchsfördernde Bakterien gar nicht erst entstehen. Die Zitrusfrüchte beruhigen zudem empfindliche Haut. Und weil die Frucht gekühlt aufbewahrt wird, erfrischt das Deo zusätzlich.

Für 5–6 Anwendungen:
1 Biozitrone oder -limette

- An einem Ende der Frucht ein Stück Schale rundum abschneiden. Dann an diesem Ende eine Scheibe abschneiden, sodass etwas Fruchtfleisch freiliegt.
- Mit der Fruchtfleischseite die trockene Achselhöhle bearbeiten.
- Die Frucht in einem geschlossenen Behälter im Kühlschrank aufbewahren. So hält sie bis zu 10 Tage.
- Bei jeder weiteren Benutzung immer wieder einen schmalen Streifen rundum abschälen und die Fruchtfleischkante neu anschneiden.
- Nach Anwendung des Zitrusdeos bitte auf die Sonnenbestrahlung achten wegen der auf Seite 102 beschriebenen möglichen Phytophotodermatitis.

Bäder

Eine prima Möglichkeit, sich Gutes zu tun – und das nicht nur an kalten Wintertagen –, sind Voll- und Fußbäder. Je nach gewünschter Wirkung können Sie Ihr Bad mit verschiedenen Multitalenten anreichern – mit Natron oder Zeolith, mit H_2O_2, EM oder Zitronensaft.

Basische Vollbäder fördern die Entgiftung und Entsäuerung über die Haut. Die unter der Haut eingelagerten Schlacken werden per Osmose ausgeschieden (wie das funktioniert, erkläre ich gleich). Das balanciert den Säure-Basen-Haushalt des gesamten Körpers aus, sorgt für eine geschmeidige, samtige Haut und tut auch der Seele gut.

Fußbäder sind ein bewährtes Hausmittel gegen Fußpilz, übermäßige Schweißbildung an den Füßen oder starken Geruch, aber auch bei Durchblutungsstörungen oder zur Entgiftung des Körpers. Und sie wirken entspannend.

BASENBÄDER ZUM ENTGIFTEN

Falls Sie mich schon etwas kennen, dann wissen Sie bestimmt, dass ich ein Fan von basischen Bädern bin. Dazu habe ich schon einige Videos gemacht und auch viel geschrieben.

Basenbäder sind in unserer heutigen Zeit wirklich sehr zu empfehlen. Jede Menge Symptome, die in der Schulmedizin nicht genau zuzuordnen sind, können nämlich möglicherweise von einer Übersäuerung unseres Körpers herrühren: Beschwerden wie Sodbrennen, chronische Darmprobleme, Bindegewebsschwäche (Cellulite), Haarausfall, fahle Haut und Hautunreinheiten genauso wie Stoffwechselstörungen von Rheuma bis Gicht, Neurodermitis, verkalkte Arterien, Allergien, Diabetes oder Osteoporose, Schmerzen und Verspannungen sowie ein geschwächtes Immunsystem – all das sind Symptome, mit denen wir mehr und mehr zu kämpfen haben. Oft kann hier Entsäuern helfen! Dafür sind Basenbäder meiner Erfahrung nach bestens geeignet.

Osmose braucht ihre Zeit

Die häufigste Frage, die mir immer wieder gestellt wird, ist, wie ich es denn eineinhalb oder zwei Stunden in der Badewanne aushalte (denn so lange dauert ein Basenbad). Darauf kann ich nur antworten: Nachdem ich die Wirkung der Bäder am eigenen Leib erfahren habe, ist es für mich wirklich gar kein »Aushalten«, sondern ein sehr entspannender »Detox-Kurzurlaub«.

Langer Rede kurzer Sinn: Ich kann das Basenbaden nur immer wieder empfehlen! Nehmen Sie sich ein Buch mit in die Wanne oder schauen Sie, so wie ich es mache, einen Spielfilm auf dem Laptop an.

Die Badezeit beträgt wie gesagt mindestens 90 Minuten, gern 120 Minuten. Die Badeosmose, die zum Entgiften beiträgt, setzt nämlich erst nach etwa 45 Minuten ein und braucht dann ihre Zeit. Durch die Osmose entsteht während des Bads eine Sogwirkung, sodass Säuren und Schlacken über die Haut ins Badewasser ausgeleitet werden.

Natron-Bäder

Osmose folgt generell dem Gesetz des Ausgleichs. Natron hat die Fähigkeit, den pH-Wert des Wassers von 7 auf circa 8,5 in den alkalischen Bereich anzuheben. Und der pH-Wert der Haut liegt bei 5,5, Wenn die pH-Werte auf zwei Seiten einer durchlässigen Membran (hier unsere Haut) sehr unterschiedlich sind, dann kommt es nach einiger Zeit zum Ausgleich dieser Werte. Im Basenbad gleichen sich Säuren und Basen durch die Osmose aus und neutralisieren sich. Dabei werden die unter der Haut angesammelten Säureschlacken gelöst und ausgeschwemmt.

Wer über einen längeren Zeitraum eine Basenbadekur macht, wird merken, dass der Austausch von Mal zu Mal schneller und intensiver wird. Gut zu erkennen ist das an den Schmutzablagerungen am Badewannenrand oder auf dem Boden der Wanne, die sich nach den Abfließen des Wassers zeigen.

ZUR INFO

Die Basenbäder sind nicht nur zum Entgiften wichtig, sondern auch bei **Pilzerkrankungen** hilfreich. Diese können sich erst in einem sauren Milieu ausbreiten, denn Pilze fühlen sich bei einem pH-Wert zwischen 4 und 6 so richtig wohl – wie auch der Steinpilz einen sauren Waldboden braucht, um groß und stark zu werden. Weil der Schweiß eines Erwachsenen einen pH-Wert von 4 hat, können Pilze prächtig auf der Haut gedeihen. Im alkalischen Milieu der Basenbäder gehen die Pilze hingegen ein.

Zeolith-Bäder

Entsäuern geht auch sehr gut mit Zeolith, der den pH-Wert des Badewassers auf 8,5 bis 9 anhebt. Als Badezusatz pflegt er die Haut und hält sie geschmeidig, schützt und reaktiviert ihre natürliche Schutzfunktion, entlastet und unterstützt den Abtransport von bereits über die Haut ausgeschiedenen Säuren. Zudem bringt er allgemein einen Entgiftungs- und Entschlackungsprozess in Schwung.

Wie kann das funktionieren? Stellen Sie sich einfach vor, Zeolith wäre magnetisch. Genauer: Seine starke Adsorptionsfähigkeit ermöglicht es, dass Stoffe an der großen Zeolithoberfläche haften bleiben – und zwar sowohl Säuren als auch Giftstoffe wie freies Chlor, Cäsium, Strontium oder Schwermetalle. Das Tuffgestein zieht alles an sich und bindet so die unterschiedlichsten Stoffe.

Basenbad mit Natron oder Zeolith

ZUR ENTGIFTUNG UND ENTSCHLACKUNG

Natron reagiert im Wasser leicht basisch, sodass sich das Wasser etwas weicher anfühlt. Gerade bei sehr hohem Kalkgehalt ist das angenehm, weshalb man die Natronmenge je nach Härtegrad des Wassers der Region etwas variieren kann.

Für 1 Vollbad mit 150 Litern:
ca. 4 EL Natron
oder ca. 3 gehäufte EL Zeolith
außerdem: ein Badethermometer

Für 1 Fußbad mit 10–15 Litern:
1–1 ½ EL Natron
oder 1 ½ gehäufte EL Zeolith

Vollbadanleitung:

- Die Wassertemperatur sollte bei 37 °C liegen, also Körpertemperatur haben. Wenn die Wassertemperatur während des Badens sinkt, einfach etwas Wasser ablassen und heißes Wasser nachfüllen.
- Badedauer: 90 bis 120 Minuten.
- Nach dem Baden bitte nicht die Haut eincremen. Sie werden sehen: Nach einigen Bädern wird Ihre Haut auch ohne Creme samtzart sein.
- Damit die gewünschte Entgiftungswirkung eintritt, mindestens 2-mal, gern 3-mal pro Woche über 4 Wochen durchführen.

Fußbadanleitung:

- Die Wassertemperatur sollte bei 39 bis 40 °C liegen. Wenn sie im Laufe der Badezeit sinkt, einfach etwas heißes Wasser hinzugeben.
- Badedauer: mindestens 45 Minuten.
- 2- bis 3-mal pro Woche über 4 Wochen anwenden.

FUSSBÄDER MIT SPEZIALEFFEKTEN

H_2O_2-Fußbad gegen kalte Füße, Schwielen und Pilze

Ein warmes Fußbad mit H_2O_2 ist aus mehreren Gründen eine wahre Wonne. Das Wasserstoffperoxid fördert die Durchblutung in Beinen, Bauch und Beckenraum, zudem bringt es spürbar Sauerstoff ins Gewebe – dadurch fühlt man sich schnell leicht und entspannt.

Das Fußbad weicht auch Hühneraugen und Schwielen auf, dicke Hornhautschichten und rissige Fersen werden weicher.

Die H_2O_2-Lösung kann zudem helfen, Fuß- und Nagelpilz schneller loszuwerden. Der Trick ist wieder der erhöhte Sauerstoff, denn Bakterien, Viren und Pilze fühlen sich im sauerstoffreichen Milieu einfach nicht wohl.

Zitronen-Fußbad bei Erkältungen

Das Zitronensaftbad wirkt antibakteriell, antiviral, entzündungshemmend, schmerzstillend und entspannend, fördert zudem die Durchblutung der Schleimhäute und kann so einem Schnupfen vorbeugen.

Bei den ersten Erkältungssymptomen, auch bei Kopfschmerzen, Migräne, Nervosität oder innerer Unruhe führt man es am besten gleich zweimal täglich durch.

EM-Fußbad fürs Immunsystem

Mit der regelmäßigen Anwendung von EM-Fußbädern können wir ein gesundes mikrobielles Milieu aufbauen. Das stärkt unser gesamtes Immunsystem und macht unsere Haut widerstandsfähiger, somit weniger anfällig für Keime und Krankheiten. Auch gegen Hautrisse, Schwielen und Fußschweiß wirken die Bäder vorbeugend und lindernd.

Ein gesundes Mikrobiom kann Nagel- und Fußpilz abwehren und eliminieren. Fußpilz ist ein Anzeichen für ein geschwächtes Immunsystem, oft auch für eine bereits vorhandene Candidose. Der Großteil aller Pilzinfektionen wird durch den Hefepilz *Candida albicans* verursacht, der auch andere feuchtwarme Körperregionen befallen kann. Gegebenenfalls wäre dann eine Therapie am gesamten Körper zu empfehlen.

MEIN TIPP

An alle, die ständig **kalte Füße** haben: Probieren Sie es mal mit Fußbädern! Nach ein paar Wochen stellt sich eine dauerhaft bessere Durchblutung der Peripherie ein, und die Füße sind fühlbar wärmer. Generell fördern alle Fußbäder, regelmäßig angewendet, die Entschlackung und Durchblutung, allerdings hilft das H_2O_2-Fußbad bei chronisch kalten Füßen besonders gut.

Fußbad mit H_2O_2

DURCHBLUTUNGSFÖRDERND UND PFLEGEND

Für 1 Fußbad:
50–60 ml Wasserstoffperoxidlösung (H_2O_2) 3 %
4 l Wasser, 38–39 °C warm
außerdem: eine Schüssel oder ein Eimer und ein Badethermometer

- Das Wasserstoffperoxid ins Wasser geben und die Füße darin 30 bis 40 Minuten lang baden.
- Am besten 2- bis 3-mal wöchentlich.

MEIN TIPP

Auf sichtbar vom **Pilz** befallene Hautstellen an den Füßen und auch anderen Körperregionen kann die 3-prozentige Wasserstoffperoxidlösung unverdünnt mit einer Sprühflasche oder einem Kosmetikpad aufgetragen werden. Sie sollte antrocknen, um ihre Wirkung richtig entfalten zu können.

Fußbad mit Zitronensaft

BEI ERKÄLTUNGEN UND KOPFSCHMERZEN

Für 1 Fußbad:
3–5 l warmes Wasser (ca. 50 °C)
5–8 EL Zitronensaft
außerdem: ein Wasserkocher, eine Schüssel oder ein Eimer, ein Badethermometer und ein Paar dicke Wollsocken

- Das Wasser im Wasserkocher erwärmen und den Zitronensaft auspressen.

- Den Eimer oder die Schüssel knöchelhoch mit warmem Wasser füllen – evtl. mit kaltem Wasser mischen, bis die Temperatur bei 35 °C liegt. Den Wasserkocher mit dem restlichen warmen Wasser neben die Schüssel stellen.
- Den Zitronensaft ins Fußbad geben.
- Beide Füße in den Eimer stellen. Alle 2 Minuten etwas ca. 50 °C warmes Wasser nachgießen, bis die Wassertemperatur im Eimer schließlich 39 °C erreicht. Der leichte Temperaturanstieg und die Zitronensäure steigern die Durchblutung des gesamten Körpers und der Schleimhäute.
  Bei 39 °C weitere 2 Minuten im Bad verweilen. Gesamtdauer: etwa 15 Minuten.
- Die Füße nicht abtrocknen, sondern lediglich abstreifen und in warme Wollsocken packen.

Fußbad mit EM

GEGEN FUSSPILZ UND FÜR EIN STARKES MIKROBIOM

Auch bei diesem Fußbad ist die Wassertemperatur wichtig, denn unsere Effektiven Mikroorganismen mögen es nicht besonders warm.

Für 1 Fußbad:
5 EL EM-Lösung
5 l warmes Wasser, 25–30 °C
außerdem: eine Schüssel oder ein Eimer und ein Badethermometer

- Die EM ins Wasser geben und die Füße darin für 15 bis 30 Minuten baden.
- Danach die Füße nur leicht abtupfen und am besten an der Luft trocknen lassen.
- Dieses Fußbad kann zur Stärkung des Immunsystems 3-mal pro Woche wiederholt werden.

Tretkuren

Wer den Pfarrer Kneipp kennt, weiß, dass er ein großer Befürworter der Kaltwasser-Tretkuren war – und er empfahl auch das »Schneegehen« zum Kreislaufankurbeln. Also lassen Sie uns die Schuhe mal an den Nagel hängen und in die pure Natur eintreten.

BARFUSS IM SCHNEE UND MOOS

Schneegehen
Wir wünschen ihn uns zu Weihnachten, weil er zu unserer romantischen Vorstellung vom Fest der Liebe gehört, oder auch für verschiedene sportliche Aktivitäten im Winter wie Ski- oder Snowboardfahren. Doch dabei wird eigentlich immer vergessen, wie wichtig Schnee für unsere Erde und den natürlichen Kreislauf ist. Schnee schützt zum Beispiel die Pflanzen vor zu tiefen Temperaturen und liefert zugleich dem Boden zwei wichtige Elemente, nämlich Wasserstoff und Sauerstoff, und das auch in Form von H_2O_2. Dieses natürliche Wasserstoffperoxid können wir uns zunutze machen.
Ein kurzer Spaziergang im Schnee bringt so viele Vorteile, dass ich gar nicht weiß, wo ich anfangen soll: Schneegehen …

- trägt zur Abhärtung, also zur Stärkung des Immunsystems bei;
- sorgt für erhöhte Durchblutung; wer schnell friert oder unter kalten Füßen leidet, dem kann eine mehrwöchige Winterkur helfen;
- regt den Kreislauf an und weckt alle Lebensgeister – man fühlt sich, als hätte man in einem Jungbrunnen gebadet;

- reinigt die Füße, sodass die Haut später vor Reinheit quietscht; Fußschweiß, Warzen und Fußpilz werden positiv beeinflusst;
- macht Spaß und bringt uns zum Lachen, weil es so prickelt.

Tautreten

Tautreten im feuchten Gras bewirkt Ähnliches wie Schneetreten. Und wir können auch im restlichen Jahr erfrischt in den Tag starten.

Barfußlaufen auf einem natürlichen, feuchten Untergrund tut nicht nur den Füßen selbst gut, sondern hat eine enorme Wirkung auf Körper und Geist.

An unseren Füßen befinden sich viele Reflexzonen, die mit verschiedenen Organen in Verbindung stehen. Durch das Barfußgehen werden diese Punkte stimuliert, dadurch Impulse gesetzt und die Organfunktion unterstützt. Zudem werden Durchblutung und Lymphsystem stimuliert und so die körpereigenen Entgiftungs- und Reinigungprozesse angeregt.

Sowohl beim Schneegehen als auch beim Tautreten geschieht ein Ionenaustausch. Dieser führt unter anderem direkt zum Abbau von Stress in unserem Organismus. Der Stress des Alltags erzeugt überwiegend positiv geladene Ionen; eine positive Wirkung auf uns haben aber die negativ geladenen Ionen, und diese kommen in natürlichen Böden vor. Das führt beim Barfußlaufen zu einem Ausgleich oder einer Art Osmose. Das passiert übrigens nicht, wenn man Barfußschuhe trägt.

Tautreten wirkt …

- entspannend und stressregulierend,
- entgiftend,
- Immunsystem stärkend,
- durchblutungsfördernd,
- Regenerationsprozesse und Zellerneuerung unterstützend.

Schneegehen

FÜR EIN STARKES IMMUNSYSTEM, GUTE DURCHBLUTUNG UND SAUBERE FÜSSE

Wichtig: Ihre Füße müssen warm sein, wenn es in den Schnee geht. Und: Es dreht sich hier nicht um stundenlange Spaziergänge!

Das brauchen Sie:
sauberen, weichen (!) Neuschnee
ein Handtuch, warme Socken und bequeme, schnell aus- und anziehbare Winterschuhe

- Die ersten Gehversuche bitte kurz halten, also einige Sekunden lang. Mit etwas Übung können Sie für bis zu 3 Minuten Ihre Runden durch den Neuschnee drehen.
- Bewegen Sie sich und marschieren Sie munter durch den frischen Schnee.
- Wird die Kälte brennend oder schneidend, ist es Zeit, das Schneegehen zu beenden.
- Die Füße kurz abrubbeln oder gleich in die warmen Socken und Schuhe schlüpfen.

Tautreten

ZUR ENTSPANNUNG, STÄRKUNG UND ENTGIFTUNG

Um von den positiven Wirkungen des Barfußlaufens zu profitieren, sollten Sie, wann immer es geht, die Schuhe ausziehen!

Das brauchen Sie:
eine leicht feuchte Wiese *oder* einen Waldboden mit feuchtem Moos
ein Handtuch, Socken und bequeme Schuhe

- Morgens früh 10 bis 20 Minuten lang barfuß über den feuchten Untergrund laufen.
- Danach die Füße leicht abtupfen und in Socken und bequeme Schuhe schlüpfen.
- Als Kur 3-mal wöchentlich durchführen.

IN HAUS & GARTEN

Lebensputz

Jetzt geht's ans Eingestaubte! In diesem Kapitel möchte ich Sie mit überwältigenden Argumenten zu einer Form des Putzens motivieren, die schonend für Umwelt und Gesundheit ist. Nebenbei verbrennen wir auch noch Kalorien und entschlacken. Richtig gemacht, ist Reinigung von was auch immer wirklich keine Strafarbeit, sondern eine Übung in Achtsamkeit.

Womit putzen Sie?

Nach dem Körperputz möchte ich mit Ihnen nun unser Lebensumfeld reinigen. Was unseren Körper betrifft, haben wir meiner Ansicht nach schon ein gewisses Gespür für natürliche oder zumindest nicht gesundheitsschädliche Reinigungsprodukte entwickelt. Bei den Putzmitteln für den unmittelbaren Lebensraum achten viele Menschen aber noch kaum auf die direkten gesundheitlichen Auswirkungen. Denn wieso sollten die Inhaltsstoffe von Putzmitteln Auswirkungen auf unsere Organe, unser Wohlbefinden oder unser Umfeld haben? Schließlich spült oder wischt man diese Substanzen ja weg! Aus den Augen, aus dem Sinn …

Doch die Art und Weise, wie wir putzen, hinterlässt in allen Richtungen Spuren, die nicht so leicht wegzuwischen sind. Meiner Meinung nach putzen wir mit unabsehbaren Spätfolgen. Hier greife ich noch mal meine Frage vom Anfang auf: Ist wirklich alles sauber, was glänzt?

DIE KUNTERBUNTE WELT DER REINIGUNGSMITTEL

Damit wir beim »Reinemachen« nichts falsch machen können, werden wir mit Dutzenden Spezialreinigern, die uns das Leben erleichtern sollen, versorgt. Vermutlich gibt es ein *Must-have* der Putzmittel: Im Durchschnitt finden sich in jedem Haushalt 15 Produkte.

Kennen Sie das? Sie stehen im Supermarkt in der Abteilung für Reinigungsmittel, und die vielen fröhlich bunten Plastikflaschen springen Sie förmlich mit ihrer Reinigungskraft an. Man meint, sie riechen zu können, die Frische und die Reinheit. Alle Plastikflaschen zeigen auf ihren Etiketten glänzende Kacheln und Duschstangen, spiegelgleiche Fußböden und farbintensive Wäsche. Unterstützt wird die Botschaft mit Bildern von saftig spritzigen Orangen und Zitronen oder traumhaftem Lavendel – alles in modernem Design mit poppigen Farben. Yippie Yeah! Putz- und Waschmittel sind hip, total fröhlich, bringen strahlende Farbe und Sauberkeit in unser Leben, und dann duftet alles auch noch so gut! Doch Sie wissen es ja sicherlich: Alles, was »frisch« riecht, ist nicht zwingend frisch und schon gar nicht natürlich. Wirkliche Frische riecht ganz anders.

Weil es ach so schön ist, sollen wir uns nicht mit einem einzigen lumpigen Allzweck- und Universalreiniger begnügen. Nein, wir sollen, wenn es nach der Reinigungsmittelindustrie geht, aus dem Vollen schöpfen. Deshalb gibt es im Prinzip für jeden Fleck und Klecks ein extra Reinigungsmittel. Scheuermilch und Antikalkspray, Glas- und WC-Reiniger in vielen Varianten, Geschirrrspülmittel und Klarspüler, Waschpulver und Flüssigwaschmittel in knallbunten und »sehr praktischen« Tabs oder Pods (Gelkissen), Funktionsstoffwaschmittel und Hygienespüler, Weichspüler, Pflegespülungen, Wäsche-Conditioner … Nicht zu vergessen die Waschmittel »aktiv plus«! Diesen ist meistens nur etwas Zitronensäure und/oder H_2O_2 beigefügt.

Ganz hoch im Kurs stehen Kombinationen aus Reinigungs- und Desinfektionsmittel. Und wie könnte es anders sein: Es gibt sogar extra Spezialreinigungsmittel, um die Spülmaschine oder die Waschmaschine zu reinigen.

Wir reinigen also, was das Zeug hält, und zerstören dabei zugleich viel. Zum Beispiel unser Mikrobiom, die körpereigene Abwehr. Denn wir putzen nicht nur Dreck und Schmutz weg, sondern auch die für unsere Gesundheit und Umwelt lebenswichtigen Mikroorganismen.

Mehr Verträglichkeit ist gefragt

Unter all den eben aufgezählten Reinigungsmitteln gibt es eine Kategorie, die immer wichtiger wird: Wasch- und Reinigungsmittel für empfindliche Menschen mit Allergien, Asthma und sensibler Haut. Spätestens jetzt sollten wir hellhörig werden. In diesen Mitteln, die sicher nicht nur für zwei oder drei Leute entwickelt wurden, stecken nur hautverträgliche Duftstoffe und keine Farb- und Konservierungsstoffe. Na also, geht doch anscheinend! Aber warum gibt es denn nicht nur solche Mittel?
Duftstoffe können natürlichen Ursprungs sein, aber meistens sind sie künstlich hergestellt und oft Auslöser für Juckreiz, Allergien und Atemnot. Solche Chemikalien sind nicht nur Bestandteil von Wasch- und Reinigungsmitteln, sondern auch in Kosmetikprodukten zu finden. Gerade durch Wasch- und Reinigungsmittel gelangen diese synthetischen Duftstoffe ins Abwasser. Viele von ihnen sind biologisch schwer abbaubar, und einige wirken zudem toxisch auf unsere Gewässerorganismen.
Was ich meine: Weniger ist mehr! *Back to the Roots.* Die heutzutage gebräuchlichen Reinigungssubstanzen schädigen alles auf diesem Planeten, und zwar nachhaltig, also auf lange Zeit. Um sauber zu leben, brauchen wir gar nicht so viel, wie uns immer weisgemacht wird.

Putzen, ohne dabei Dreck zu machen

Ich habe mich von den konventionellen Mitteln zu fast 100 Prozent verabschiedet. Ich putze mit unseren Multitalenten. In diesem Kapitel habe ich meine Rezepte für Sie zusammengetragen. Wenn Sie es erst einmal ausprobiert haben und sehen, wie gut Sie damit alles in Ihrem Haushalt reinigen können, werden Ihnen noch ganz andere eigene Rezepte einfallen.

Alles sauber im Haushalt

Wenn Sie unsere Multitalente zur Hand haben, brauchen Sie kein anderes Putzmittel mehr. Ob fürs Wischen oder Waschen, Entkalken oder Spülen – meine DIY-Mittel sind leicht selbst hergestellt, ähnlich wirksam wie die kunterbunten Chemiekeulen, aber unvergleichlich besser für uns und unsere Umwelt.

Küche & Bad reinigen

Effektive Mikroorganismen (EM), Natron und Zitronensäure reinigen perfekt Geschirr und Oberflächen, neutralisieren Gerüche und sind sehr leicht anzuwenden.

OBERFLÄCHEN MIT EM PUTZEN

Beim Reinigen der Oberflächen in Küche und Bad verlasse ich mich mittlerweile auf die Hilfe meiner kleinen »Freunde«, der Mikroorganismen. Ich gebe zu und erinnere mich, dass es sich anfangs merkwürdig anfühlte, damit zu putzen. Es dauert etwas, bis man versteht und sieht, was hier passiert. Und Sie werden wirklich merken: Es geht hier um eine ganz natürliche Reinheit. Der leicht säuerliche Geruch verfliegt, wie schon erwähnt, recht schnell, und nach einer Weile werden Sie auch bemerken, dass die Oberflächen nicht mehr so leicht Schmutz ansetzen. Konventionelle Reiniger greifen nämlich die Oberflächen an, unsere fleißigen Helferlein aber versiegeln sie quasi. Selbstverständlich können Sie mit der EM-Lösung auch die Toilette putzen, denn sie löst den Kalk, und festgesetzter geruchsbildender Schmutz und schlechte Bakterien werden eliminiert.

Der Unterschied zur Desinfektion

Wichtig: Die Reinigung geschieht hier probiotisch, nicht antibiotisch. Normalerweise sagen wir, etwas sei »desinfiziert«, um zum Ausdruck zu bringen, es sei wirklich »keimfrei sauber«. Desinfektionsmittel wirken aber immer weniger, weil Keime durch übertriebene Desinfektion mehr und mehr Resistenzen entwickeln.
Die Gefahr hierbei ist, dass sich schneller wieder pathogene, also krankheitserregende Keime ansiedeln. Das hat für unsere Umwelt und unsere Gesundheit fatale Folgen.
Durch das Putzen mit Effektiven Mikroorganismen haben die regenerativen Mikroorganismen (siehe Seite 34) die Chance, sich zu ver-

mehren und die pathogenen Keime zu verdrängen. Das Ergebnis ist ein gesundheitsförderndes, stabiles Umfeld.

Die richtige Verdünnung

Zum Putzen werden EM fast immer mit Wasser verdünnt. Das gilt auch im Garten, wo unverdünnte EM die Wurzeln verätzen könnten. Ausnahmen beim Putzen sind nur grobe Verschmutzungen, etwa auf Granit oder Keramik, oder um Rostflecken zu entfernen oder einen stark verstopften Abfluss zu reinigen.

Das passende Mischverhältnis von Wasser und EM probieren Sie bitte selbst aus. Die Angaben schwanken je nach Anbieter und Produkt. Ob EM1, EM Gartenaktivator, EM Blond oder EMa – jeder Hersteller hat seine eigene Rezeptur. Von 3 bis 4 EL in einem Putzeimer oder 1 EL auf ¼ Liter Wasser ist alles möglich. Ich habe mir meine Mischverhältnisse selbst ausgetüftelt und bin sehr zufrieden damit.

Gut zu wissen: Eine EM-Wasser-Mischung ist höchstens 2 bis 3 Tage haltbar, deshalb setze ich immer nur kleine Mengen an.

Regelmäßigkeit ist das A und O!

Sehr wichtig ist vielleicht noch zu erwähnen, dass es hier nicht um den gelegentlichen Frühjahrsputz geht, sondern dass wir – zur Förderung unserer Gesundheit – mäßiges, aber regelmäßiges Saubermachen anstreben wollen! Hört sich womöglich leicht verschroben an, ist es aber nicht! Soll heißen: Es geht nicht um die einmalige Anwendung einer hohen Konzentration, sondern um die ständige Förderung der regenerativen Mikrobenstämme. Regelmäßiger Nachschub erhält das positive Milieu im Haushalt aufrecht. Der Clou: Es sammelt sich auch nicht mehr so schnell Schmutz an. Letztlich bedeutet das also weniger Putzaufwand. Zudem stärken Sie Ihr Immunsystem und werden weniger mit Allergien und Reizungen zu tun haben.

EM-Spray als Allroundreiniger

PRAKTISCH FÜR ALLE OBERFLÄCHEN

Es ist immer von Vorteil, EM-Mischungen zu versprühen, denn so können Sie sie fein dosiert großflächig ausbringen. Hier die Mischung, die ich in der Regel für Oberflächen verwende.

Für die Reinigung kleinerer Flächen:
10 ml EM-Lösung
490 ml Wasser (Zimmertemperatur)
außerdem: eine 500-ml-Sprühflasche aus dunklem Glas und einen Putzlappen

- EM und Wasser in die Sprühflasche füllen und verschütteln.
- Einfach die Oberflächen damit einsprühen und die Lösung etwas einziehen lassen, bei groben Verschmutzungen länger einwirken lassen.
- Dann mit Putzlappen oder Schwamm die Lösung abtragen.
- Trocken nachwischen – und fertig.

Fußböden mit EM putzen

Ob Parkett, Laminat, Stein- oder Keramikfliesen: Ich wische meine Böden mit EM.

Für die Reinigung von Böden:
50 ml EM-Lösung
5 l lauwarmes Wasser, nicht zu heiß (siehe Tipp).

- Einfach wie gewohnt damit putzen.

Fenster und Spiegel mit EM putzen

GLASKLARE ERGEBNISSE

Fensterputzen mit EM geht einfach und schnell, und das Ergebnis ist hervorragend. Zudem habe ich das Gefühl, dass die Fenster nicht so schnell wieder anfällig für Staub werden. Regenwasser prasselt einfach ab.

Für 1 Anwendung:
EM-Allroundreiniger in der Sprühflasche (siehe links)
außerdem: ein Fensterwischer (Abzieher) und ein Baumwolltuch

- Einfach die Oberfläche mit der Mischung einsprühen und diese kurz einwirken lassen.
- Dann mit einem Lappen oder einem Fensterabzieher abwischen.

KALK- & ALLZWECKREINIGER MIT ZITRONENKRAFT

Kalkflecken sind nicht wasserlöslich. Deshalb brauchen wir hier die besondere Kraft der echten Zitrone. Mit meinem Spezialreiniger verschwindet Kalk schnell und einfach. Ich putze damit fast alles, ob in Küche oder Bad die Armaturen, das Waschbecken, die Badewanne und auch die Toilette. Das ist das Tolle an all unseren Multitalenten: Wir können eigentlich fast alles damit pflegen, waschen und putzen.

MEIN TIPP

Generell können Sie mit EM alles Mögliche reinigen. Zu beachten ist immer nur, dass die Effektiven Mikroorganismen kein heißes Wasser (nie über 40 °C) mögen, denn das würde sie zerstören.
Dreckige Türrahmen, festsitzender Staub auf Lampen, hartnäckiger Schmutz auf Schränken, klebrige Ablagerungen auf der Dunstabzugshaube …: Wenn es sich um sehr resistenten Schmutz handelt, passe ich mein Mischverhältnis an, zum Beispiel auf 2 Teile Wasser und 1 Teil EM-Lösung. Und in manchen Fällen verwende ich die EM einfach pur und lasse sie eine Weile einwirken.
Schwierige Verschmutzungen können Sie aber auch mit dem folgenden Spezial-Zitronenreiniger entfernen.

Spezial-Zitronenreiniger

MIT BIOKRAFT GEGEN FETT UND KALK

Dieser Spezialreiniger wirkt einfach phänomenal! Alles wird strahlend sauber, es riecht zudem unglaublich gut und frisch – und das ohne synthetische Inhalts- und Duftstoffe. Wir benötigen dafür das Mesocarp der Zitrone. Das ist die weiße schaumige Schicht unter der gelben Zitronenschale.
Zero Waste: Die gelbe Schale verarbeite ich zu einem sehr leckeren Zitronensalz (siehe Seite 137). Und wenn Sie die Zitrone zuerst halbieren und auspressen, dann können Sie den Saft trinken oder – wie auch die Fruchtfleischreste – für die Hautpflege nutzen.

Für 300 ml Reiniger:
2 Biozitronen
300 ml destilliertes Wasser
außerdem: ein sauberes 500-ml-Schraubglas (am besten mit H_2O_2-Lösung ausgespült), eine saubere 300-ml-Sprühflasche und einen Sparschäler

- Die gelbe äußere Schale der Zitronen mit einem Sparschäler abnehmen (nur bis zur weißen Schicht) und für die Herstellung des Zitronensalzes beiseitelegen.
- Mit dem Sparschäler die weiße schaumige Schicht, das Mesocarp, bis zum Fruchtfleisch abschälen.
- Die Mesocarpstreifen in ein gut gereinigtes Schraubglas geben und mit destilliertem Wasser auffüllen. Mindestens 4 bis 5 Tage, gern auch länger, ziehen lassen. Wichtig: Die Mesocarpschale sollte immer mit Wasser bedeckt sein, sonst kann sich Schimmel bilden, und dann wäre der Superreiniger nicht gelungen.
- Die Flüssigkeit abseihen und in eine saubere Sprühflasche füllen.
- Das Zitronenwasser hält im Kühlschrank mehrere Wochen lang. (Ich kann von 8 Wochen berichten, doch wahrscheinlich hält es noch länger; nach circa 8 Wochen ist es bei mir aber immer aufgebraucht.)
- Die Anwendung ist einfach: Das Zitronenputzmittel aufsprühen und kurz einwirken lassen. Dann normal putzen, mit einem Baumwolltuch oder einem Schwamm nachwischen – und schon ist alles blitzeblank.

SCHEUERMILCH MIT ZEOLITH

Wer Keramikflächen wie Badewanne oder Waschbecken, aber auch Töpfe zum Strahlen bringen möchte, der kann das ganz einfach mit mit einer Art Scheuermilch aus unseren Multitalenten machen. Das Tolle daran: Wenn Sie Ihre Badewanne mit dieser DIY-Scheuermilch putzen statt mit einem konventionellen Mittel, können Sie die Wanne danach gleich benutzen, weil sie nicht mit Chemikalien kontaminiert ist, die zu Hautreizungen führen können.

MEIN TIPP

So können Sie aus der gelben Zitronenschale ein **Zitronensalz** machen, das ein köstliches Gewürz für herzhafte oder süße Speisen ist:

- Die Schale auf ein Gitter oder Netz legen und ein paar Tage lang trocknen lassen.
- Dann zusammen mit einem guten Stein- oder Meersalz in einen Multizerkleinerer geben und – je nach Wunsch – zu einem ganz feinen oder eher etwas gröberen Pulver mahlen.
- In einem sauberen Schraubglas wäre das Zitronensalz sicher 1 bis 2 Jahre haltbar – doch ist es bis dahin sicher längst aufgebraucht …

Cremige Scheuermilch

GLANZ FÜR KERAMIK UND KOCHTÖPFE

Der Zeolith kann entweder mit Wasser oder einem der anderen Multitalente angerührt werden. Zeolithe sind Ionenaustauscher, die den Kalk aufnehmen und speichern, deshalb funktioniert diese Paste so gut.

Für 1 Anwendung nach Bedarf frisch ansetzen:
2 Teile Zeolith
1 Teil Flüssigkeit: wahlweise Wasser, H_2O_2 (3 %), EM-Lösung oder Spezial-Zitronenreiniger (siehe Seite 135)

- Die Zutaten in einer Schüssel vermengen. Die Creme sollte nicht zu flüssig sein, sondern eine feste, cremige Konsistenz haben.
- Diese Paste dann am besten mit einer Bürste oder einem Schwamm gut auf der zu putzenden Fläche verteilen. Danach mit Wasser nachspülen. Und fertig – alles glänzt, ob Töpfe oder Waschbecken.
- Wichtig: Da hier keine Konservierungsstoffe enthalten sind, kann die Paste nicht auf Vorrat angesetzt werden, sondern immer nur für den momentanen Gebrauch.

ZITRONEN
REINGER

KEIMFREIHEIT MIT WASSERSTOFFPEROXID

Wenn Sie es keimfrei haben wollen, dann können Sie alle Flächen im Haushalt mit H_2O_2 reinigen, ob in Küche oder Bad. Schließlich wurden zum Beispiel in Krankenhäusern noch bis vor einigen Jahren grundsätzlich alle Oberflächen mit Wasserstoffperoxid desinfiziert. Inzwischen wurde es aber von diversen anderen Hygienereinigern abgelöst. Der Trend geht jedoch mehr und mehr zurück zu dieser sehr zuverlässigen Reinigungsmethode.

Ich selbst reinige meine Oberflächen schon auch manchmal mit 3-prozentigem H_2O_2, aber eher selten, denn ich muss meinen gesamten Haushalt meiner Empfindung nach nicht komplett desinfizieren. Für den Alltag reichen mir meine EM- und Zitronenreiniger.

Allerdings setze ich H_2O_2 punktuell und sehr gezielt für die Haushaltshygiene ein, zum Beispiel, um meinen Kühlschrank zu reinigen.

ZUR INFO

Die 3-prozentige, mit Wasser verdünnte Wasserstoffperoxidlösung schadet Ihrer Haut nicht, Sie müssen also keine Handschuhe beim Putzen tragen. Ein Nebeneffekt könnte höchstens sein, dass Ihre Fingernägel leicht aufgehellt werden, wenn sie aus welchen Gründen auch immer zum Vergilben neigen.

Den Kühlschrank mit H_2O_2 reinigen

DAMIT DIE LEBENSMITTEL SAUBER LAGERN

Im Kühlschrank fühlen sich einige ungute Keime allzu wohl. Deshalb reinige ich den kompletten Kühlschrank von Zeit zu Zeit gründlich mit 3-prozentiger H_2O_2-Lösung. Ich lasse sie mindestens 5, gerne aber 15 Minuten einziehen, bevor ich alles abtrockne. Ich wische nicht mit Wasser nach.

MEIN TIPP

Spülbecken und Arbeitsflächen in der Küche reinige ich ab und zu mit 3-prozentigem H_2O_2, aber nicht regelmäßig. Für die tägliche Reinigung nehme ich EM, wie bereits ab Seite 132 beschrieben.

Toiletten mit H_2O_2 putzen

HYGIENE AM STILLEN ÖRTCHEN

Ich empfehle, die Toilette von innen und außen mitsamt der umliegenden Kacheln von Zeit zu Zeit mit H_2O_2 zu behandeln – speziell, wenn Sie viel Besuch oder Publikumsverkehr haben. So habe ich das auch schon vor Jahren in meinem Restaurant gehalten. Dadurch ist alles sauber und hygienisch, aber es riecht nicht nach billigem künstlichem Klosteinreiniger, und die Luft und Leute werden auch nicht vergiftet.

- 3-prozentige H_2O_2-Lösung am besten in eine Sprühpumpflasche füllen und damit den gesamten Toilettenbereich einsprühen.
- Ein paar Minuten einziehen lassen.
- Dann mit einem Lappen nachwischen – fertig.

Saubere Lappen und Schwämme

»KEIMBOMBEN« ENTSCHÄRFEN

Was sehr oft unterschätzt wird: Die Ansammlung verschiedenster Keime in Küchenschwämmen und Putzlappen ist enorm hoch. Obwohl ich nichts von absoluter Keimfreiheit in einigen Bereiche halte, finde ich eine derartige Konzentration an Bakterien nicht mehr schön. In so einem Küchenschwamm oder Lappen können teilweise mehr Bakterienstämme ansässig sein als in der Toilette!

Also ab damit ins H_2O_2-Bad ... Und ich lege oft noch Küchenhandtücher mit hinein, bevor ich diese anschließend in der Waschmaschine wasche. So werden übrigens nebenbei auch die Farben wieder sehr schön frisch.

Pro Anwendung:

H_2O_2 (Wasserstoffperoxid) 3 % und
Wasser im Verhältnis 1 : 1
außerdem: eine Schüssel aus Keramik oder Kunststoff (sie sollte nur so groß sein, dass alle Tücher und Schwämme mit der Lösung bedeckt sind, damit kein H_2O_2 verschwendet wird)

- Die Schwämme und Lappen in die Schüssel legen und die verdünnte Lösung für ca. 30 Minuten einwirken lassen.
- Die Lösung dann in die Spüle oder Toilettenschüssel schütten.
- Die Lappen und Schwämme nur auswringen und trocknen lassen.

OBST UND GEMÜSE REINIGEN

Wie gesagt bin ich eine große Anhängerin des *Zero Waste* und immer bemüht, so wenig Müll wie möglich zu machen. Deshalb lagere ich meine Lebensmittel sehr sorgfältig, und dazu gehört für mich auch, mein Obst und Gemüse nach dem Einkauf und vor dem Verräumen in den Kühlschrank oder die Obstschale erst von Keimen zu befreien.

Die wenigsten machen sich Gedanken darüber, obwohl es doch eigentlich ganz logisch ist: Auf Gurken, Äpfeln, Zitronen, Zucchini, Salat & Co haben sich diverse Keime und auch Chemikalien angesammelt, wenn sie – nach Ernte, Transport, Lagerung, Sortierung ... – im Supermarkt landen. Diese Keime können nicht nur krank machen, sondern auch dazu führen, dass das Gemüse und Obst schneller schlecht wird.

Wissenschaftler untersuchen gerade, mit welchen Methoden sich Noroviren bekämpfen lassen. Diese können auf rohen oder tiefgekühlten Lebensmitteln sitzen und sehr unangenehme Magen-Darm-Erkrankungen auslösen. 2012 erkrankten rund 11 000 Menschen nach dem Verzehr von TK-Erdbeeren an Brechdurchfall.

Eine gute Methode, Obst und Gemüse gründlich zu reinigen, ist die Behandlung mit einer dreiprozentigen Wasserstoffperoxidlösung. Ich fahre damit sehr gut und merke, dass Obst und Gemüse durch den Sauerstoff zudem viel länger frisch und knackig bleiben.

Wer möchte, kann alles anschließend abspülen, aber weil Wasserstoffperoxid nur aus Sauerstoff und Wasserstoff besteht, habe ich keine Angst vor Rückständen. Zudem gibt es einige Menschen, die H_2O_2 auch innerlich anwenden. Das werde ich demnächst mal ausprobieren.

H_2O_2-Bad für Obst & Gemüse

SO BLEIBEN SIE LÄNGER HALTBAR

Für 1 Anwendung:
100–150 ml H_2O_2 (Wasserstoffperoxid) 3 %
3 l lauwarmes Wasser
1 Schüssel aus Keramik oder Kunststoff (oder das Spülbecken – je nach der Obst- und Gemüsemenge)

- Wasser und H_2O_2 mischen und das frisch gekaufte Obst und Gemüse hineingeben.
- Für ca. 15 Minuten einwirken lassen.
- Danach das Obst und Gemüse abtropfen lassen und verräumen.

MEIN TIPP

Wer Sorge hat, dass das Obst im Wasserbad Vitamine verliert, kann es mit der Mischung einsprühen, diese 5 Minuten einwirken lassen und dann mit kaltem Wasser abspülen.
Und wer kein H_2O_2 zu Hause hat, kann das Gleiche auch mit einer Apfelessiglösung machen.

ALTERNATIVER ABFLUSSREINIGER

»Wenn der Abfluss mal verstopft ist, ja, was ist denn schon dabei? Da nimmt man Abflussfrei, das macht den Abfluss frei!« Diesen Werbeslogan haben wir in den 1980er-Jahren gesungen und fanden das lustig … Wenn ich heute daran denke, wird mir ganz schlecht, und ich schäme mich für meine Unbedarftheit. Und ich gebe zu, dass ich auch mal Abflussfrei benutzt habe. Eine Chemiewolke ist aufgestiegen, beißend und scharf, und ich habe sie eingeatmet. Mir wurde schlecht, und ich hatte tagelang Halsschmerzen wegen verätzter Schleimhäute.
Solche Chemikalien sehe ich heute als Körperverletzung an. Auf den Verpackungen steht: »Bitte nicht einatmen!«, und es wird vor Hautreizungen und Augenkontakt gewarnt. Aber was noch viel schlimmer ist: Bei jedem ist ja mal ein Rohr verstopft, und wenn Millionen von Menschen diese ätzenden Substanzen ins Abwasser leiten, dann ist es um unsere Wasserqualität ganz schlecht bestellt.

Den Abfluss reinigen

SO WERDEN VERSTOPFTE ROHRE WIEDER FREI

Rohre verstopfen, weil Haare, Seifenreste, Fette & Co sich zu Schlacken zusammenballen. Am besten helfen dann mechanische Methoden wie die Saugglocke, auch Pümpel genannt. Das ist sicherlich die preiswerteste und umweltschonendste Art der Rohrreinigung. Um auch unangenehmen Geruch zu entfernen, benutze ich seit Jahren EM.

- Etwa 100 ml EM-Lösung unverdünnt in den Abfluss geben und für ein paar Stunden einwirken lassen.
- Anschließend gründlich mit Wasser nachspülen.

SCHIMMEL BEKÄMPFEN

Schimmelflecken im Haus sind ein Graus! Denn Schimmelsporen können uns krank machen, Allergien, Hautreaktionen oder Atemnot auslösen. Deshalb sollten wir sofort handeln, wenn wir erste Anzeichen sehen, damit erst gar keine größere Belastung entstehen kann.
Im Kampf gegen schwarze oder rotbraune Schimmelflecken lassen uns unsere Multitalente nicht im Stich. Mit Natron und etwas Zeolith werden Sie der Sache schnell wieder Herr.
Wichtig: Generell sollten alle Räume immer ausreichend und regelmäßig belüftet werden.

Anti-Schimmel-Mischung

GEGEN SCHIMMELPILZ AN FLIESEN UND WÄNDEN

Tragen Sie am besten eine FFP2-Maske, wenn Sie den Schimmel entfernen.

Menge je nach Größe der betroffenen Fläche:
1 Teil Zeolith
2 Teile Natron
1 Teil Wasser
außerdem: ein Schwamm und eine Zahnbürste, um in die Ecken zu kommen; eine FFP2-Maske
H_2O_2 (Wasserstoffperoxid) 3 % zum Nachreinigen

- Zeolith, Natron und Wasser mischen. Die Lösung auf die befallenen Stellen auftragen und je nach Verschmutzungsgrad kürzer oder länger einweichen lassen.
- Anschließend mit der H_2O_2-Lösung nachreinigen. Unbedingt auch den Schwamm und die Zahnbürste damit reinigen. Dann können die Utensilien auch weiterhin zum Einsatz kommen.
- Weiterbehandlung: Einmal pro Woche die befallene Stelle, aber auch den gesamten Raum mit EM-Lösung besprühen, am besten mit unserem EM-Putzmittel (siehe Seite 134).

Fugen aufhellen

WENN NICHT SCHIMMEL DIE URSACHE IST

Die folgende Mischung eignet sich gut, um generell etwas nachgedunkelte Kachelfugen zu reinigen und aufzuhellen.

Für 1 Anwendung (Menge bitte je nach Größe der Fläche, die zu bearbeiten ist, anpassen):
50 ml H_2O_2 (Wasserstoffperoxid) 3 %
1 TL Zitronensäure
1 Messerspitze Natron

- Die Zutaten mischen und zum Beispiel mit einem Schwamm auf die Fugen auftragen. Mindestens 15 bis 20 Minuten einwirken lassen.
- Dann gut abreinigen, mit Bürste oder Schwamm schrubben und zuletzt gründlich mit Wasser nachspülen.

MEIN TIPP

Beim Fugenbearbeiten mit Wasserstoffperoxid 3 % empfehle ich Ihnen, Handschuhe zu tragen, weil die Lösung nicht mit Wasser verdünnt wird. Je nachdem, wie lange Sie an den Fugen arbeiten, ist das vielleicht angenehmer für Sie. Ohne Handschuhe kann es leicht prickeln, falls Sie kleine Verletzungen auf der Haut oder dem Nagelbett haben. Und die H_2O_2-Lösung kann, wie gesagt, die Nägel etwas aufhellen.

DAS RAUMKLIMA MIT EM VERBESSERN

Was beim Putzen meist unterschätzt wird, ist die Qualität der Luft, die wir während dieser Arbeit einatmen. Wenn Sie mit EM putzen, haben Sie immer einen Mehrwert, denn Ihr Umfeld und Ihr Raumklima werden nicht nur hygienischer, sondern auch gesünder. Selbstreinigungsmechanismen werden in Gang gesetzt. Wir sprechen ja gern von einem guten Raumklima, haben es aber meistens nicht. Doch das wäre wichtig, denn die Qualität der Luft wirkt sich direkt auf unser Wohlbefinden aus. Ohne Atmung geht gar nichts im Körper. Alle Organe, insbesondere aber unser Gehirn – und damit unser Denken und Fühlen – sind auf eine gute sauerstoffreiche Luft angewiesen. Man sagt: »Du bist, was du isst«, und ich glaube, wir sind auch so drauf, wie wir atmen.

Luftreinigung mit EM

RAUMSPRAY MIT MEHRWERT

Effektive Mikroorganismen verbessern immer ihre Umgebung. Den Raum mit der EM-Mischung zu besprühen macht spürbar wach und gut gelaunt. EM reinigen, klären und energetisieren die Luft, sorgen für ein gesundes Wohnklima und stärken zudem das Immunsystem von Mensch und Tier.
Gerade für Menschen mit Allergien ist es einen Versuch wert, denn Pollen und trockene Luft werden reduziert. Auch unangenehme Gerüche können so neutralisiert werden. Symptome wie Kopfschmerzen, Müdigkeit, gereizte trockene Schleimhäute können verschwinden. Tief durchzuatmen macht einfach mehr Spaß.

Für mindestens 100 m² Wohnfläche:
10 ml EM-Lösung
400 ml Wasser
1 dunkle Glasflasche (braun oder blau) mit Zerstäuberaufsatz

- Wasser und EM-Lösung in der Sprühflasche mischen.
- Die Mischung hoch in den Raum sprühen, also den Arm dabei in die Luft strecken. Dann rieselt der Sprühnebel rund um Sie herab.

Nach ein paar Tagen werden Sie vermutlich schon eine Verbesserung spüren.

- Fangen Sie langsam an und besprühen Sie Ihre Räume zu Anfang 1- bis 2-mal pro Woche. Sie werden merken, aber kaum riechen, wie sich das Raumklima oder Atemklima verändert.

Geschirr spülen

Essgeschirr, Töpfe und die Flächen, auf denen wir unsere Lebensmittel zubereiten, sollten so natürlich wie möglich gereinigt werden, denn Rückstände der Spülmittel können in unsere Lebensmittel übergehen. Laut dem Umweltbüro Berlin-Brandenburg (UBB) bleiben geringe Mengen auf dem Geschirr zurück, die jedoch meist als unbedenklich eingeschätzt werden. Pro Jahr nehmen wir so etwa 0,1 Gramm Spülmittel zu uns. Das ist wenig, aber Kleinvieh macht auch Mist. Zeit zum Umdenken also: Viel hilft nicht immer viel, und mehr Spülmittel macht das Geschirr nicht sauberer als sauber.

BLITZEBLANK OHNE CHEMIE

Spülmittel aus natürlichen Zutaten sind leicht selbst gemacht – und wir wissen genau, was drin ist!

Natron-Geschirrspülmittel

GANZ OHNE PLASTIKFLASCHE

Ich bereite mir mein Spülmittel natürlich selbst zu – und nur relativ wenig davon, denn ich brauche das Handspülmittel sehr selten, und es ist zudem sehr lange haltbar.

Für ca. 500 ml Spülmittel:

450 ml Wasser
30 g vegane, also rein pflanzliche Kernseife ohne Zusatzstoffe und nicht überfettet (siehe Seite 148)
1 TL Natron
nach Belieben: 5 Tropfen ätherisches Lavendelöl
außerdem: eine verschließbare, saubere 500-ml-Glasflasche, eine Küchenreibe, ein Schneebesen

- Die Kernseife fein raspeln.
- Das Wasser erhitzen, die Seifenflocken hineingeben und mit einem Schneebesen umrühren, bis sie sich vollständig aufgelöst haben. Dann abkühlen lassen.
- 1 TL Natron zugeben und gut mit dem Schneebesen verrühren.
- Wenn alles ganz abgekühlt ist, optional ätherisches Öl dazugeben.
- In die Flasche abfüllen. Fertig!
- Bitte beachten Sie, dass keine Tenside in unserem DIY-Spülmittel sind. Die Zutaten können sich deshalb etwas absetzen, das bedeutet aber nicht, dass das Produkt schlecht geworden ist. Vor Gebrauch die Flasche einfach gut schütteln.

Geschirrspülmaschinen-pulver

MEIN »NON-TOXIC DISHWASHER DETERGENT«

Das Geschirr wird strahlend sauber, und zwar wirklich sauber. Die synthetischen Stoffe aus den industriell gefertigten Pods, Gels und sonstigen gepressten Chemiebomben können wie gesagt auf unserem Geschirr einen ungesunden Film hinterlassen, den wir völlig unbewusst immer mitessen und -trinken! Das muss ja nicht sein.

Zutaten für 500 g:
4 gehäufte EL reines Soda/Waschsoda
5 gehäufte EL Natron
5 gehäufte EL Ursalz (bitte kein Salz mit Jodzusatz oder Rieselhilfen)
1 EL Zitronensäure
nach Belieben: ein paar Tropfen reine ätherische Öle, zum Beispiel Lavendel- oder Teebaumöl (siehe Info)
außerdem: ein Schraubglas

- Alles in einer Schüssel verrühren und in ein sauberes Schraubglas abfüllen.
- Das Glas beschriften, damit klar ist, was drin ist (und niemand denkt, es sei Zucker ...)!
- Trocken gelagert ist das Pulver mindestens 2 Jahre haltbar.

Dosierung pro Spülgang:
1 TL für eine kleine Geschirrspülmaschine.
1 EL für eine große Geschirrspülmaschine.

ZUR INFO

Nicht alle ätherischen Öle lassen sich gut in der Kläranlage abbauen. Zitrusöle – wie Zitronen-, Orangen- und Grapefruitöl – können eventuell problematisch sein. Das Umweltbundesamt warnt, dass der Inhaltsstoff Limonen als umweltgefährlich eingestuft ist. Er kann Allergien auslösen und ist sehr giftig für Wasserorganismen. Der Tropfen Öl im selbst gemischten Spülmittel wäre an sich kein Problem. Aber da auch konventionelle Putzmittel immer öfter Zitrusöl enthalten, kommt im Abwasser vermutlich einiges zusammen.

Geschirrspülmaschine mit EM reinigen

HILFREICH GEGEN UNANGENEHME GERÜCHE

Mit der Zeit setzen sich Lebensmittelreste und Schlacken in den Sieben der Geschirrspülmaschine ab. Das kann zu unangenehmen Gerüchen führen. Hier ist es wirklich nicht nötig, einen Spezialreiniger zu verwenden, das wäre wieder nur eine Extrabelastung für unsere Umwelt. Es geht auch anders:

- Das Sieb herausdrehen.
- Einfach alle Teile abspülen und in eine EM-Lösung einlegen. Ab und zu wenden.
- Dann alle Reste mit einer Bürste oder einem Schwamm abnehmen. Und das Sieb wieder einsetzen.

Schon ist alles wieder sauber, die Waschleistung der Maschine ist wieder besser, und es wurde kein extra Reinigungspodukt eingesetzt.

Holzflächen mit Natron reinigen

SO WERDEN SCHNEID- UND FRÜHSTÜCKSBRETTER NICHT ZU KEIMSCHLEUDERN

Natron und Zitronensaft sorgen für einen basischen pH-Wert. So können sich keine Pilze und Sporen auf dem Holz ansiedeln.

Pro Anwendung:
etwas Natron
einige Tropfen frisch gepresster Zitronensaft

- Das Brett im Spülbecken mit Wasser abwaschen.
- Etwas Natron auf das feuchte Brett streuen und ein paar Tropfen Zitronensaft darübergeben.
- Nun das Brett leicht mit dem entstandenen Schaum gleichmäßig abbürsten.
- Anschließend mit Wasser nachspülen und das Brett trocknen lassen.

Den Wasserkocher mit Zitronensäure entkalken

EIN EINFACHES UND EFFEKTIVES HAUSMITTEL

Pro Anwendung:
2 EL Zitronensäure
1 l Wasser

- Wasser und Zitronensäure in den Wasserkocher geben, vermischen und erhitzen, aber nicht aufkochen lassen.
- Je nach Grad der Verkalkung bis zu mehreren Stunden einwirken lassen. Anschließend gründlich ausspülen.

Angebranntes mit EM oder Zitronensäure ablösen

ERSTE HILFE FÜR TÖPFE UND PFANNEN

Hier gibt es zwei gute Möglichkeiten: mit EM und mit Zitronensäure. Beide Mittel würde ich übrigens nicht auf Teflonbeschichtungen anwenden, wohl aber auf einer Keramikbeschichtung.

Angebranntes mit EM lösen:

- Die einfachste Methode: Unverdünnte EM-Lösung auf das Angebrannte gießen und über mehrere Stunden einwirken lassen.
- Mit Lappen, Schwamm oder Bürste abnehmen und gründlich mit Wasser nachspülen.

Angebranntes mit Zitronensäure lösen:

1 EL Zitronensäure
250 ml Wasser

- Beide Zutaten im Topf mischen, einmal aufkochen lassen und mindestens 30 Minuten bis eine Stunde lang einwirken lassen.
- Dann entfernen und mit Wasser nachspülen.

ZUR INFO

Wir denken immer, Edelstahltöpfe seien unkaputtbar. Wenn etwas angebrannt ist, schrubben wir kräftig mit mechanischen und chemischen Hilfsmitteln und vergessen dabei: Auch diese Oberflächen können wir aufrauen und beschädigen. Dadurch brennt und backt dann beim nächsten Mal alles noch schneller an. EM reinigen, wie ich vorhin schon kurz beschrieben habe, die Oberflächen, ohne sie zu beschädigen, und geben ihnen einen gewissen Schutz, weshalb ich von »versiegeln« gesprochen habe.

Textilien reinigen

Wäsche waschen, Flecken behandeln, Teppiche und Matratzen reinigen – in meinem Haushalt geht nichts ohne meine bewährten Multitalente.

WÄSCHE WASCHEN

Mein DIY-Waschpulver ist schnell gemacht, kostet nicht viel, ist umweltfreundlich und wäscht die Wäsche strahlend weiß und sauber. Seit mehr als zwei Jahren wasche ich meine Wäsche mit diesem Waschmittel.
Ich habe es erst einmal eine Weile ausprobiert, um wirklich berichten zu können, wie es auf Dauer funktioniert. Und ich muss sagen, ich bin total begeistert. Die Wäsche vergraut nicht, ist immer weich und riecht gut. Ich kann auf konventionelles Waschmittel komplett verzichten, denn so geht es mir viel besser.
Das Schwierigste an diesem Rezept ist, eine rein pflanzliche **Kernseife** zu finden! Das hört sich zwar an, als würde ich etwas übertreiben, dem ist aber nicht so. Die meisten Kernseifen enthalten tierische Zusätze. Außerdem ist es sehr wichtig, keine überfettete Kernseife zu verwenden. Deren Ölanteil beträgt etwa 10 Prozent, weil die Seifen dadurch milder und hautverträglicher sind. So viel Fett können wir beim Waschen aber nicht gebrauchen.
Das **Spülmaschinensalz** enthärtet das Wasser, was auch die Waschwirkung verbessert.
Kuschelweich wird Ihre Wäsche dann, wenn Sie möchten, einfach mithilfe der natürlichen Weichspüler Zitronensäure oder Natron.

Mein DIY-Waschpulver

FÜR WEISS- ODER BUNTWÄSCHE

Für 900 g Waschpulver:
150 g vegane Kernseife
200 g Waschsoda
200 g Natron
175 g Spülmaschinensalz
175 g Zitronensäure (für Buntwäsche die Zitronensäure niedriger dosieren oder ganz weglassen)
Wer es duftig mag, kann gern 8–10 Tropfen ätherische Öle dazugeben
außerdem: eine Küchenreibe und ein Schraubglas

- Die Kernseife reiben und in eine Schüssel geben. Alle anderen Zutaten unterheben. Beim Vermischen bitte darauf achten, den eventuell aufsteigenden Pulvernebel nicht einzuatmen.
- Das Waschpulver in ein verschließbares Glas umfüllen und beschriften.

Weichspülervarianten mit Zitrone und Natron

Die jeweilige Menge an Zitronensäure oder Natron können Sie an den Härtegrad des Wassers Ihrer Region anpassen.

ZITRONE ALS WEICHSPÜLER

1 unbehandelte Biozitrone, sehr gut ausgepresst
außerdem: ein BH- oder kleiner Wäschewaschsack mit Reißverschluss (feinmaschig)

- Die ausgepressten Hälften der Zitrone in den Wäschesack stecken und zur Wäsche in die Trommel geben.

Microplane
DEST.
H2O
ZITRONEN
SÄURE
NATRON
SALZ
SODA

ZITRONENSÄURE ALS WEICHSPÜLER

- Die einfachste Anwendung: 1 Teelöffel Zitronensäurepulver ins Weichspülerfach geben.

MEIN TIPP

Bei manchen Waschmaschinen ist der Kanal, durch den der ja meist flüssige Weichspüler fließt, sehr dünn. Damit er nicht verstopft, kann das Zitronensäurepulver vorab im Mixer zu einem feinen Puder gemahlen werden. Es lohnt sich, dieses Puder gleich in einer größeren Menge herzustellen, denn die Zitronensäure ist so in allen Einsatzgebieten besser zu verarbeiten.

DUFTENDER ZITRUS-WEICHSPÜLER

4 EL Zitronensäurepulver
1 l destilliertes Wasser
20–40 Tropfen ätherisches Öl
außerdem: eine 1-l-Glasflasche mit Schraubdeckel, zum Beispiel eine Milchflasche

- Die Zutaten in der Flasche gut mischen.
- Jeweils 50–100 ml pro Waschgang in das Weichspülerfach geben.

NATRON-WEICHSPÜLER

2 TL Natronpulver
100 ml Wasser

- Die Zutaten vermischen und ins Weichspülerfach geben.

SAUBERE WÄSCHE MIT EM-KERAMIK

EM-Keramik ist eine spezielle Keramik, die mit EM-fermentiertem Ton hergestellt wird und die Wasserqualität verbessern soll – sei es Trinkwasser, Wasch- und Spülwasser oder im Swimmingpool. Ihre Wirkung lässt sich laut *www.Emiko.de* auf ihre positive Schwingungsenergie zurückführen, die von den lebenden Mikroorganismen und ihren Stoffwechselprodukten herrührt und im gebrannten Ton gespeichert bleibt.
Gibt man EM-Produkte wie Keramik-Pipes oder eine Waschkugel mit in die Waschmaschine, kann man auf Weichspüler komplett verzichten und die Waschmittelmenge mindestens um die Hälfte reduzieren, bei der Waschkugel sogar ganz weglassen.

EM-Keramik-Pipes

Die Pipes sind kleine Keramikröhrchen. Sie verändern die Oberflächenstruktur des Wassers, wie es sonst nur Tenside können. Die Wassercluster, das heißt, die zusammenhängenden Wassermoleküle, werden getrennt und dadurch verkleinert. Das Wasser wird feiner und weicher und kann so besser in die Fasern der Wäsche eindringen. Schmutz und Flecken können beim Waschen besser aus den Gewebefasern gelöst werden.
Besonders gut ist dies für Menschen mit Allergien und Hauterkrankungen. Chemische Rückstände, Reste von Tensiden und Duftstoffen und anderes, was die Haut reizen kann, wird aus der Wäsche gelöst. Und je weniger Waschmittel nötig ist, desto geringer grundsätzlich das Allergiepotenzial der Wäsche.

Waschen mit EM-Keramik-Pipes

GARANTIERT MIT WOW-EFFEKT!

- Für die Waschmaschine brauchen Sie 15 bis 30 kleine graue EM-Keramik-Pipes, abhängig von der Wasserhärte Ihrer Region. Probieren Sie einfach aus, wie viele Pipes notwendig sind. Ich nehme 30 bei dem hohen Härtegrad unseres Wassers.
- Die Pipes werden in einem Säckchen in die Waschtrommel gegeben (siehe unten).
- Ich empfehle das Waschen bei 40 Grad. Mit unserem Waschpulver und den Pipes reicht das völlig aus, um eine tolles sauberes Waschergebnis zu bekommen. Das gilt für bunte und weiße Wäsche.

Ein sicheres Pipes-Netz

SCHONT DIE WASCHMASCHINE

Sie können die Pipes in ein kleines Wäschenetz oder BH-Wäschenetz einnähen. Es geht aber auch ein Beutel mit sicherem Reißverschluss. Einen Beutel, der nur mit einem Band zugezogen wird, würde ich nicht nehmen, denn er könnte sich während des Waschgangs öffnen – und dann könnten die Keramik-Pipes in die Maschine gelangen. Ich habe meine Pipes in ein selbst gemachtes Stoffsäckchen eingenäht.

Das brauchen Sie für den DIY-Beutel:
dünnen Stoff oder Netzstoff
15–30 EM-Keramik-Pipes
außerdem: Nähmaschine, Garn

MEIN TIPP

Die Pipes sind für viele Wäschen einsetzbar und lange verwendbar. Allerdings ist mir bei meinen Recherchen aufgefallen, dass es sich bei diesem Reinigungssystem um ein offenes Filtersystem handelt. Was die EM-Keramik aufnimmt, gibt sie eventuell irgendwann wieder ab. Deshalb sollte man die Pipes alle 3 bis 4 Wochen – je nach Häufigkeit der Anwendung – gründlich reinigen: Dafür die Pipes in kochendes Wasser legen und 5 bis 10 Minuten lang auskochen.

Waschen mit Waschkugel
Ich habe bei den Recherchen selbstverständlich auch eine Waschkugel gekauft und ausprobiert. Mein Resümee: Das empfundene Waschergebnis ist gut, aber ich bin nicht supereuphorisch. Irgendwie macht mir die Waschkugel nicht gar so viel Spaß, ihr ständiges Schlagen in der Trommel nervt mich persönlich etwas. Aber das liegt natürlich daran, dass meine Waschmaschine in der Wohnung steht und nicht im Keller. Bitte probieren Sie es einfach selbst aus und finden Sie Ihren eigenen Favoriten!

FLECKEN BEHANDELN

Generell halte ich neue Flecken feucht und versuche, sie sofort zu behandeln. Ein eingetrockneter Fleck macht viel mehr Arbeit! Ich habe sehr gute Erfahrungen damit gemacht, EM-Lösung aufzusprühen und die Mikroorganismen ihren Job machen zu lassen, gern über Nacht. Am nächsten Tag wasche ich das Kleidungsstück ganz normal. Je nach Textilie und Farbe setze ich auch H_2O_2 oder Natron und Zitronensäure ein.

MEIN TIPP

Dicke Textilien, die sich nicht gut und einfach waschen lassen – wie Winterjacken, Sackos, schwere Vorhänge oder auch Sofas –, können Sie mit einer EM-Lösung einsprühen, dann sehr gut auslüften und später absaugen. Das ist eine bewährte chemikalienvermeidende, textilschonende und wassersparende Reinigungmethode.

TEPPICHREINIGUNG MIT SCHNEE

Diese altbewährte Methode wird manche Oma, die auf dem Land lebt, noch kennen. Mehr Natur geht nicht. Und mal ehrlich: Die Mittel, die es zu kaufen gibt und auf Teppiche gestreut oder gesprayt werden, ekeln mich schon allein beim Gedanken daran.
Wir putzen mit frischem Schnee! Im Schnee ist H_2O_2 enthalten, das den Staub und Dreck aus den Fasern holt, sodass die Farben des Teppichs wieder herrlich leuchten. Rollen Sie also Ihren Teppich zusammen, sobald es geschneit hat, und ab damit ins Freie!
Sie brauchen außerdem eine Schaufel, einen Schrubber und für größere Teppiche am besten auch eine Teppich- oder Schaukelstange fürs Trocknen.

Und so geht's:

- Mit einer Schaufel etwas Schnee auf den Teppich geben und mit einem Schrubber gut einbürsten. Dabei soll der Teppich nicht komplett nass werden, sondern nur leicht feucht.
- Den Teppich ausschütteln, sodass die schwarzen, gebundenen Krümel rausfallen können.
- Zum Trocknen den Teppich über eine Stange hängen. Anschließend den trockenen Teppich eventuell noch absaugen. Fertig.

EIN GESUNDES SCHLAFKLIMA

Guter Schlaf ist mehr als Gold wert. Deshalb sollten wir immer daran denken: Wie man sich bettet, so liegt man … Aber ehe wir zum Bett kommen, erst einmal ein anderes Basic:
Natürlich ist ein gutes Raumklima sehr wichtig. Ich sprühe mein Schlafzimmer alle 10 bis 14 Tage mit EM-Lösung ein (siehe »Das Raumklima mit EM verbessern«, Seite 143). Lüften ist auch ein Muss, gerade vorm Zubettgehen.
Und nun zur ebenso wichtigen Betthygiene: Dazu gehört, dass die Bettwäsche regelmäßig ausgelüftet und gewaschen wird. Auch die Matratze sollten wir nicht vernachlässigen. Gerade hier sammeln sich sehr gern Milben an (was übrigens kein Zeichen für mangelnde Sauberkeit ist). Die Matratze muss auch nicht jede Woche gereinigt werden, aber ein- bis zweimal im Jahr lohnt es sich, und die Schlafqualität wird sich dadurch deutlich verbessern.
Kleiner Tipp: Beginnen Sie morgens mit der Prozedur, damit genug Einwirkzeit bleibt, bevor Sie wieder ins Bett gehen wollen.

Matratzenreinigung

MIT NATRON GEGEN MILBEN, SCHMUTZ & CO

Das brauchen Sie:
ca. 5–8 g Natronpulver pro Matratzen-Quadratmeter
außerdem: Staubsauger, Multizerkleinerer, breiter Pinsel, kleines Gefäß mit Wasser, Bettlaken

- Die Bettwäsche entfernen und die Matratze kräftig absaugen.
- Natronpulver in einem Multizerkleinerer zu einem Puder mixen.
- Das feine Natronpuder mit einem leicht feuchten Pinsel auf die Matratze auftragen und mit kreisenden Bewegungen ein wenig einarbeiten. Den Pinsel dabei immer wieder neu leicht befeuchten.
- Die Matratze dann mit einem Laken abdecken und das Natron 6 bis 10 Stunden einziehen lassen. (Das Laken kommt anschließend in die Wäsche.)
- Danach die Matratze sehr gründlich und kräftig absaugen.

So sind viele Milben entfernt worden, Staub, Schmutz, Hautschuppen und eventuelle schlechte Gerüche wurden gebunden. Eventuell sind auch leichte Verfärbungen aus der Matratze herausgegangen.

Rund um Garten, Balkon und Terrasse

Oft wissen wir etwas erst zu schätzen, wenn wir es nicht mehr haben. Wertschätzung gegenüber der Natur, der Tier- und Pflanzenwelt ist elementar wichtig für uns. Sie sollte sich in Interesse, Wohlwollen, Empathie, Pflege und Erhaltung ausdrücken. Wir wollen viel und fordern der Natur alles ab. Es ist aber an der Zeit, ernsthaft darüber nachzudenken, was wir selbst der Natur bieten sollten.

Gesunde Erde ist das A und O!

Wir alle lieben die Natur, und die Natur liebt ihre Vielfalt. Genau hier liegt das Problem: Natur und Menschen gehen heute keine Symbiose mehr ein. Wir wollen einen Nutzen aus der Natur ziehen – und das in vieler Hinsicht. Wir wollen die Schönheit der Natur, die Gärten und die Wälder genießen und dort Ruhe und Entspannung finden. Wir brauchen die Felder und Ernten, aber auch die saubere Luft, die uns die Pflanzen spenden. Wir wollen viel und bieten im Gegenzug sehr wenig an Respekt, Verständnis und Unterstützung für die natürlichen Regenerierungskreisläufe. Wir sprechen zwar immer davon, dass wir die Natur retten müssten, aber letztendlich müssen wir meiner Meinung nach *uns* retten, denn die Natur könnte sich ohne den Menschen sehr gut selber retten. Da es nun mal in der Natur einiger Menschen liegt, immer das Maximum aus allem herauszuholen und sich die Natur untertan zu machen, müssen wir genau hier ansetzen und ein ganz besonderes Augenmerk auf diese Ausbeutung und die Umweltverschmutzung richten. Unsere Erde leidet und kann sich bald nicht mehr so schnell regenerieren, wie wir Raubbau an ihr betreiben. Dieser Raubbau findet nicht nur in der Ferne – wie in den Urwäldern des Amazonas – statt, sondern auch vor unserer eigenen Haustür.

IM GARTEN ANFANGEN, DIE ERDE ZU RETTEN

Auch bei uns ist die Vielfalt der Pflanzen und Tiere bedroht. Denken wir nur an die dringende Rettung der Bienen und anderer Insekten. Genau hier sollten wir auch im »Kleinen«

anfangen, etwas zu verändern. Zum Beispiel wird vieles, was wir in der freien Natur oder im Garten finden, als »Unkraut« bezeichnet. Dabei gibt es eigentlich gar kein Unkraut – das ist ein Unwort. Wir sollten es vielmehr als »Beikraut« verstehen! Weil wir es aber für Unkraut halten, rupfen wir es nicht nur fleißig aus, damit unser Garten gepflegt und ordentlich aussieht, sondern wir vernichten es auch gezielt und nicht selten mit scharfer Chemie.

Unkrautvernichter: Gift für die Böden

Diese Mittel werden als universale Reinigungsmittel für den perfekten Garten gehandelt. Ich liste hier mal einige typische klein gedruckte Gefahrenhinweise auf den Etiketten für Sie auf:

- »Giftig/schädlich für Wasserorganismen, mit langfristiger Wirkung.«
- »Bei Verschlucken: Bei Unwohlsein Giftinformationszentrum oder Arzt anrufen.«
- »Freisetzung in die Umwelt vermeiden« (das finde ich übrigens bei einem Unkrautvernichtungsmittel besonders bemerkenswert!)
- »Inhalt/Behälter einer anerkannten Abfallentsorgungsanlage zuführen.«
- »Verschüttete Mengen aufnehmen.«

Manche dieser Produkte werden zwar als »bienenfreundlich« beworben, weil kein Glyphosat enthalten ist, aber wir sollten dennoch die Finger davon lassen, um eine groß angelegte Zerstörung unserer Natur zu verhindern. So ein Mittel vernichtet nicht nur »Unkraut«, sondern gelangt in die natürlichen Kreisläufe und verursacht nachhaltige Schäden. Mikroorganismen werden zerstört, die Insektenvielfalt reduziert, und unser Wasser wird vergiftet.

Unsere Böden und unser Wasser brauchen – wenn überhaupt – Mittel und Produkte, die biologisch abbaubar sind und die Wasserkreisläufe, also auch unser Trinkwasser, nicht nachhaltig schädigen. Ob Unkrautvernichter oder Düngemittel – wenn man sich mit der Zusammensetzung und den Inhaltsstoffen auseinandersetzt, dann wird schnell klar, dass man diese Mittel nicht verwenden will.

Wussten Sie, dass in konventionellen Düngemitteln unter anderem auch Hornmehl, Blutmehl, Schlachtabfälle und Fischmehl untergemischt und nur »versteckt« etikettiert werden? Also wirklich nichts, was wir als Nährstoffe in unsere Gemüsebeete geben sollten.

Hilfe zur Selbsthilfe für die Natur

Wir müssen umdenken und wieder für mehr Biodiversität sorgen, sonst haben wir zwar ordentliche, perfekt angelegte Gärten, begradigte Flüsse, eine in riesige Felder aufgeteilte, industriell bewirtschaftete Landschaft, aber das natürliche Gleichgewicht der Natur ist zerstört, unsere Böden sind ausgedörrt und ohne Kraft und Nährstoffe. Das wird uns ziemlich sicher schon bald sehr teuer zu stehen kommen.

Deshalb versuche ich, meinen Beitrag zu leisten – und vielleicht ist auf den folgenden Seiten die eine oder andere Anregung für Sie dabei.

Bionahrung für den Boden

Unsere Böden sind aufgrund von Dauerbelastung ausgelaugt, und wir sollten ihnen natürliche Nährstoffe zurückgeben. Deshalb stelle ich Ihnen gleich *Bokashi* vor, meinen absoluten Top-Favoriten im Garten. Aber EM und Zeolith möchte ich hier ebenso wenig missen.

EM IM GARTEN

Effektive Mikroorganismen sind auch im Garten multitalentiert: Sie dienen zur Düngerherstellung, zur Anregung der Humusbildung im Boden sowie zur Schädlingsbekämpfung. Und mit EM-Keramik lässt sich die Qualität von Gieß- und Teichwasser merklich verbessern.

Wenn Sie Ihre Beete mit EM pflegen, werden Sie schnell merken, was dem Boden und Ihnen gefehlt hat. Ist der Boden nämlich wieder gesund und kraftvoll, werden wir es auch sein.

BODENVERBESSERUNG MIT ZEOLITH

Auch unser Multitalent Zeolith kann als Bodenverbesserer dienen. Gezielt eingesetzt, ist er bei der Pflanzenpflege sehr hilfreich. Weil die vulkanische Mineralerde ein Speichertalent ist, wird sie, gemischt mit Erde, zu einem schlauen Dosierer für Nährstoffe und Feuchtigkeit.

Zeolith verhindert bei Niederschlag, dass das Wasser zu schnell versickert, und bildet in der Erde Wasserreserven. Diese werden dann in niederschlagsfreien Phasen peu à peu abgegeben. Zudem werden Pflanzennährstoffe wie Stickstoff, Kalium oder Magnesium von der Struktur des Zeolith gebunden und nur bei Bedarf freigesetzt. Außerdem stabilisiert Zeolith den pH-Wert des Bodens.

Das ist alles so wahnsinnig praktisch und clever und verringert natürlich auch den Bedarf an Dünger. Weil Zeolith die Nährstoffe speichert und dosiert freigibt, können Wachstum, Blütenpracht und Ernteertrag auf natürliche Weise gesteigert werden.

Wasser- und Nährstoffspeicher Zeolith

100 g Klinoptilolith-Zeolith
pro Quadratmeter Erde

- Den Zeolith einfach unter die Erde harken.
- 2- bis 3-mal pro Jahr ist ausreichend.

BOKASHI: FERMENTIEREN STATT KOMPOSTIEREN

Bokashi ist Japanisch und bedeutet »Allerlei«. In Verbindung mit der Technologie der Effektiven Mikroorganismen ist mit *Bokashi* fermentiertes organisches Material gemeint. Es enthält Enzyme, Antioxidantien, Vitamine und Aminosäuren, die als Nahrungs- und Lebensgrundlage für all die wichtigen, fleißigen Bodenbewohner dienen, vor allem die Regenwürmer, die für wertvollen Humus sorgen (siehe »Bodenkreislauf«, Seite 19).

Bei der Bokashimethode werden organische Lebensmittelreste fermentiert – im Unterschied zum klassischen Kompostieren, bei dem die Bioabfälle vererdet werden. Der Clou: Es ist eine Indoor-Kompostierung! In einem speziellen Eimer fermentieren wir unsere Küchenabfälle im Haus und erhalten eine qualitativ hochwertige Bodennahrung. Bei diesem Vorgang entsteht auch ein Sickersaft, den wir als praktischen Flüssigdünger verwenden.

Von der Methode profitieren sowohl Garten- als auch Balkonbesitzer. Doch vor allem ist Bokashi meiner Meinung nach unser aller Zukunft. Nachdem wir jahrelang alles dafür getan haben, unsere Böden auszulaugen und die Mikroorganismen und Würmer darin abzutöten, haben wir jetzt die Möglichkeit, wieder Leben in die Böden zu bekommen. Bokashiferment ist nicht nur »Dünger«, es ist Gold in unserer Erde. Es ist der Nährboden für Mensch, Tier und Pflanzen. Wir brauchen lebendige Erde für eine ertragreiche Landwirtschaft, für satte Ernten und gesunde nährstoffreiche Lebensmittel. Das ist die Grundlage für unsere aller Gesundheit, Wohlbefinden und Wohlstand.

Bokashi herstellen

SCHRITT FÜR SCHRITT ZUM BODENDÜNGER

Es geht ganz einfach, ergibt den besten Dünger, den Sie sich vorstellen können, und ist *No Waste* und DIY in Reinkultur.

Was kommt in den Eimer?

- Organische Küchenabfälle aller Art: Gemüse- und Obstreste, auch Zitrusfrüchte, Eierschalen, Essensreste (auch gekocht, aber nicht zu viel davon), Kaffeesatz, Brot, Getreide, Milchprodukte sowie Fleischreste (aber keine Knochen).
- Alles sollte Bioqualität haben.
- Die Küchenabfälle möglichst gut zerkleinern, damit sie ohne Lufteinschlüsse zusammengedrückt werden können.
- Der Eimer wird nicht auf einmal gefüllt, sondern schichtweise. Sie wiederholen die auf der nächsten Seite beschriebene Prozedur immer wieder mit Ihren neuen Küchenabfällen, bis der Eimer voll ist.

Die Fermentation anschieben

Der Vorgang ist bei jeder Schicht gleich:

- Die Küchenabfälle mit Pflanzen- oder Holzkohle bestreuen, gern mit etwas Zeolith vermischt: Das Verhältnis sollte in etwa 5:1 sein, also 5 Teile Küchenabfälle und 1 Teil Kohle-Zeolith-Gemisch. Kohle und Zeolith im Verhältnis 3:1 mischen.
- Dann alles mit EM pur besprühen und zusammendrücken. Den Eimer mit dem Deckel verschließen.

Der Ansatz ist nicht besonders geruchsintensiv, riecht aber leicht säuerlich.

Standort:

- Den Bokashi-Eimer am besten in den Keller stellen, bei möglichst gleichbleibender Temperatur – optimal sind etwa 20 Grad.
- Die täglichen Küchenabfälle in einer verschließbaren Schüssel aufbewahren und den Bokashi-Eimer dann weiter befüllen, wenn sich die Menge lohnt. Die zwischengelagerten Küchenabfälle können auch mit EM pur besprüht werden.

Den Bokashisaft nutzen:

Auch wenn der Eimer noch nicht ganz gefüllt ist, entsteht bereits der Bokashisaft.

- Den Saft regelmäßig aus dem Sammelbecken des Eimers ablassen.
- Den Bokashisaft verdünnt als Dünger einsetzen: 30–50 ml Bokashisaft auf 10 Liter Wasser sind ein toller Pflanzendünger.
- Pur können Sie das Konzentrat zum Beispiel als natürlichen Abflussreiniger verwenden.

Reifezeit:

- Wenn der Eimer randvoll ist, sollte er noch eine Reifezeit von etwa 2 bis 4 Wochen bekommen.
- In dieser Zeit entsteht weiterhin der wertvolle Bokashisaft, der regelmäßig abgelassen werden muss.

Beete mit Bokashi düngen

AUS KÜCHENABFÄLLEN WIRD HUMUS

Auch das fertige Bokashimaterial riecht leicht säuerlich-vergoren und kann einen weißen Belag aufweisen. Das sind aber keine Schimmelpilze, sondern Stoffwechselendprodukte der Fermentation.
Seien Sie nicht erstaunt, wenn sich die Küchenabfälle in ihrer Beschaffenheit nicht großartig verändert haben. Die Bananenschalen oder Salatblätter sehen fast aus wie vorher, mit dem Unterschied, dass sie fermentiert sind und voller Vitamine, Enzyme, Antioxidantien und Aminosäuren stecken. Sie können damit nun Ihre Beete vor dem Bepflanzen düngen.

- Das Bokashi in die Gemüse- und Pflanzenbeete einarbeiten: 10–15 cm tiefe kleine Gräben ziehen, das Bokashimaterial hineinfüllen und wieder mit Erde bedecken.
- EM und Wasser im Verhältnis 1:10 mischen und die Erde damit begießen. Die Bodenlebewesen zersetzen nun das Bokashi schnell zu Humus.
- Mit dem Bepflanzen oder Aussäen etwa 2 Wochen warten.

MEIN TIPP

Bokashi ist ein vollwertiger Dünger. Sie können zusätzlich Bodennährstoffstationen in Ihrem Garten verteilen: Geben Sie etwas Erde in einen Blumentopf und füllen Sie ihn mit Bokashimaterial auf. Stellen Sie den Blumentopf kopfüber an die Pflanze oder den Baum, der mit Nährstoffen versorgt werden soll. Schon nach einigen Wochen werden Sie Resultate sehen.

Bokashi-Eimer – selbst gebaut

GOLDENE ZUKUNFT FÜR DIE ERDE

Natürlich gibt es verschiedene Bokashi-Eimer zu kaufen. Um die Vorzüge zu nutzen, müssen Sie den Eimer also nicht selber bauen. Ich habe das aber ausprobiert, um das gesamte System noch besser zu verstehen – und die Verbundenheit zu meinem »Wurmeimer« ist so noch stärker geworden. Wenn Sie wollen, können Sie anhand meiner Anleitung Ihren eigenen Bokashi-Eimer basteln.

Material für 1 Bokashi-Eimer:

2 Eimer, je nach Bedarf 5, 10 oder 20 l Volumen, lebensmittelecht, mit 1 Deckel
1 Auslaufhahn/Zapfhahn
1 großer flacher Stein, etwa 3–4 cm dick
stabile Schnur für die Tragegriffe des inneren Eimers
Außerdem als Werkzeug:
Bohrmaschine
Stufenbohrer für das Ausbohren des Auslaufhahnlochs und für die Abtropflöcher im Eimerboden
Stift für Markierungen auf Kunststoff
Stichsäge mit Blatt für Kunststoff (oder stabiles Cuttermesser)

EINEN BOKASHI-EIMER BAUEN – TEIL 1

- In den Boden des einen Eimers mit dem Stufenbohrer zahlreiche kleine Auslauflöcher bohren.
- Den Stein in den anderen Eimer legen und den Eimer mit den Löchern daraufstellen. Mit dem Stift den überstehenden Rand des inneren Eimers rundherum markieren.
- Den inneren Eimer wieder herausnehmen. Mit dem Cuttermesser oder der Stichsäge ca. 1 cm unterhalb der Markierung den oberen Teil dieses Eimers abschneiden. Bei Verwendung einer Stichsäge vorher mit dem Stufenbohrer ein kleines Loch setzen, um die Stichsäge ansetzen zu können.
- Am oberen Rand des abgeschnittenen Eimers einander gegenüber jeweils zwei kleine parallele Löcher bohren und dort mit der Schnur jeweils einen Griff verknoten.

EINEN BOKASHI-EIMER BAUEN – TEIL 2

- Den Zapfhahn am unteren Rand des äußeren Eimers ansetzen und markieren. Der Hahn soll so tief wie möglich angebracht werden – allerdings muss man im Inneren des Eimers noch die Mutter aufschrauben können!
- Das Loch für den Auslauf mit dem Stufenbohrer bohren. Wichtig: Den richtigen Durchmesser beachten!
- Den Auslaufhahn einsetzen, die Dichtung aufsetzen und die Mutter aufschrauben.
- Testen, ob der Hahn dicht ist.
- Den Stein in den Eimer legen und den inneren Eimer auf den Stein stellen.
- Die Griffschnüre nach innen klappen und den Deckel aufsetzen.
- Den Bokashi-Eimer nun befüllen, wie auf Seite 157/158 beschrieben. Viel Erfolg und Freude damit!

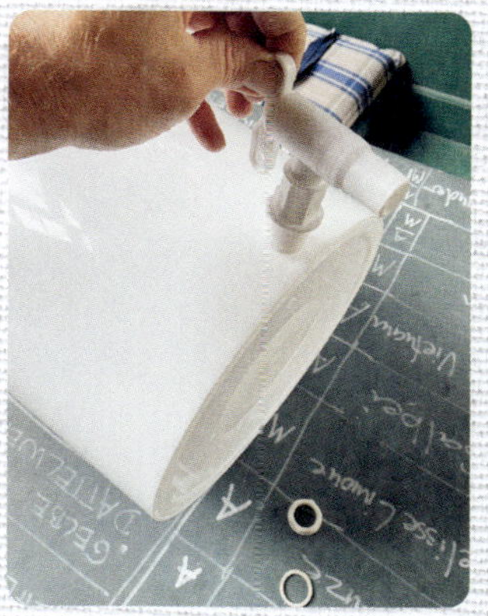

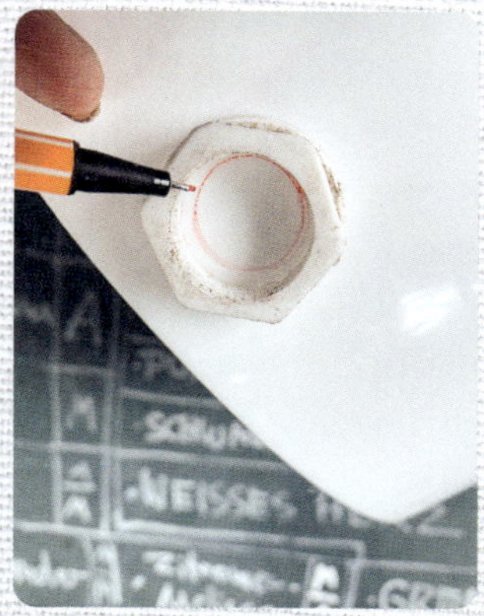

VERMEHRUNG DER EFFEKTIVEN MIKROORGANISMEN

EM-Lösungen werden inzwischen von vielen Anbietern verkauft. Je nach Hersteller gibt es Unterschiede in der Zusammensetzung und im Fermentationsprozess. Fakt ist: Es geht immer nur um die regenerativen, also guten Mikroorganismen, aber die spezielle Zusammensetzung macht den Erfolg der Mischung aus. Am besten finden Sie selbst heraus, welche die für Sie ideale Mikroorganismenlösung ist. Es gibt sie als »Urlösung«, die ich verwende, aber mittlerweile auch als »EM Blond«. Diese Lösung ist nicht dunkelbraun, sondern trüb orange und sieht aus wie Apfelsaft. Den Unterschied macht grob gesagt die Melasse, mit der die Mikroorganismen genährt werden. Ich habe alle Varianten ausprobiert und kann Ihnen sagen, dass die Unterschiede nicht sehr groß sind. Alle funktionieren, aber man entwickelt eben Vorlieben.

Die EM-Urlösung vermehren

FÜR ALLE, DIE MIT EM GÄRTNERN

Wenn Sie EM im Garten einsetzen, dann brauchen Sie größere Mengen, und es lohnt sich, die Mikroorganismen selbst zu vermehren. Deshalb möchte ich Ihnen nun noch erklären, wie ich das mache.
Auch hierfür gibt es einen Fermentierbehälter mit Heizstab fertig zu kaufen. Aber wie Sie vielleicht bemerkt haben, will ich immer alles selbst ausprobieren, um die Vorgänge zu verstehen und meinen Konsum einigermaßen im Griff zu haben.
Man braucht für das EM-Vermehren nur einen Raum mit konstanter Temperatur, idealerweise 25 bis 30 Grad – zum Beispiel einen Heizungskeller. In einem kühleren Raum funktioniert es auch, dauert aber etwas länger.

Material für 5 Liter EM-Urlösung:

750 ml EM-Urlösung
350 ml Zuckerrohrmelasse (Bioqualität)
3,5–4 l Wasser
außerdem: ein Kunststoffkanister mit Schraubdeckel (5 l Volumen, lebensmittelecht), ein 1-Liter-Messbecher, ein Küchenthermometer und ein Glasstab zum Umrühren

- Die EM-Urlösung in den Kanister füllen.
- Das Wasser auf ca. 25–30 Grad erwärmen (bzw. durch Mischen von kaltem und warmem Wasser auf Temperatur bringen).
- Die Melasse in den Messbecher einfüllen und mit ca. 400 ml warmem Wasser auffüllen. So lange mit dem Glasstab verrühren, bis sich die Melasse im Wasser vollständig verteilt hat.
- Nun die Wasser-Melasse-Lösung in den Kanister zu der EM-Urlösung füllen. Etwas durchschütteln und das restliche Wasser in den Kanister füllen. Das Wasser sollte immer noch eine Temperatur von 25–30 Grad haben. Bitte immer daran denken: Mikroorganismen mögen es nicht heiß!
- Wichtig: Der Kanister sollte randvoll sein, denn die Fermentation und Vermehrung der Effektiven Mikroorganismen funktioniert am besten anaerob, also ohne Sauerstoff.
- Den Deckel nicht ganz fest zudrehen, sondern locker beweglich lassen, damit die Gärgase entweichen können.
- Nun den Kanister an einen dauerhaft warmen Platz stellen. Es ist wichtig, dass die Temperatur konstant bleibt, idealerweise wie gesagt bei 25–30 Grad.

Bei dieser Temperatur sind die EM nach 2 bis 3 Wochen vermehrt, bei kühleren Temperaturen dauert es 1 bis 2 Wochen länger.
Sollte sich ein weißer Belag bilden, muss das kein Schimmel sein, sondern ist normalerweise ein Stoffwechselendprodukt der Mikroorganismen, das bei der Fermentation entsteht.
Die Lösung sollte immer säuerlich riechen, aber nicht faulig oder muffig.
Sie ist etwa 10 bis 12 Wochen haltbar.

Wertvoll: gutes Wasser

Ob im Teich, im Gießwasser für Topfpflanzen oder in der Vase für Schnittblumen: Eine gute Wasserqualität ist wichtig.

EM-KERAMIK VERBESSERT DIE QUALITÄT

Die EM-Keramik und ihre Wirkung habe ich bereits unter »Saubere Wäsche mit EM-Keramik« auf Seite 150 beschrieben. Das Wasser wird weicher, bleibt länger frisch und wird von Zellen besser aufgenommen, ob von Menschen, Pflanzen oder Tieren. Wie genau das funktioniert, ist nicht ganz leicht zu verstehen. Aber meine Erfahrung zeigt, *dass* es funktioniert. Und die Möglichkeiten, unsere Umwelt dadurch zu entlasten, sind unglaublich vielseitig!
Sehr sinnvoll ist der Einsatz zum Beispiel im Gartenteich. Jedes Gewässer, ob natürlich entstanden oder künstlich angelegt, ist ein individueller Lebensraum. Durch verschiedenste Ursachen kann sich sein Zustand laufend verändern und auch in ein Ungleichgewicht geraten. So kann es etwa zu übermäßigem Algenwachstum kommen. Die Teichbiologie kann dann mit Effektiven Mikroorganismen auf natürliche Weise saniert werden. Vorhandene Algen verschwinden, und der Neuentstehung wird vorgebeugt. Das sorgt für wunderbar klares Wasser, weil auch Schlamm reduziert wird, und für eine tolle Wasserqualität.
Auch Topf- und Gartenpflanzen profitieren von mit EM-Keramik behandeltem Wasser.

SO HALTEN SCHNITTBLUMEN LÄNGER

Wie ich schon oft berichtet habe, bin ich kein großer Freund von Schnittblumen. Soll heißen: Man kann mir mit einen Bund Mangold oder einem schönen frischen Blumenkohl mehr Freude bereiteten als mit einem Blumenstrauß aus dem Supermarkt oder mit Rosen zum Valentinstag, die bekanntlich aus Afrika eingeflogen werden. Aber zum einen geht es hier ja nicht nur um mich, und zum anderen erfreue auch ich mich selbstverständlich an wunderschönen Blumen aus dem Garten und möchte diese Schönheit so lange wie möglich erhalten. Deshalb hier ein paar Tipps, wie Sie Ihre Schnittblumen lange frisch halten können.

EM-Keramik wirkt Wunder

... IN GIESSWASSER, REGENTONNE, TEICH & POOL

So können Sie EM-Keramik-Pipes für die Verbesserung der Wasserqualität einsetzen:

Menge je nach Bedarf:
Wie viele Pipes jeweils nötig sind, hängt von der grundsätzlichen Wasserqualität und der Wassermenge ab. Experimentieren Sie einfach damit. In der Regel geht man von 10 Pipes pro Liter aus.

- Gießwasser: Ein Säckchen mit Pipes in die Gießkanne legen. Bei Topfpflanzen auch 2 bis 3 Pipes in die Blumenerde drücken.
- Regenwassertonnen, Teiche und Pools: Ein Netz mit Pipes befüllen, zunähen und an einer Schnur ins Wasser hängen. In einem größeren Teich oder Behälter die Pipes am besten auf mehrere Beutel aufteilen.

Sträuße mit Natron, H_2O_2 und EM-Keramik frisch halten

SO HABEN SIE LANGE FREUDE AN DEN BLUMEN

Hier sind auch wieder der pH-Wert und der Kalkgehalt des Wassers wichtig. In kalkarmem Wasser bleiben Schnittblumen länger frisch.

- ½ bis 1 TL Natron ins Wasser mischen, Menge je nach Größe der Vase.
- Oder: 3 ml H_2O_2 (3 %) pro Liter Wasser zugeben. Das unterstützt die Sauerstoffversorgung der Blumen.
- Oder: In einem EM-Keramik-Krug (siehe Foto) halten sich meiner Erfahrung nach Schnittblumen per se länger. Der Krug funktioniert nach demselben Prinzip wie die Pipes. Die Struktur des Wassers wird verändert, und so können es die Schnittpflanzen besser aufnehmen.
- Wer keinen solchen Krug hat, kann alternativ auch einige EM-Pipes in die Vase geben.

H_2O_2: VIELSEITIGER HELFER BEI DER PFLANZENPFLEGE

Sie können Wasserstoffperoxid dem Gießwasser von Topf- und Gartenpflanzen beimischen, denn es führt den Wurzeln Sauerstoff zu und fördert den Pflanzenwuchs.

Mit H_2O_2 können Sie übrigens Pflanzen retten, die überwässert sind, denn diese »lassen den Kopf hängen«, weil sie zu wenig Sauerstoff bekommen. Hier leistet unser Multitalent Beatmungshilfe, und schon nach wenigen Stunden sind die Pflanzen wieder topfit.

H_2O_2 ist auch fantastisch, um Algenbildung, Pilze und Schädlinge zu bekämpfen. Es kann als Blattspray bei Mehltau, Schimmel oder zur Vermeidung von Infektionen bei zurückgeschnittenen Pflanzen und Bäumen eingesetzt werden – all das aber bitte nur kurzfristig zur Rettung der Pflanzen!

H_2O_2 sollte nicht bei Gemüse zum Einsatz kommen, das organisch-biologisch angebaut wird. Denn hier wollen wir ja die Mikroorganismen in der Erde nicht zerstören. Pflanzen, die in einem gesunden Umfeld wachsen, sind auch nicht besonders anfällig für Pilz- oder Parasitenbefall.

Mit Wasserstoffperoxid können Sie nicht zuletzt Gartengeräte, Töpfe oder das Gewächshaus desinfizieren.

H_2O_2 im Gießwasser

SAUERSTOFF-KICK FÜR DIE PFLANZEN

- 3 ml H_2O_2 (3-prozentige Wasserstoffperoxid-Lösung) pro Liter Wasser ins Gießwasser geben.

Mehr Tipps rund um den Garten

HILFE GEGEN UNERWÜNSCHTE GÄSTE

Blattläuse, Spinnmilben, Wollläuse, Weiße Fliegen, Schmierläuse, Trauermücken oder Schildläuse … Falls Sie sich über diese ungeliebten, aber oft sehr hartnäckigen Besucher ärgern, dann können Sie ganz natürlich gegen sie vorgehen. Die üblichen Giftattacken sind gar nicht notwendig.

Schädlinge bekämpfen

EM-SPEZIALSPRÜHLÖSUNG MIT GEWÜRZEN

Das ist eine scharfe Sache! Mit dieser doppelt fermentierten EM-Urlösung vertreiben Sie unerwünschte Besucher Ihrer Pflanzen sehr effektiv. Die Inhaltsstoffe ziehen in die besprühten Pflanzenfasern ein und schmecken dann für Blattläuse & Co sehr unangenehm und abschreckend.

Für 300 ml Gewürzmischung:
1–2 kleine scharfe Chilis
2–3 Knoblauchzehen
1–2 Scheiben Ingwer
150 ml EM-Urlösung
150 ml lauwarmes Wasser
1 TL Zuckerrohrmelasse
außerdem: ein 500-ml-Einmachglas mit Schraubdeckel, eine Glasflasche und eine Sprühflasche

- Chili, Knoblauch und Ingwer klein schneiden.
- Die EM-Urlösung und das Wasser in das Glas füllen. Die Melasse und die Gewürze dazugeben und alles mischen.
- An einen mittelwarmen Platz (ca. 25 Grad) stellen und 7 bis 10 Tage ziehen lassen.
- Dann das Konzentrat durch ein Sieb gießen, um die Gewürzstücke abzuseihen. Falls Sie nicht sofort die ganze Menge brauchen, die Lösung in eine saubere Glasflasche abfüllen.
- Je nach Größe der befallenen Pflanze nun in einer Sprühflasche mit Wasser anmischen.

Dosierung:
2 EL auf 500 ml Wasser

- Die Lösung nicht direkt auf die Blätter sprühen, sondern die Pflanze in einen Sprühnebel hüllen.
- Vorsicht beim Einatmen: Die Lösung verströmt auch beim Sprühen noch Schärfe!

ROST ENTFERNEN

Gartengeräte rosten ja gern einmal. Auch hier können wir uns die Kraft der Effektiven Mikroorganismen, unserer kleinen Super-Multitalente, zunutze machen.

Gartengeräte mithilfe von EM entrosten

ENTFERNT JEDEN ROST – AUCH IM HAUS

- Verrostete Gegenstände in eine unverdünnte EM-Lösung einlegen.
- Nach ein paar Tagen ist der Rost aufgelöst und kann entfernt werden.

HOLZMÖBEL REINIGEN

Wenn die schönen Gartenmöbel fleckig werden, reicht irgendwann eine normale Reinigung mit Wasser nicht mehr. Hartnäckige Flecken und Verfärbungen können auf unbehandelten Holzoberflächen gut mit Zitronensäure entfernt und ausgebleicht werden.
Nach der Anwendung sollte man die Zitronensäure allerdings sehr gut abwaschen, denn das Holz bleicht sonst weiter aus. Es ist im Prinzip derselbe Prozess wie auf der Haut, wenn sie nach Anwendung von Zitronensaft der Sonnenstrahlung ausgesetzt wird (siehe »Phytophotodermatitis« auf Seite 102).

ZUR INFO

Zitronensäure ist ein häufig empfohlenes, vermeintlich ökologisches Hausmittel gegen Unkraut. Aber:

1. Es gibt ja kein Unkraut! Das behaupte ich vehement und lasse mich nicht davon abbringen. Doch Spaß beiseite: Ich hoffe, Sie wissen, was ich meine!
2. Wer Zitronensäurepulver in Wasser aufgelöst auf ungewollte Beikräuter sprüht, sorgt zuverlässig dafür, dass diese eingehen. Die synthetische Zitronensäure wirkt sich aber auch negativ auf den pH-Wert des Bodens aus. In einem sauren Milieu können unsere geliebten Mikroorganismen nicht überleben. Hier wächst dann bald gar nichts mehr …

Holzmöbel mit Zitronensäure reinigen

WENN DIE FLECKEN SEHR MASSIV SIND

Das ist nicht meine bevorzugte Methode, ich erwähne sie aber hier, weil ich dazu gern noch etwas erklären möchte (siehe Info-Text).

Für 1 Anwendung:
½–1 TL Zitronensäure
250–500 ml lauwarmes Wasser

- Gut verrühren und bei der Anwendung am besten Handschuhe tragen.
- Eventuell mehrfach auf den fleckigen Stellen anwenden.
- Anschließend gründlich abwaschen, damit das Holz nicht weiter ausbleicht.
  Beim Abspülen sollte auf jeden Fall beachtet werden, dass Zitronensäure eine Säure ist und nicht, weil natürlichen Ursprungs, total umweltfreundlich und harmlos, wie die meisten Menschen denken.

Holzmöbel mit Natron und Zitrone reinigen

SCHONENDER FÜR HOLZ UND UMWELT

Auch so können Sie Flecken und Verfärbungen auf dem Holz entfernen.

Pro Anwendung:
Natronpulver
frische Zitrone(n)

- Das Holz feucht abwaschen, dann das Natron auf dem Holz verteilen, am besten mit einem Pinsel (wie bei der Matratzenreinigung, siehe Seite 153).
- Die Zitrone halbieren und das Holz mit den flachen, saftigen Schnittflächen gründlich bearbeiten.
- Gerne mit einer feuchten Bürste nacharbeiten.
- Einwirken lassen, bis sich die Flecken oder Verschmutzungen lösen.
- Danach mit Wasser gründlich abwaschen, denn auch bei dieser Methode würde das Holz durch Sonneneinstrahlung weiter ausbleichen.

Haustiere pflegen

Wir lieben sie von Herzen und würden alles für sie tun. Nur beim Thema Sauberkeit hört für viele DosenöffnerInnen der Spaß auf. Da wird mit Mitteln gepflegt, geputzt und desinfiziert, die für sensible Supernasen eine Zumutung sind – und für alle im Haushalt gesundheitsschädlich. Mit den Multitalenten können Sie nun Ihre Tiere und den gemeinsamen Lebensraum auf gesunde Weise pflegen. Davon profitieren die Fellnasen und Menschen gleichermaßen.

Ein gesunder Lebensraum

Die Schadstoffe in unserer Umwelt haben nicht nur schädliche Auswirkungen auf uns Menschen, sondern natürlich auch auf unsere Haustiere. Gerade in Wohnräumen können sie den Toxinen, die wir durch Reinigungsmittel verteilen, nicht entkommen. Sie laufen und liegen auf den Böden, die wir mit intensiven Putzmitteln gewischt haben, lecken dann ihr Fell und die Pfoten ab und atmen auch den Sprühnebel der diversen Haushaltsreiniger ein.

Wenn wir uns nur von Zeit zu Zeit vorstellen würden, was in diesen hochsensiblen Nasen, die tausendfach besser riechen können als wir, bei all den unangenehmen synthetischen Gerüchen vorgeht! Wenn uns bewusst wäre, welche Beschwerden und Befindlichkeitsstörungen bei unseren Lieblingen durch die konzentrierten Schad- und Duftstoffe ausgelöst werden können! Ich glaube, viele von uns wären dann sofort gern bereit, ihre konventionellen Putzmittel über Bord zu werfen, um Hunde, Katzen, Kaninchen und andere Haustiere vor den Auswirkungen der diversen handelsüblichen Putzmittel zu beschützen.

WIE PUTZMITTEL UNSEREN TIEREN SCHADEN

Es kann durchaus zu Putzmittelvergiftungen kommen: Symptome können Fieber, übermäßiges Speicheln, Erbrechen, Lethargie, Fressunlust sowie Atembeschwerden sein. Auch Probleme mit der Haut und im Verdauungssystem sowie Reizungen von Augen und Schleimhäuten oder Überempfindlichkeit der Pfoten können auftreten.

Letztendlich ist fast jedes Putzmittel für Hund, Katze, Hamster, Hase und Co giftig.

Ein ganz besonderes Augenmerk möchte ich hier auf die synthetischen Duftstoffe in den Mitteln legen. Sie sind nicht nur eine Qual für die feine Nase unserer Vierbeiner, sondern auch ein Gesundheitsrisiko (siehe unten).

Wenn Sie also sich und Ihren Lieblingen etwas Gutes tun wollen, dann empfehle ich, auf diese Hilfsmittel für vermeintliche »Sauberkeit« dauerhaft zu verzichten.

Duftstoffe in Raumsprays: Pseudo-Frische gegen tierische Gerüche

Wo verschiedene Parteien zusammenleben – Menschen, Katzen, Hunde, Kleintiere –, kann es schon mal eine gewisse Geruchsbelastung geben. Ob Katzenklo, Hundekörbchen, Hamsterkäfig oder Terrarium, alles hat einen Eigengeruch. Deshalb sind Haustierbesitzer – um sich nicht nachsagen lassen zu müssen, es würde bei ihnen schlecht riechen – oft eine leichte Beute für die Industrie: Sie greifen beim Einkauf schnell mal zu künstlicher »Frische« in Form von Raumsprays. Diese Pseudoreinheit hat aber ihren Preis. Die Auswirkungen bringen wir oft gar nicht in Verbindung mit unserem Reinigungssystem, aber chemische Duftstoffe – ob in Putzmitteln, Parfüms, Raum- und Textilsprays, Duftkerzen oder parfümierten Weichspülern – können gesundheitliche Probleme auslösen, und zwar bei Mensch und Tier.

Zum Beispiel können sich die Bronchien verengen, es kann zu Reizungen der Schleimhäute und zu Atembeschwerden kommen. Die Haut kann Reaktionen zeigen wie Juckreiz und Ekzeme, auch kann Neurodermitis verstärkt werden. Und immer öfter werden Allergien mit Duftstoffen in Verbindung gebracht, ebenfalls bei Mensch und Tier.

Auch wenn Sie aktuell keine Reaktion auf Duftstoffe zeigen und keine Überempfindlichkeit

wahrnehmen, ist es oft nur eine Frage der Zeit, bis der Körper durch den andauernden Kontakt mit Duftstoffen reagiert. Das gilt für alle Lebewesen.
Klar, wir sollen uns in unseren vier Wänden wohlfühlen und hier tief durchatmen können, aber gesund soll die Luft eben auch sein. Der Duft in einem Raum, bewusst oder unbewusst wahrgenommen, kann zu guter Laune, kreativen Impulsen und einer deutlichen Stimmungsaufhellung führen. Eine wirklich frische, reine Luft hat aber eher diese Wirkung als ein zusätzlicher synthetischer Duft, der die anderen Gerüche nur überdeckt.

ECHTE FRISCHE MIT EM

Hier möchte ich noch mal auf das Potenzial der EM-Luftreinigung verweisen, die ich Ihnen schon auf Seite 143 vorgestellt habe. Wenden Sie die Art der Raum- und Lufterfrischung über ein paar Tage an, und Sie werden sehen, dass sich die Qualität Ihres Lebensraums enorm verbessert. Das wollte ich hier nur noch einmal erwähnen, denn Sie wissen ja: Steter Tropfen höhlt den Stein, in diesem Fall bin ich der Tropfen und Sie der Stein … Also geben Sie bitte einem wirklich guten, gesunden Raumklima eine Chance.
Und falls Sie mit einem Haustier zusammenleben und denken, Sie müssten Ihr Haus deshalb parfümieren, dann habe ich hier wirklich gute Informationen für Sie.

Aus Gestank wird Wohlgeruch

Wie bereits erklärt, verbessern Effektive Mikroorganismen ihr Umfeld, sie können ein bestehendes mikrobielles Milieu sogar umdrehen. Die EM bewirken Stoffwechselprozesse, die sogar einen grauenvollen Gestank in angenehmen Wohlgeruch umwandeln können.
Entscheidend ist, dass hier nicht nur ein schlechter Geruch mit einem »guten« übertüncht wird. Wenn wir Parfüm auf etwas schütten, dann unterdrücken wir nur das Symptom, tun aber nichts gegen die Ursache. Die Effektiven Mikroorganismen hingegen beseitigen die Ursache. Das ist der Auftakt zu einem wirklich gesunden Umfeld und guten Raumklima.
Womit wir wieder bei der inneren Reinigung übers Atmen sind (siehe Seite 75). Wenn unser Raumklima besser und reiner ist, dann fällt es uns auch viel leichter, tief ein- und auszuatmen.

EM-Spray für ein gesundes Milieu

GEGEN GERÜCHE, ZUM REINIGEN UND ZUR IMMUNSYSTEMSTÄRKUNG

Diese Mischung haben ich Ihnen schon im Haushaltskapitel fürs Putzen empfohlen (EM-Spray, siehe Seite 134). Als Raumspray dient sie dazu, menschengemachte Gerüche, etwa Zigarettenrauch, und Haustierduftnoten zu neutralisieren – und zwar so, dass sich die Luftqualität deutlich verbessert. Es wird alles in ein gesundes Milieu umgewandelt. Selbstverständlich stärkt diese Art der Lebensraumhygiene auch unser aller Immunsystem. Außerdem können wir das Spray für die Tierpflege nutzen, wie Sie später sehen werden.

Für 500 ml Spray:
490 ml Wasser
10 ml EM-Lösung
außerdem: eine dunkle Glasflasche mit feinem Zerstäuber

- Wasser und EM in der Flasche mischen und mit Inhaltsangabe und dem Haltbarkeitsdatum der EM beschriften.
- Die EM-Lösung so hoch wie möglich im Raum zerstäuben. Der Sprühnebel verteilt sich so gleichmäßig und rieselt auf alle Gegenstände. Nicht punktuell direkt auf ein Objekt sprühen, denn das ist nicht nötig und würde wahrscheinlich auch Flecken verursachen.
- Anfangs gern 1- bis 2-mal am Tag durchführen. Wenn nach ein paar Wochen eine Grundreinheit erreicht ist, dann genügt es, 1- bis 2-mal in der Woche nachzusprühen.

KÖRBCHEN MIT EM REINIGEN

Ob einfache Decke oder Designerkörbchen – es gibt verschiedene Möglichkeiten, hier für Sauberkeit und guten Duft zu sorgen.

Decken und Bezüge mit EM waschen

GUT FÜR HUND & KATZ

- Waschen Sie die waschbaren Bezüge, Decken und Kissen des Körbchens mit unserem Waschmittel von Seite 148 (ohne ätherische Öle) und geben Sie die EM-Waschkugel oder das EM-Keramik-Pipes-Netz (siehe Seite 151) mit in die Waschmaschine.
- Wenn ich hier noch mal nachhaken darf: Bitte Haustierbetten und -decken nie mit Desinfektion versprechenden Waschmitteln und auch nie mit Weichspüler waschen!

Matratzen und Einlagen mit EM reinigen

FÜR EINEN GESUNDEN SCHLAFPLATZ

Auch die Schaumstoffeinlagen oder -matratzen können Sie mit EM reinigen. Die Gerüche werden neutralisiert, eventuell vorhandene Milben reduziert. Zudem wird sich nicht so schnell wieder ein neuer intensiver Geruch bilden. Das Milieu für Ihr Haustier ist perfekt.
Übrigens: Bei Hunden, die zu Unruhe neigen, zeigt diese Art der Behandlung des Schlafplatzes auch eine beruhigende Wirkung.

Für die regelmäßige Anwendung:
EM-Spray (siehe linke Spalte oder Seite 134)

- Erste Anwendung: Die Einlagen 2- bis 3-mal über den Tag verteilt aus mindestens 1,5 bis 2 Metern Abstand mit der EM-Wasser-Mischung einsprühen.
  Wichtig: Die Einlagen sollten nicht feucht oder nass werden! Es geht hier um ein Bestäuben, das reicht!
- Die Einlagen gut auslüften und erst dann die gewaschenen Bezüge wieder darüberziehen.
- Weitere Anwendung: Körbchen oder Decken 2-mal pro Woche aus 1,5 bis 2 Metern Entfernung besprühen, damit Ihr Liebling immer in einem gesunden Umfeld liegt.

Schlafplatzreinigung mit Natron

EINE GUTE ALTERNATIVE

Falls Sie kein EM zur Hand haben, können Sie die Matratzen, Schaumstoffeinlagen und Bezüge auch mit Natron reinigen. Natron hilft ebenfalls gegen unangenehme Gerüche in Tierhaushalten. Es ist ein vielseitiges und tierfreundliches Putzmittel, dessen Einsatz ich im Kapitel über Haushaltsreinigung ausführlich beschrieben habe.

- Bezüge waschen: mit dem selbst gemachten Waschpulver, ohne Duftstoffe (siehe Seite 148).
- Schaumstoffeinlagen reinigen: Anwendung wie unter »Matratzenreinigung mit Natron« auf Seite 153 beschrieben.

ZUR INFO

Zeolith (siehe Seite 45) wird wegen seiner besonders starken Bindefähigkeit oft im oder als Katzenstreu verwendet. So begegnen wir also diesem Multitalent auch im Einsatz in der Katzentoilette.

EIN SAUBERES KATZENKLO MACHT NICHT NUR DIE KATZE FROH

Viele kennen den beißenden Geruch von Katzenurin in der Katzentoilette. Die Zusammensetzung des Urins ist dafür verantwortlich: Er besteht hauptsächlich aus Ammoniak und Schwefelwasserstoff. Dieser Geruch kann ganz einfach mit ein paar Esslöffeln Natron gemildert werden.
Natron kann durch seine kleine Körnung auch als Scheuermittel verwendet werden. Es entfernt bei längerer Einwirkzeit Urinstein und Kalk – und das nicht nur im Katzenklo, sondern ebenso in den Käfigen von Hamster & Co.

Reinigung der Katzentoilette

AUCH FÜR KLEINTIERKÄFIGE GEEIGNET

Es empfiehlt sich, Katzenklo und Kleintierkäfige einmal in der Woche von Grund auf zu reinigen.

Reinigungsmischungen alternativ:
- 80 ml H_2O_2 (3 %) auf 1 l Wasser
- 1–2 EL EM-Lösung auf 1 l Wasser
- 2 TL Natronpulver auf 1 l Wasser
- 40 ml Zitronensaft auf ½ l Wasser

- Die alte Streu entsorgen. Die gewünschte Reinigungsmischung ansetzen.
- Das Gehäuse mit warmem Wasser ausspülen und dann mithilfe einer Bürste und der Reinigungsmischung säubern. Die Mischung je nach Verschmutzungsgrad etwas einwirken lassen.
- Abschließend gut abwaschen und gründlich mit klarem Wasser nachspülen.
- Das Gehäuse vollständig abtrocknen bzw. trocknen lassen. Frische Streu einfüllen.

Variante mit Schaum:
1–2 TL Natron
evtl. 1 EL frischer Zitronensaft
Wasser

- Die Katzentoiletten- oder Käfigschale mit Wasser ausspülen und dann zu etwa einem Drittel mit lauwarmem Wasser befüllen.
- Das Natron dazugeben und mit einer Bürste verteilen. Etwas einwirken lassen.
- Wer gern mit Schaum putzt, kann nun den frischen Zitronensaft dazugeben und mit der Bürste weiterschrubben.
- Anschließend wie oben beschrieben fortfahren.

Katzentoilettenpflege

ZUR TÄGLICHEN UNTERSTÜTZUNG

- Es ist empfehlenswert, die Streu – nach dem Entfernen von Kot und Urin – einmal täglich oberflächlich leicht mit unserem EM-Spray zu besprühen.
- Bei hoher Beanspruchung der Katzentoilette kann auch mehrmals täglich gesprüht werden.

MEIN TIPP

Alle Haustierutensilien können sehr gut mit einer EM-Wasser-Lösung (siehe EM-Spray, Seite 171) gereinigt werden – Katzentoilette und Kleintierkäfige sowieso, aber zum Beispiel auch die Näpfe unserer Fellnasen.

Hilfe bei Alltagsbeschwerden

Zeolith, Natron und EM können in vielen Fällen auch unseren Tieren helfen.
Das Vulkanmineral Zeolith (Klinoptilolith) in reiner Form und pharmazeutischer Qualität entgiftet auf natürliche und effektive Weise. Die Anwendungsmöglichkeiten sind vielseitig, meist sehr leicht in der Handhabung – und die Wirkung ist bei Tieren ganz ähnlich wie bei uns Menschen. Zeolith hilft bei Magen-Darm-Problemen und Übersäuerung, bei Hautentzündungen und Insektenstichen, aber ebenso bei Rheuma und Gelenkbeschwerden.
Natron kann bei Magenbeschwerden und Gelenkschmerzen hilfreich sein. Und EM stärken Darm und Immunsystem.

ZEOLITH FÜR MAGEN UND DARM

Zeolith wirkt als Puffer für Säuren, reguliert also die Magensäure, und saugt Schadstoffe, die über das Futter (oder »Fundstücke« am Wegesrand) aufgenommen wurden, wie ein Schwamm auf. Als Futterzusatz wandert der Zeolith durch den Verdauungstrakt, nimmt dabei Giftstoffe, Schwermetalle und Ablagerungen auf und bindet sie. Anschließend werden diese Stoffe über den Kot ausgeschieden, was sofort den Stoffwechsel des Tiers entlastet und den Verdauungstrakt beruhigt.
Ein Hinweis auf Magen-Darm-Beschwerden kann Mundgeruch sein oder auch, wenn Ihr Hund beim Gassigehen Gras frisst. Oft regelt sich alles durch die gefressenen Gräser, aber falls nicht, kann ein wenig Zeolith helfen.
Wenn in der Verdauung etwas aus dem Gleichgewicht geraten ist, liegt das oft an einer Übersäuerung des Organismus, die auch unseren Tieren wegen des minderwertigen Futters, das sie oft bekommen, nicht erspart bleibt (siehe Seite 179). Es kann aber auch einfach daran liegen, dass Ihr Liebling etwas gefressen hat, das verdorben war. Bakterien und Parasiten können da ganz schön ihr Unwesen treiben.
Hunden, die häufig zu Durchfall oder Magen- und Darmbeschwerden neigen, ist die Zeolith-Kur zu empfehlen.

Zeolith-Kur für Magen und Darm

WENN IHR TIER REGELMÄSSIG UNTER MAGEN-DARM-BESCHWERDEN LEIDET

Konsultieren Sie auf jeden Fall auch Ihren Tierarzt, um die Ursachen abklären zu lassen und gegebenenfalls die Dosierung des Zeoliths abzusprechen! Messen Sie die Menge sorgfältig ab, damit Sie nicht zu viel geben.

Menge pro Tag – je nach Größe des Tiers:
Empfehlenswert ist es, mit einer niedrigen Dosierung zu beginnen:
pro 10 kg Körpergewicht ca. 2 g Zeolithpulver (Klinoptilolith, medizinisches Produkt) – mit viel Flüssigkeit!
2 g sind etwas weniger als ein halber TL, ganz flach gestrichen. Bei kleinen Hunden oder Katzen reicht eine Messerspitze.

- Das Zeolithpulver mit Wasser anrühren und abends über das Hundefutter geben. Das Gemisch sollte sehr flüssig sein.
- Bei dieser Kur bitte unbedingt darauf achten, dass das Tier genügend Flüssigkeit zu sich nimmt.
- Falls Medikamente eingegeben werden, sollte mindestens 1 Stunde zwischen der Mahlzeit mit Zeolith und der Medikamentengabe liegen.
- Die Kur kann über einen Zeitraum von 6 bis 8 Wochen gemacht und am besten 2-mal jährlich wiederholt werden.

WICHTIG

Ganz wichtig für den Erfolg der Einnahme von Zeolith – ob bei Mensch oder Tier – ist eine erhöhte Flüssigkeitsaufnahme. Hier können nur Sie selbst einschätzen, ob Ihr Tier ausreichend aus Napf, Teich und Pfütze trinkt. Wenn nicht, dann führen Sie bitte genug Wasser zu.
Hier ein paar Tricks: Sie können das Futter in Wasser einweichen. Oder Sie »veredeln« das Wasser im Trinknapf mit einen Esslöffel Nassfutter, dann wird der Napf mit viel Freude ausgeschleckt. Sie können aber auch Wasser gezielt zuführen, indem Sie es in den Rachen Ihres Haustiers spritzen – dafür eignen sich Einmalspritzen (ohne Kanüle/Injektionsnadel) aus der Apotheke sehr gut.
Flüssigkeit ist auch hier wieder der Schlüssel zu vielem. Wenn die Schleimhäute Ihres Tiers gut durchfeuchtet sind, hat das die gleichen Auswirkungen wie bei uns Menschen (siehe »Schleimhäute gesund erhalten« ab Seite 78)!

Zeolith bei Durchfall

BINDET ERREGER IM DARM

Sollte sich Ihr Liebling den Magen verdorben haben und unter Durchfall leiden, kann Zeolith helfen, die meist bakteriellen Erreger zu binden und den Durchfall zu stoppen.

- Dafür die Menge an Zeolith (siehe »Zeolith-Kur«, linke Spalte) kurzzeitig verdoppeln.
- Auf reichlich Flüssigkeitszufuhr achten!
- Wenn der Durchfall anhält: zum Arzt!

NATRON FÜR DEN MAGEN

Bei einer kurzzeitigen Verstimmung des Magens kann die Einnahme von Natron helfen. Es balanciert die Säure aus und kann bei einer akuten Übersäuerung helfen.
Natron sollte aber nicht über einen langen Zeitraum eingenommen werden, denn es senkt den pH-Wert im Magen-Darm-Trakt, was auf Dauer nicht guttut.

Natronwasser

BEI MAGENVERSTIMMUNG UND ÜBERSÄUERUNG

Probieren Sie aus, ob Natron Ihrem Tier hilft. Wenn es ihm nicht bald besser geht, sollten Sie zum Tierarzt gehen. Die Selbstmedikation ist keine Dauerlösung!
Für die Verabreichung der Natronlösung ist eine Einwegspritze ohne Nadel praktisch – ob bei Hund oder Katze.

Bei kurmäßiger Anwendung pro Tag:
Es geht hier um ganz kleine Mengen. Empfohlen werden ca. 50 mg Natronpulver pro 10 kg Körpergewicht.
50 Milligramm sind 0,05 Gramm. Also bitte Vorsicht mit der Dosierung! Bei meiner Hündin, die 30 Kilo wiegt, sind es 0,15 g Natron. Das entspricht einer Messerspitze Natron, die ich in 50 ml Wasser auflöse.

- Natron im Wasser auflösen und das Natronwasser mit der (nadellosen) Spritze aufziehen.
- Am besten eine Stunde nach der Fütterung mithilfe der Spritze in den Mund drücken.
- Kurmäßig für ca. 4 bis 6 Wochen verabreichen, anschließend eine Pause von ca. 4 Wochen einlegen, und dann kann die Kur wieder eingesetzt werden.

In akuten Fällen:
Hier darf die Menge des Zeoliths über einen kurzen Zeitraum verdoppelt werden. Dann empfiehlt es sich, dem Tier alle 12 Stunden 50 mg pro 10 kg Körpergewicht zu geben.

EM FÜR DARM UND IMMUNSYSTEM

EM unterstützt die Darmflora mit einer ausgewogenen Menge an Mikroorganismen. Kurmäßig angewandt, werden der Darm und generell das Immunsystem gestärkt. Sehr sinnvoll ist es, die EM-Kur nach einer Zeolith-Kur durchzuführen.

EM-Kur für den Darm

SORGT FÜR EINE GESUNDE VERDAUUNG

Bei Hunden und Katzen können die Effektiven Mikroorganismen einfach ins Futter gegeben werden. Bitte nicht abrupt absetzen, sondern die EM-Gabe über weitere 3 Wochen schrittweise ausschleichen.

Bei Hunden – je nach Größe des Tiers:
- 1. Woche: 0,5–1 TL EM-Lösung pro Tag.
- 2.–4. Woche: 1–2 TL EM-Lösung pro Tag.

Bei Katzen und kleinen Hunden:
- 1. Woche: 1–2 Tropfen EM-Lösung pro Tag.
- 2.–4. Woche: 2–4 Tropfen EM-Lösung pro Tag.

Bei Vögeln:
- Die Vögel 1-mal täglich mit einem sanften Sprühnebel behandeln (EM-Spray siehe Seite 171). Sie nehmen die Mikroorganismen auf, wenn sie ihr Gefieder putzen, ähnlich wie Katzen. Es ist aber auch hilfreich, wenn der Vogelsand besprüht wird.

Bei Hamstern & Co:
- Den Stall, das Stroh und auch alle Utensilien mit einer 1:5-EM-Wasser-Mischung leicht bestäuben. Hier gilt wieder dasselbe: Nichts soll dabei nass werden.

Die Gerüche, das Fell und das gesamte Wohlbefinden Ihrer Kleintiere werden sich schnell verbessern.

Bei Pferden:

- Ab und zu den Stall mit einer Mischung aus 10 ml EM-Lösung auf 490 ml Wasser reinigen. Das frische Stroh dann mit EM-Spray (siehe Seite 171) bestäuben – das erfrischt wiederum das gesamte Millieu.
- Gern kann auch das Fell des Pferdes bestäubt sowie etwas EM-Lösung in die Tränke gegeben werden.

WICHTIG

Ich empfehle Ihnen, bei der Dosierung klein anzufangen. Nicht, weil ich die EM in irgendeiner Weise für schädlich halte, sondern weil ich glaube, dass wir den Organismus langsam an die Besiedelung mit einem »normal« gesunden Mikrobiom gewöhnen sollten. Ich würde es mit dem Sonnenbaden nach einem langen dunklen Winter vergleichen: Da gewöhnen Sie Ihre Haut tunlichst auch erst nach und nach wieder an die Sonnenstrahlen.

ZEOLITH FÜR HAUT UND GELENKE

Äußerlich angewendet, kann Zeolith durch seine bindende Kraft entgiftend wirken. Zeolith-Umschläge können zudem die Hitze, die bei Entzündungen entsteht, aus dem Gewebe ziehen. Bei Rheuma, Gelenkbeschwerden oder Insektenstichen hat das einen relativ schnellen Effekt.

Auflage bei Insektenstichen

WIRKT JUCKREIZLINDERND, ABSCHWELLEND UND HEILUNGSFÖRDERND

Ich selbst habe oft eine leichte bis mittlere Überreaktion auf Insektenstiche mit starkem Juckreiz und Schwellungen. Die Zeolith-Umschläge helfen mir da sehr.

Meine Hündin Nukka hat sich auch schon den einen oder anderen Erdwespenstich eingefangen, und die Zeolith-Auflage hat ihr bisher immer geholfen.

Pro Anwendung:
etwas Zeolithpulver (Klinoptilolith, medizinisches Produkt)
Wasser
außerdem: eine Mullkompresse 5 × 5 cm (es ist gut, solche Kompressen immer im Haus zu haben)

- Das Zeolithpulver mit wenig Wasser zu einer dicken, nicht zu flüssigen Paste anrühren.
- Die Paste entweder direkt auf die betroffene Stelle geben oder mithilfe der Kompresse.
- Der Zeolith trocknet schnell, deshalb besprühe ich den Umschlag nach ein paar Minuten mit etwas Wasser.

Kompresse bei Verstauchung und Gelenkschmerzen

WIRKT SCHMERZLINDERND UND ENTZÜNDUNGSHEMMEND

Bei Verstauchungen oder Gelenkschmerzen kann ein Umschlag mit Zeolith für Hunde, Katzen und Pferde hilfreich sein. Zum Fixieren eignen sich elastische Binden, die es in verschiedenen Größen und Farben gibt.

Pro Anwendung:
etwas Zeolithpulver (Klinoptilolith, medizinisches Produkt)
Wasser
außerdem: eine Mullkompresse und eine elastische Binde

- Das Zeolithpulver mit wenig Wasser zu einer dicken, nicht zu flüssigen Paste anrühren.
- Die Paste auf die Kompresse streichen. Diese auf die betroffene Stelle legen und mit der elastischen Binde fixieren.

MEIN TIPP

Als Ergänzung zu Arthrosemitteln kann Natron dazu beitragen, dass Hunde, die unter Arthritis (Gelenkentzündungen) und Arthrose (Gelenkabnutzung) leiden, weniger Schmerzen haben.

H_2O_2 UND EM: ERSTE HILFE BEI KLEINEN VERLETZUNGEN

Unsere Lieblinge können sich hier und da schon mal einen Kratzer oder eine kleine Wunde zuziehen. Hier kommen dann unsere 3-prozentige Wasserstoffperoxidlösung und die EM-Lösung zum Einsatz.
Größere Verletzungen sollte sicherheitshalber immer der Tierarzt behandeln.

Wundreinigung mit H_2O_2

ERSTBEHANDLUNG KLEINER WUNDEN UND KRATZER

Trägt man H_2O_2 auf eine Wunde auf, kann sich ein weißer Schaum bilden. Das ist eine Reaktion der Amylase, eines Gewebeeiweißes. Diesen Schaumeffekt macht sich zum Beispiel der Zahnarzt zunutze, wenn er den Wurzelkanal eines Zahns zur Reinigung ausspült, denn so werden Fremdkörper aus der Wunde herausgespült, und der Bereich wird desinfiziert.
H_2O_2 wirkt zudem adstringierend, also zusammenziehend, sodass die Wunde schneller heilen kann. Deshalb setze ich zur Wundreinigung auf Wasserstoffperoxid.

Anwendung:
etwas H_2O_2 (Wasserstoffperoxid) 3 %
außerdem: Baumwollpad, Kompresse, Einwegspritze oder Pipette

- H_2O_2 unverdünnt mit einem der Hilfsmittel auf die betroffene Stelle auftragen.
- Bei der weiteren Versorgung der Wunde nach Bedarf wiederholen.

So heilen Wunden noch besser ab

EM-LÖSUNG FÖRDERT DIE SELBSTHEILUNG

Abheilen können Wunden noch besser und angenehmer durch eine anschließende Behandlung mit EM. Damit habe ich sehr gute Erfahrungen gemacht.
Wie mehrfach erwähnt, verbessern Effektive Mikroorganismen immer ihr Umfeld. So werden defekte Zellteile im Stoffwechselprozess leichter abgebaut, und der Körper kann seiner Reparaturarbeit besser nachkommen. Die in diesem Prozess freigesetzten Enzyme können zudem Entzündungen reduzieren.

- Kleine Verletzungen einfach mit unverdünnter EM-Lösung bestäuben.
- Bei der weiteren Versorgung der Wunde nach Bedarf wiederholen.

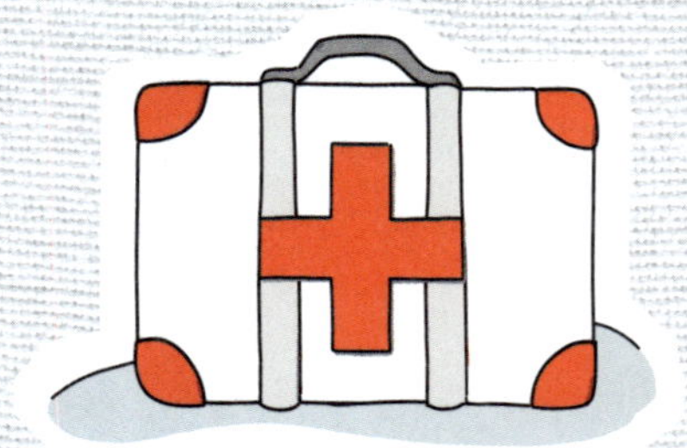

Schönes Fell und gesunde Haut

Hunde und Katzen sind wahrscheinlich die beliebtesten Vierbeiner der Welt. Damit sie lange gesund bleiben, gilt es vieles zu beachten.
Eine gesunde und ausgewogene Ernährung sowie Bewegung, soziale Interaktion und geistige Beschäftigung sind für das Wohlbefinden der Fellnasen sehr wichtig. Glänzende Haare und schimmerndes Fell sind ein Zeichen für Vitalität und Gesundheit.
Bei Hunden ist die richtige Körperpflege ein wichtiges Thema. Doch ob sie einen unangenehmen Mundgeruch haben oder stark »nach Hund« riechen, steht eher im Zusammenhang mit ihrer Ernährung – das sagt mir meine jahrzehntelange Erfahrung als Hundebesitzerin. Futter, das industriell hergestellt wurde und jede Menge Chemikalien wie Konservierungsmittel, Geschmacksverstärker, Süßstoffe und Aromen enthält, ist sehr ungünstig. Eine Ernährung mit vorwiegend Industriefutter kann zu einer Übersäuerung und zu Magenproblemen führen (Abhilfe siehe ab Seite 175). Die davon betroffenen Hunde haben andere Ausdünstungen als nicht übersäuerte Hunde.

FELLWÄSCHE FÜR DEN HUND

Anders als wir Menschen brauchen Hunde kein tägliches Waschen und Baden mit Schaum und warmem Wasser. Hin und wieder aber dient ein Bad der Grundhygiene, vor allem dann, wenn der Hund sich so richtig dreckig gemacht hat. Ob man ihn nun mit Shampoo waschen soll, ist umstritten – meiner Meinung nach auch zu Recht. Doch es ist schwer, bei allen Meinungen und Angeboten noch den Durchblick zu behalten …
Wer das Fell seines Vierbeiners gelegentlich gründlich waschen möchte, der sollte besonders auf die Hautfreundlichkeit des Shampoos achten. Parabene, Tenside, Duftstoffe, Konservierungsmittel, Methylisothiazolinon, Benzisothiazolinon oder Farbstoffe sollten auf keinen Fall enthalten sein. Deshalb empfehle ich, dasselbe No-Poo-Shampoo zu verwenden, das ich zum Haarewaschen nehme (siehe Seite 108).

No-Poo-Hundeshampoo

FELLWÄSCHE MIT EM UND ROGGENMEHL

Zeolith, Roggenmehl und EM ergeben auch für Fellnasen eine perfekte und gesunde Reinigungspaste.

Für 1 Anwendung (je nach Größe des Hundes bitte die Menge anpassen):
5–8 gehäufte TL Roggenmehl
3–6 gehäufte TL Zeolith
50–75 ml EM-Lösung
außerdem: eine Squeeze-Flasche (Quetschflasche) oder ein anderer Behälter

- Die Mischung anrühren. 10 bis 15 Minuten lang ziehen und quellen lassen. So können sich die Enzyme entwickeln.
- Das Fell mit lauwarmem Wasser (ca. 20–25 Grad) nass machen.
- Die Paste auf das nasse Fell geben, gut einmassieren und ca. 5 bis 10 Minuten einwirken lassen. Während dieser Zeit können Sie die Paste weiter einmassieren, denn Reinigung setzt sich immer aus vier Faktoren zusammen: Temperatur, Reinigungsmittel, Zeit und Mechanik. Meine Hündin genießt es, wenn ich sie ruhig und gleichmäßig mit der Paste massiere.
- Dann mit lauwarmem Wasser (maximal 20 Grad) gründlich auswaschen.
- Das Tier mit Baumwollfrotteetüchern abrubbeln und an einem warmen Platz ohne Luftzug, gern in Handtücher gekuschelt, trocknen lassen.
- Selbstverständlich gehört zum Service auch ein wunderbares Leckerli zur Belohnung.

Ich würde mein Haustier übrigens nie föhnen, denn das ist nicht nur eine Zumutung für die empfindlichen Ohren, sondern auch für den natürlichen Säureschutzmantel der sensiblen Haut nicht zu empfehlen.

ZEOLITH ZUR FELLPFLEGE

Parasiten oder eine gestörte Hautbarriere machen das Fell stumpf und schuppig. Zeolith kann hier als Hautpuder für Pferde, Hunde und Katzen verwendet werden. Es ist im Prinzip eine ganz natürliche Art von Körper- und Fellpflege, denn die Tiere wälzen sich ja auch dafür auf der Erde. Da wir Frauchen und Herrchen das aber nicht so toll finden und ein anderes Sauberkeitsempfinden haben als die Tiere, helfen wir mit unserem großartigen Multitalent ein wenig nach.
Zeolithpulver hemmt Juckreiz, hält Fliegen ab und vertreibt Flöhe und Milben. Es kann eine optimale Unterstützung bei der Wundheilung bieten, und die antibakterielle Wirkung verhindert weitere Entzündungen.
Zeolith als Hautpuder entzieht auch nässenden und eitrigen Stellen Schadstoffe und schafft ein basisches Milieu, in dem sich Keime nicht ausbreiten. Außerdem reduziert es allergische Hautreaktionen.
Als Side-Kick: Sollte das Tier bei der Fellpflege etwas Zeolith auflecken, ist das kein Problem, denn das hundertprozentig natürliche Mineral findet seinen Weg durchs Verdauungssystem und reinigt dabei den Darm.

MEIN TIPP

Übrigens streue ich Zeolith auch auf meine eigenen Haare, und zwar als alternatives Trockenshampoo. Es verleiht meinen Haaren einen sehr guten Griff und viel Volumen. Mein Fazit: gut für Mensch und Tier!

DAS MIKROBIOM DER HAUT STÄRKEN

Für alle Lebewesen gilt dasselbe: Der Säure-Basen-Haushalt sollte ausgeglichen sein, der Säureschutzmantel der Haut intakt und das Mikrobiom in einer gesunden Symbiose existieren.
Nach der Reinigung des Fells, nach Entgiftung, Parasitenbeseitigung oder Wundbehandlung ist es immer wichtig, wieder ein gesundes Mikrobiom auf der Haut zu etablieren. Denn wenn das gesamte Immunsystems stark ist, haben Parasiten und Wehwehchen keine Chance. Es ist im Grunde nicht anders als bei uns.
Hier kommen wieder die Effektiven Mikroorganismen zum Einsatz. Sie helfen gegen Schuppen, Flöhe, Läuse, Milben und starken Juckreiz. Sie bringen das Fell zum Glänzen, stärken das Immunsystem und steigern das allgemeine Wohlbefinden Ihres Tiers.

Fellpflege mit Zeolith

DRECK MIT ERDE ENTFERNEN ...

Pro Anwendung:
etwas Zeolithpulver (Klinoptilolith, medizinisches Produkt)
außerdem: bei Bedarf ein Salzstreuer

- Das feine Pulver am besten mit beiden Händen im Unterfell des Tiers verteilen.
- Bei großen Tieren mit langem und zotteligem Fell das Zeolithpulver in einen Salzstreuer geben. Dann können Sie das Fell zur Seite nehmen, das Mineral gezielt auf die Haut streuen und leichter verteilen.
- Ich empfehle, diese Fellpflege immer im Freien zu machen, denn falls sich Ihr Liebling mal schüttelt, stehen Sie in einer Staubwolke.

Fellpflege und Immunstärkung in einem Abwasch

ES KÖNNTE NICHT EINFACHER SEIN!

- Nach der Fellreinigung – und auch zwischendurch, um die Selbstreinigung in Gang zusetzen – das Tier mit dem EM-Spray (siehe Seite 171) besprühen.
  Dabei sollte nur das Deckhaar leicht feucht und das Tier nicht nass werden! Es geht um eine kleine Menge, die durch den Zerstäuber per Sprühnebel sehr gut verteilt wird. (Siehe auch den Hinweis zur Dosierung auf Seite 177.)
- Mit diesem Sprühnebel können Sie außerdem alles behandeln, womit Ihr Tier in Kontakt kommt – ob Käfig, Stall oder Futternäpfe.

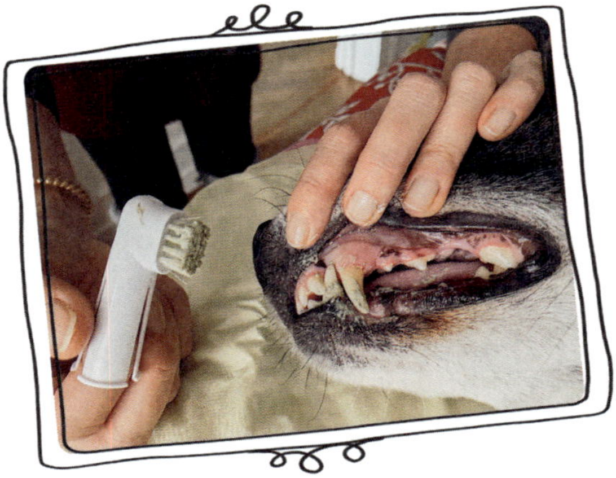

ZAHNPFLEGE MIT EM UND ZEOLITH

Ich bin kein Fan davon, Tiere mit Pflegeritualen zu »vermenschlichen«, aber Zähneputzen ab und zu halte ich für sehr sinnvoll. Aufgrund der heutigen Ernährungsweise funktioniert die natürliche Zahnreinigung meist nicht mehr. Industriefutter fördert Plaque und Zahnstein, sodass es nicht selten zu Mundgeruch und Zahnfleischentzündungen kommt. Zum Zähneputzen sind jedoch weder »Menschen-Zahnpasta« noch Spezialreiniger zu empfehlen. Ich rühre ein wenig Zeolith mit EM und Wasser an. Falls während des Putzens etwas verschluckt wird, ist das bei dieser Zahnpasta kein Problem.

OHRENREINIGUNG MIT H_2O_2

Spätestens wenn Ihr Hund nicht mehr »hört«, wenn Sie ihn rufen, ist es Zeit für eine Ohrenreinigung … Nein, Spaß beiseite. Genau wie bei der Zahnpflege bin ich auch hier für Regelmäßigkeit, nur mit größeren Abständen. Dann kann sich kein grober Ohrenschmalz mit Dreck und Parasiten ansammeln – eine sinnvolle Krankheitsvorsorge!

Zahnpasta für Tiere

BEUGT ZAHNSTEIN UND ZAHNFLEISCHENTZÜNDUNGEN VOR

Wenn Sie Ihr Tier frühzeitig ans Zähneputzen gewöhnen, wird das etwas ganz Normales und ist kein Stress. Durch regelmäßiges Putzen ersparen Sie Ihrem Tier das Entfernen des Zahnsteins unter Narkose durch den Tierarzt.

Für 1 Anwendung:
1 TL Zeolith
1 TL EM-Lösung
1–2 TL Wasser
außerdem: eine kleine Zahnbürste oder ein Mikrofaserfingerling (sehr praktisch zum Auftragen!)

- Ob mit Zahnbürste oder Mikrofingerling, bitte immer sanft rüttelnd »von Rot nach Weiß« putzen.
- Die Zähne regelmäßig putzen, das heißt 2- bis 3-mal im Monat.

Sanfte Ohrenreinigung

KRANKHEITSVORSORGE MIT H_2O_2

Für 1 Anwendung:
etwas H_2O_2 (Wasserstoffperoxid) 3 %
außerdem: ein Baumwollfrottee-Pad

- Das Pad mit H_2O_2 befeuchten und das Ohr damit zart und vorsichtig reinigen.
- Routinemäßig alle 6 bis 8 Wochen wiederholen.

Ein Wort zum Schluss

Und die Moral von der Geschicht? Putze, aber schmutze nicht! ☺

Irgendwie kriege ich am Ende eines Buches immer den Moralischen … Hier taucht noch mal die Frage nach dem Sinn auf, es kommen Emotionen hoch – große Freude, aber auch Trauer.

Und mit der Moral ist das so eine Sache. Dieses Wort bezeichnet die Werte und Regeln, die in einer Gesellschaft allgemein anerkannt sind. Nun haben aber unterschiedliche Gesellschaften und Gruppen auch unterschiedliche Moralvorstellungen. Und jetzt? Wonach können wir uns verbindlich richten? Hier befinden wir uns in einem moralischen Dilemma. Das ist zum Beispiel auch so, wenn wir uns zwischen mehreren unangenehmen Alternativen entscheiden müssen. Anders formuliert: Wer die Wahl hat, hat die Qual – und das selbst bei der Moral!

Umwelt und Ethik, Ökologie und Ökonomie – kann das harmonieren und funktionieren? Ist das im Alltag praktikabel? Ich sage Ja, und deshalb stelle ich meine Tipps und Weltanschauung in Büchern vor. Meine Themenwelt von DIY über Umweltschutz, Nachhaltigkeit und Reinheit bis zu Gesundheit, verbunden mit Lebensfreude und Respekt, ist ein ganzheitliches Gesamtpaket und für jede/n zugänglich.

Mir ist natürlich bewusst, dass dieses Buch und meine Art, zu pflegen und zu reinigen, nicht von heute auf morgen die Welt retten werden. Aber mit Verlaub: Ich darf doch in meinem Schlusswort über meine Träume sprechen! Und ja, ich träume davon, dass wir alle – Sie, du, er, sie, es – zusammen etwas durch unser Verhalten im Alltag verändern und bewegen. Und ja, es könnte durchaus einen Unterschied machen! Bedenken wir nur, dass allein in Deutschland 83 Millionen Menschen leben. Laut dem Bundesumweltamt werden hier 1,5 Millionen Tonnen Wasch- und Reinigungsmittel pro Jahr verkauft, die früher oder später in unserem Wasserkreislauf landen. Jahr für Jahr ist das eine enorme Umweltbelastung, deshalb müssen wir jetzt alle zusammen darauf achten, dass sie eingedämmt wird. Es gibt, wie ich Ihnen in diesem Buch aufgezeigt habe, für viele Situationen einen Plan B. Aber wir sollten immer bedenken: Es gibt definitiv keinen Planeten B.

Das heißt natürlich nicht, dass ich denke, der Nachhaltigkeitsball läge ganz allein bei uns, den Endverbrauchern. Selbstverständlich entlasse ich die Großkonzerne, die Industriellen, Politiker und Lobbyisten nicht aus der Verantwortung. Aber wir können sie in ihre Schranken weisen – allein durch unser Kaufverhalten. Weniger ist in diesen Zeiten mehr!

Ich würde mich sehr freuen, wenn Sie meinen hier vorgestellten Multitalenten eine Chance geben, sich inspirieren lassen und das eine oder andere in Ihren Alltag einbauen.

In diesem Sinne: Bleiben Sie sauber!

Ihre Frau Saubermann ☺

PS: Ein »Danke von Herzen!« an Martin Nink für die Fotos, Manuela Kordel für die Illustrationen, Felicitas Holdau für die redaktionelle Zusammenarbeit und Unterstützung, an meine Freundin Katharina Renter einfach, weil es sie gibt, an Lola Paltiger und Jens Puppe sowie alle OH LALA & SO LALA-Abonnenten für die Motivation.

Sachregister

Z